作者简介

董坤

诉讼法学博士、博士后,中国社会科学院法学研究所诉讼法研究室副主任、研究员、博士生导师,第八届全国十大杰出青年法学家,入选国家重大人才计划青年学者,中国台湾地区高雄大学访问学者。曾获中青年刑事诉讼法学优秀科研成果二等奖、董必武法学青年成果提名奖等多个学术奖项。

主要研究领域为刑事诉讼法和证据法学,对于刑事诉讼法解释学以及非法证据排除规则有较为深入的研究,出版专著《侦查行为视角下的刑事冤案研究》《检察机关排除非法证据问题研究》两部,在《中国法学》《法学研究》独立发表论文4篇,在《现代法学》《政法论坛》《法学家》《法商研究》《法学》等法学类核心期刊独立发表学术论文50余篇。

国家社会科学基金项目资助

The Connection Between Supervision and Justice
Theory、Regime and Mechanism

监察与司法的衔接
理论、制度与机制

董 坤/著

图书在版编目(CIP)数据

监察与司法的衔接：理论、制度与机制 / 董坤著. —北京：北京大学出版社，2022.11

ISBN 978-7-301-33379-2

Ⅰ.①监… Ⅱ.①董… Ⅲ.①监察—工作—研究—中国 ②司法—工作—研究—中国 Ⅳ.①D630.9 ②D926

中国版本图书馆 CIP 数据核字(2022)第 176858 号

书　　　名	监察与司法的衔接：理论、制度与机制 JIANCHA YU SIFA DE XIANJIE: LILUN、ZHIDU YU JIZHI
著作责任者	董　坤　著
责 任 编 辑	方尔埼
标 准 书 号	ISBN 978-7-301-33379-2
出 版 发 行	北京大学出版社
地　　　址	北京市海淀区成府路 205 号　100871
网　　　址	http://www.pup.cn　http://www.yandayuanzhao.com
电 子 信 箱	yandayuanzhao@163.com
新 浪 微 博	@北京大学出版社　@北大出版社燕大元照法律图书
电　　　话	邮购部 010-62752015　发行部 010-62750672　编辑部 010-62117788
印 刷 者	北京中科印刷有限公司
经 销 者	新华书店
	650 毫米×980 毫米　16 开本　19 印张　228 千字 2022 年 11 月第 1 版　2022 年 11 月第 1 次印刷
定　　　价	79.00 元

未经许可，不得以任何方式复制或抄袭本书之部分或全部内容。
版权所有，侵权必究
举报电话：010-62752024　电子信箱：fd@pup.pku.edu.cn
图书如有印装质量问题，请与出版部联系，电话：010-62756370

序

自监察体制改革肇启,学术界持续聚焦该改革领域的理论与实践问题,一系列学术论著相继发表或出版。大批法学研究者围绕改革的宪法设计,监察权的配置、属性及行使,监察对象的范围界定及权利保障,改革对司法体制的影响,以及监察制度的比较与借鉴等议题展开探讨,为系统改革工程的有效推进提供了相对全面的理论证成和知识储备。随着监察权的全面运行以及《监察法》《政务处分法》《监察官法》《监察法实施条例》等法律、法规的次第施行,监察法学之研究应该致力于提升空间和拓展领域,例如合署办公与党规国法衔接、监察立法的体系化、监察法律与相关法律的衔接,以及国家监察监督在党和国家监督体系中的地位与作用、国家监察体制与国家治理现代化的关系、国家监察与基层自治、学术自由、企业经营自主权等相互关系等。同时,在研究方法上必须进行多元化的探讨,摆脱过于单调的立法建构方法,转向重视监察法律的教义学分析,及以监察案例和事例为素材的社科法学研究,从宏观叙事转向具体而微的精细化研究。董坤研究员的国家社科基金结项成果——《监察与司法的衔接:理论、制度与机制》,正是代表上述研究趋势转变的优秀之作。

监察体制改革的重要目标之一是扩大监察范围,整合监察力量,健全国家监察组织架构,形成高效权威的国家监察体系。随着检察机关职务犯罪侦查权转隶到国家监察机关,必然引出监察机关与司法机关如何相互协调配合又相互监督制约的问题。这个问题处理的好坏关乎监察体制改革的成败,更关乎经由监察体制改革所形成的新宪制架构能否彰显中国治理特色和治理优势的问题,故董坤研究员以监察与司法的衔接机制为题展开研究,显示了他敏锐的学术感觉和强烈的中国问题意识。

监察与司法的衔接机制问题关涉宪法、组织法、刑法、刑事诉讼法等多个法学学科领域的知识驾驭与把握,必须具备深厚的法学知识功底,同时不拘泥于理论上的空洞说教,而能直面问题展开针对性的研究,在这方面董坤研究员展现了其知识功底和工作经历的优势。他在最高人民检察院工作多年,后又转入中国社会科学院法学研究所从事研究教学工作,较之诸多研究者,他更熟谙中国司法体制运行的实际,也更了解实务部门对问题解决的期待,从而使得他的研究成果更具有针对性和靶向精准性。

监察与司法体制的衔接是一项庞大复杂的系统工程,举其要者,包括管辖衔接、证据衔接、留置与司法强制措施衔接、检察机关如何提前介入、监察处理从宽从轻与司法认罪认罚的判断标准协调、退回补充调查的程序贯通等诸多问题。对这些问题,董坤研究员一方面尽力穷尽规范依据,据以开展体系化的解释;另一方面又厘清真实的问题,抽丝剥茧,层层深入,不作空泛之论,如此使得其研究能够切中肯綮,体现理论对现实的有力观照。通观全书,有诸多精妙之论。比如,他提出在监察检察互涉案件中以监察管辖为主、分类管辖与主罪管辖为辅的方案;案件在不同级别的办案机关之间移送时,应以监察机关移送同级检察院,由检察院以"体内循环"的方式进行级别管辖的调整,并积极与监察机关沟通、与法院协商,确保级别管辖衔接顺畅。又比如,在监察调查与刑事诉讼的程序衔接上,应该发挥立案在程序转换节点、诉讼发动起点的标志性功能,应以司法解释和相关规范性文件确立"形式立案",等等。这些研究成果,既解决当下监察与司法衔接中的现实困惑,又能收办案指南之功,具有可操作性,填补了规范的空白。

当然,任何有意义的理论研究也仅具有追求真理的过程意义,而并不意味着穷尽了真理。董坤研究员的研究仍有很多需要优化的地方。以问题域而论,境外追逃、境外追赃、国际反腐败合作、限制出境、特殊技术侦查等方面的监察司法衔接,应该是本课题下当然的讨论层面,而作者未能论及,或许是一个颇为遗憾的疏漏。检察机关当下致力推进的合规不起诉、合规激励试错,是否形成监察与司法之间新的调适难题,似乎不能忽焉不察。监察司法衔接的背后,其实是国家权力如何优化配置的问题,如何超越部门法的思考而立基于宪制结构进行总体考量,既考虑监察司法机关的办案实操性和便利性,又始终恪守人权保障、法治主义的立场,也许能使研究成果的立意更加高远。

是为序。

秦前红[*]

2022 年 3 月 26 日于珞珈山

---

[*] 武汉大学法学院教授、博士生导师,教育部长江学者特聘教授。

目 录

导 言 ··· 001
  一、研究背景与研究概况 ·· 001
  二、监察与司法衔接的理论基础 ····································· 008
  三、监察与司法衔接的基本原则 ····································· 012
  四、立法层面监察与司法衔接的规范性梳理 ······················ 015
  五、监察与司法衔接的研究框架与基本内容 ······················ 024

第一章　监察与司法的管辖衔接 ··· 030
  一、监察机关案件管辖的范围与特点 ······························· 031
  二、互涉案件管辖中的主办与协助 ·································· 039
  三、共有管辖权案件中的分工与协商 ······························· 044
  四、移送案件级别管辖的对应与衔接 ······························· 050
  五、移送案件地区管辖的对应与衔接 ······························· 061
  六、公安、监察与检察三机关职能管辖错位的协调衔接 ······· 063
  七、本章结语 ··· 067

第二章　监察与司法的证据衔接 ··· 069
  一、刑事诉讼中监察证据的资格认定 ······························· 070
  二、对监察证据证据能力审查的程序衔接 ························· 077

三、对监察证据证明力审查的程序衔接 …………………… 091
四、本章结语 …………………………………………………… 095

第三章　监察与司法的案件移送和强制措施衔接 ………… 097
一、监察案件的移送与受理 …………………………………… 098
二、留置与强制措施的衔接 …………………………………… 106
三、未予留置案件强制措施的衔接 …………………………… 113
四、强制措施转留置的衔接问题 ……………………………… 116
五、退回补充调查的阶段定位与强制措施运用 ……………… 118
六、本章结语 …………………………………………………… 125

第四章　认罪认罚从宽制度在监察与司法衔接中的适用 … 126
一、监察程序中适用认罪认罚从宽制度的规范解读 ………… 127
二、认罪认罚从宽制度在"两法"衔接中的认识差异和
　　程序抵牾 ………………………………………………… 130
三、认罪认罚从宽制度在监察与司法有效衔接中的完善
　　建议 ……………………………………………………… 140
四、本章结语 …………………………………………………… 146

第五章　检察提前介入机制在监察与司法衔接中的适用 … 147
一、检察提前介入的历史谱系梳理：由来发展与功能演变 … 148
二、检察提前介入监察：两种形态对比分析中的法理探寻 … 155
三、检察提前介入监察的机制构建 …………………………… 165
四、本章代结语：检察提前介入监察的相关问题思考 ……… 174

第六章　特殊不起诉在监察与司法衔接中的适用 …… 177
 一、特殊不起诉的适用条件一：重大立功 …… 179
 二、特殊不起诉的适用条件二：国家重大利益 …… 193
 三、特殊不起诉的核准程序和救济路径 …… 196
 四、选择性起诉背后的理论前瞻 …… 201
 五、本章结语 …… 213

第七章　职务犯罪案件缺席审判在监察与司法衔接中的适用 …… 215
 一、引　言 …… 215
 二、缺席审判在监察与司法衔接中适用的理论基础 …… 217
 三、职务犯罪案件适用缺席审判的共识性条件 …… 220
 四、缺席审判程序适用中的协调配合 …… 228
 五、缺席审判程序适用中的权利保障 …… 230
 六、本章结语 …… 236

第八章　退回补充调查在监察与司法衔接中的适用 …… 237
 一、比较视野下"应当"退回补充调查的法理分析 …… 238
 二、退回补充调查的适用原则和适用情形 …… 247
 三、退回补充调查中的程序衔接 …… 250
 四、相关配套机制的构建与完善 …… 255
 五、本章结语 …… 261

第九章　监察与司法衔接中的权利保障研究 …… 262
 一、监察法提供了权利保障的法律依据 …… 263
 二、权利侵犯的可能隐忧 …… 266

三、监察与司法衔接中具体的权利保障 …………………… 268
四、本章结语 ………………………………………………… 273

参考文献 ……………………………………………………… 274

后　记 ………………………………………………………… 289

导 言

一、研究背景与研究概况

改革开放四十多年来,我国由高度集中的计划经济体制过渡到社会主义市场经济体制,经济社会发展取得了举世瞩目的伟大成就。然而,伴随着市场经济的快速发展,权力滥用、权力寻租、权力腐败现象日渐显现,成为国家治理的重大挑战。"党的十八大以来,以习近平同志为核心的党中央协调推进'四个全面'战略布局,在深化国家监察体制改革、反腐败追逃追赃、深化司法体制改革等方面作出了一系列重大决策部署,取得了重大成果和进展。"[1]作为党中央确立的一项事关全局的重大政治体制改革,国家监察体制改革对于加强对所有行使公权力的公职人员的监察全覆盖,深入开展反腐败工作,推进国家治理体系和治理能力现代化具有重大而深远的意义。

2016年11月,中共中央办公厅印发《关于在北京市、山西省、浙江省开展国家监察体制改革试点方案》(以下简称《试点方案》),部署在三省市试点设立各级监察委员会,国家监察体制改革开始从理论层面的顶层设计步入实践层面的试点探索。通过体制机制、制度

---

[1] 张维炜:《刑诉法迎来再度修改:关注反腐制度创新》,载《中国人大》2018年第9期。

建设上的先行先试、探索实践,各试点地区的监察工作为监察体制改革在全国推开积累了丰富经验。经过一年的试点、探索与总结,2017年11月4日,全国人大常委会通过了《关于在全国各地推开国家监察体制改革试点工作的决定》,将检察机关的反贪、反渎、预防等部门以及职务犯罪侦查职能整体转隶至国家监察机关,深化国家监察体制改革取得重大阶段性成果。2018年3月20日第十三届全国人民代表大会第一次会议通过《中华人民共和国监察法》(以下简称《监察法》),国家监察体制改革正式在法律层面得以确立。

国家监察体制改革是党中央作出的一项事关全局的重大决策部署。由于该项改革更多的是结合中国实际进行的一项具有中国特色的惩防腐败体系建设,域外没有先进的方案和成熟的经验可供借鉴,而改革内容又涉及方方面面,一切都在试探摸索中前行。作为一个新生事物,改革后的国家监察体制在国家治理的宏观体制下得以赋能,但如何在框架之下进行制度细化和规则完善,国家监察权如何与行政权、审判权、检察权相洽衔接以形成科学完备的反腐败国家权力体系,职务犯罪调查权的行使程序、运行规则、约束规范等如何与刑事诉讼、司法权运行相衔接,日渐成为理论界和实务界广为关注的焦点和热点问题。

(一)理论研究概况

早在2016年11月,中共中央办公厅印发在三省市试点设立各级监察委员会的《试点方案》,法学界就开始关注国家监察体制改革。一些法学期刊曾开出专栏就国家监察体制改革中的相关问题,如监察立法[1]、监察改革的法理逻辑[2]、办理职务犯罪案件监

---

[1] 参见马怀德:《〈国家监察法〉的立法思路与立法重点》,载《环球法律评论》2017年第2期。

[2] 参见秦前红:《监察体制改革的逻辑与方法》,载《环球法律评论》2017年第2期。

察权的属性[1]、监察措施[2]等邀请法学界的专家撰文。2018年3月,第十三届全国人大第一次会议先后通过《宪法修正案》和《监察法》。国家监察体制的改革成果在宪法等法律层面得以确立。

国家监察体制改革是中央高层果断抉择作出的重大政治体制改革。改革之初,法学界的理论研究已迟滞于监察实践和制度创新,加之既往的研究基础也较为薄弱,导致国内对监察体制改革以及围绕改革所衍生出的具体问题跟进不足,回应有限,系统性的研究更是少之又少。虽然不同部门法的学者纷纷加入监察研究的队伍,陆续推出一些研究成果,但不少都呈现出研究视野的局限性:一是研究内容多以改革破题,围绕国家监察体制改革的价值原则、组织架构、权力配置等展开研究,对相关综合性配套制度、其他法律规范的调整衔接关注有限;二是对其他法律规范的修改,相关程序衔接方面的研究多以理念原则、规则机制的贯穿为主线,宏观层面的观点、方向性建议居多[3],微观层面的具体制度设计、程序性操作规范的细节性研究较少。特别是监察调查与刑事司法程序衔接的研究成果较为有限,笼而统之者居多,系统深入的研究甚少;三是就监察调查与刑事司法程序衔接展开研究的群体来看,刑事法学和行政法学领域,特别是刑事诉讼法学领域的研究者居多[4],监察系统的研究者或一线办案人员参与有限、发声不够。

---

[1] 参见熊秋红:《监察体制改革中职务犯罪侦查权比较研究》,载《环球法律评论》2017年第2期。
[2] 参见陈越峰:《监察措施的合法性研究》,载《环球法律评论》2017年第2期。
[3] 参见吴建雄、王友武:《监察与司法衔接的价值基础、核心要素与规则构建》,载《国家行政学院学报》2018年第4期。
[4] 例如卞建林、陈卫东、龙宗智、熊秋红、姚莉、汪海燕、杨宇冠等刑事诉讼法学者纷纷撰文就监察与司法的程序衔接问题发表文章。

就域外来看,不少国家或地区对监察调查与刑事司法程序衔接的研究几近空白。究其原因在于国家监察制度的建立属于中国政治体制架构下的特色产物,国外并不存在完全对应的制度。有研究者曾对国外腐败犯罪的办案机关做过专门考察,发现其程序运转仍隶属于刑事诉讼活动,相应的权力运行也依然受到司法控制。[1] 即使一些国家,如美国、日本和韩国等有所谓的监察机关,但一些学者通过制度比较发现这些国家的监察机关不享有对职务犯罪的侦查权和起诉权。[2] 可见,作为我国国家治理体系的重要组成部分,监察体系是一种本土化的制度生成,无法照搬别国的制度经验,需要学界从我国国家体制、司法体制的整体视角进行制度生成与优化研究。

综上,在国家监察体制改革的大背景下,研究立法规范下监察与司法的衔接是一个崭新且具体的重要问题。目前,国内的研究成果有限,已有的研究也多是从制度设计上提出不同的衔接设想。这些设想不少是在《监察法》未出台、《刑事诉讼法》未修改的情况下提出的一些试点对策或理论预案,较为抽象、原则、宏观。随着《监察法》的出台,《刑事诉讼法》的修改,以及相关规范的陆续制定,如 2021 年 9 月,国家监察委员会发布的《中华人民共和国监察法实施条例》(以下简称《监察法实施条例》)等,上述研究成果中所提及的设想、预案除了作为今后再修法的参考,很多已不具现实操作性。国外更是缺乏对这种程序衔接的理论研究和规范指引。可见,在中国特有的政治环境和体制机制背景下,开展监察与司法衔接的理论研究还须发掘我国更多的本土资源,通过梳理、总结、归纳更多的地方经验和试点样本提炼理论、原则和观点,以照应和具化实定法的规范条文,不

---

[1] 参见肖军:《侦查主体研究》,群众出版社 2014 年版,第 81 页以下。
[2] 参见陈光中、邵俊:《我国监察体制改革若干问题思考》,载《中国法学》2017 年第 4 期。

断充实和丰富新时代的国家监察理论和司法制度。

(二)实务发展情况

自监察体制改革启动以来,中央和地方各级审判机关、检察机关和公安机关不断提高政治站位,持续探索和强化与纪检监察机关的协作配合机制。以监察机关与检察机关的协作配合为例,在中央层面,2018年4月,国家监察委员会和最高人民检察院联合制定下发《办理职务犯罪案件工作衔接办法》[1],明确界定监察委员会的案件管辖范围,相关措施使用,检察机关提前介入,以及监察机关向检察机关移送案件,检察机关审查起诉、退回补充调查和自行补充侦查等工作的衔接程序和办案机制。"比如,关于提前介入,规定监察机关办理的重大、疑难、复杂案件在进入案件审理阶段后,可以书面商请检察机关派员介入。检察机关介入工作小组应在15日内审核案件材料,对证据标准、事实认定、案件定性及法律适用提出书面意见,对是否需要采取强制措施进行审查,并形成书面意见。又如,关于指定管辖,规定监察机关调查的职务犯罪案件需要在异地起诉、审判的,一般应当在移送起诉20日前,由检察机关商法院办理指定管辖事宜,并向监察机关通报。再如,关于退回补充调查,规定移送审查起诉的案件,犯罪事实不清、证据不足的,应当退回原监察机关补充调查。被指定的人民检察院经审查,拟退回补充调查的,应当经原监察机关同级的人民检察院批准。在作出批准决定前,应当与监察机关沟通协商,具体由检察机关职务犯罪检察部门与监察机关审理室进行对接等。"[2]据此,监察与司法衔接的程序、制

---

[1] 陈国庆:《刑事诉讼法修改与刑事检察工作的新发展》,载《国家检察官学院学报》2019年第1期。
[2] 陈国庆主编:《职务犯罪监察调查与审查起诉衔接工作指引》,中国检察出版社2019年版,第8页。

度、机制初步形成,并在实践中不断适用、完善和优化。

各省市的地方监察委与检察院、法院也积极协作配合,因地制宜地制定了不少具体的衔接办法,出台了相关工作细则。例如,2018年4月,"河北省唐山市检察院与该市监察委共同制定下发了《办理职务犯罪案件衔接工作细则(试行)》,确保监察委与检察院在办理职务犯罪案件过程中有序、有效衔接。该细则主要对商请提前熟悉案情、案件移送、监察留置与刑事强制措施执行、退回补充调查、检察办案中发现案件线索的移送等职务犯罪案件办理衔接中的几个关键节点问题,以及职务犯罪案件证据收集、固定、审查、运用等重点问题进行了明确和规范"[1]。再如,2018年5月,内蒙古自治区通辽市检察院会同通辽市监察委员会联合印发《办理职务犯罪案件衔接办法(试行)》进一步加强监察机关与检察机关的协作配合。该《办理职务犯罪案件衔接办法(试行)》主要明确了监察机关移送案件审查、提起公诉的时间,监察机关移送案件的程序和内容,检察机关采取强制措施的条件等五方面内容。[2] 还如,2019年11月,"山东省检察机关主动适应监察委员会办案工作新模式,省检察院会同省监察委员会修订印发《办理职务犯罪案件工作衔接办法(试行)》,重点围绕提前介入调查、退回补充调查、自行补充侦查等方面,逐步构建起标准化、规范化的办案流程。"[3]此外,2019年,"中央纪委国家监委还会同'两高'研究出台了相关规定,对国家监委调查的职务犯罪案件商请最高人民检察院办理指定管辖以及检察机关提前介入等工

---

[1] 刘子珍:《出台细则规范职务犯罪案件衔接工作》,载《检察日报》2018年4月20日,第2版。
[2] 参见沈静芳、张云峰、乌云塔娜:《建立与监委工作衔接机制》,载《检察日报》2018年5月9日,第2版。
[3] 匡雪:《重拳惩治职务腐败犯罪》,载《检察日报》2019年12月1日,第1版。

作进行规范,并建立了专家咨询委员会制度、监察人员旁听庭审制度、裁判文书通报制度、日常联络员制度等工作机制,加强对移送司法机关涉嫌职务犯罪案件后续处理情况的跟踪掌握"[1]。

2021年9月20日,国家监察委员会发布施行《监察法实施条例》,其第五章"监察程序"第七节"移送审查起诉"部分专门就职务犯罪案件证据材料的移送、认罪认罚的认定、移送管辖、退回补充调查、被调查人逃匿或死亡案件违法所得没收程序、缺席审判程序的衔接作出较为详尽的规定。

2021年6月15日,中共中央发布《关于加强新时代检察机关法律监督工作的意见》,专门提及要"加强检察机关与监察机关办案衔接和配合制约。健全衔接顺畅、权威高效的工作机制,推动刑事司法与监察调查的办案程序、证据标准衔接。落实检察机关与监察机关办理职务犯罪案件互相配合、互相制约原则,完善监察机关商请检察机关派员提前介入办理职务犯罪案件工作机制,以及检察机关退回补充调查和自行补充侦查机制。加强检察机关立案侦查司法工作人员相关职务犯罪与监察机关管辖案件的衔接协调、线索移送和办案协作,不断增强依法反腐合力"。

除出台相关的衔接意见、办案细则和工作办法外,中央和地方的监察委、检察院和法院互相配合、互相制约,积极贯彻落实"两法"衔接的相关规定,扎实推进反腐败斗争,几年来办理了相当数量的职务犯罪案件。从2019年、2020年、2021年和2022年最高人民检察院四年的工作报告看(表一)[2],监察机关移送司法机关的职务犯罪的

---

[1] 何韬:《执纪执法贯通 有效衔接司法》,载《中国纪检监察报》2019年7月30日,第1版。
[2] 相关数据源自最高人民检察院网站公布的2019年、2020年、2021年、2022年《最高人民检察院工作报告》,载中华人民共和国最高人民检察院官网(https://www.spp.gov.cn/spp/gzbg/index.shtml),访问日期:2022年3月17日。

人数稳中有升,办案质效不断提升。可以说,大量典型案例的积累和对一线宝贵经验的总结,为完善监察与司法的衔接提供了坚实的实践基础。

表一　2018—2021年检察院受理各级监察委移送职务犯罪案件办理情况统计表

	受理各级监察委移送职务犯罪	已起诉	不起诉	退回补充调查
2018年	16092人	9802人	250人	1869人次
2019年	24234人	18585人	704人	7806人次
2020年	19760人	15346人	662人	4013人次
2021年	20754人	16693人	无数据	无数据

总体上看,职务犯罪案件的刑事司法工作与监察体制改革衔接有序,进展平稳。但不容忽视的是,在全面依法治国的总要求下,如何将中国的政治优势、理论优势进一步转化为制度优势,将制度优势转化为治理效能,使中国的监察体制更加成熟定型是需要继续深入思考并着力推进的重大问题。从这个意义上讲,实现监察委员会职务犯罪调查与刑事诉讼的高效衔接既要立足于构建中国特色社会主义反腐败大局之上,又要充分结合监察与司法的工作实际,加强各个层面、各个方面的具体制度机制研究,通过制度建设和机制创新确保权力的科学高效运行,加强对于权力运行的制约和监督,使统一集中高效的反腐败法律制度与彰显司法正义的刑事法律制度相互照应,形成有效管用的中国特色社会主义法治体系。

二、监察与司法衔接的理论基础

《监察法》的通过结束了过去多年来党纪调查、政纪调查与刑事侦查各自为战、分散进行的局面,赋予了监察委员会统一办理违法犯罪事实的职能,实现了对违纪、违法和犯罪统一调查的有机整合,避免了不同调查机关对同一案件调查的重复和拖延,提高了反腐败案件调查活动的效率。从国家权力架构上说,这种制度性设计和安排必然会对原有的国家权力配置、程序适用产生重大影响,监察与司法的衔接尤为重要,首先需要从衔接的理论基础入手进行研究和分析。

监察与司法的权力性质各异,在实践中遵循的是独立自洽的两套办案程序,背后有不同的法理支撑和改革逻辑。监察程序的运行导源于国家监察体制改革的总目标,即建立"集中统一、权威高效的中国特色国家监察体制",营造不敢腐、不能腐、不想腐、风清气正的良好政治生态,将监察改革的制度优势转化为反腐败的治理效能。司法程序、刑事诉讼的目的除了保障刑法的正确实施,有效惩治犯罪,还要以正当程序限制公权力的随意扩张和渗透,保障公民的合法权益不受非法侵犯。

对公职人员职务犯罪的起诉和审判是一项司法活动,但在案件办理的前端会经历监察调查环节,在刑事侦查无法越位替代监察调查的情况下,监察与司法必然会在两套程序的交叠边际、具体运行中存在着一场关于目的、价值和理念的对话。当我们讨论不同的制度、机制和具体程序环节在监察和司法间的有效衔接、平稳过渡、及时转化时,就必须明晰监察与司法的关系,厘清二者在办理职务犯罪案件时的共识性认识和差异化理念,划定彼此的权力边界和协作规则,梳理、归纳出监察与司法有效衔接、协调运行的理论基础。

(一)法秩序统一原理下的案件同一性

职务犯罪案件在经历监察调查后,会进入刑事诉讼的审查起诉和审判阶段。此时,监察与司法具有案件交接、传递上的需求。如果两者在案件的适用标准和认知操作上不一致、不匹配,将会使案件被退回或阻隔在司法大门之外造成国家公共资源的浪费,不仅会产生司法信任危机,还会削弱国家监察体制改革的成效。所以,监察和司法在衔接上的共通之处首先在于办理案件的同一性。所谓案件的同一性是指监察与司法在办案过程中被移送审查起诉的调查人或被追诉人同一,所涉犯罪事实同一。[1]

在监察与司法两个不同程序中,案件是贯穿前后的主线,犹如流通的货币,具有一般等价物那种统一应用的效果。依据法秩序统一原理,宪法、刑法、民法等多个法领域所构成的不同的法规范之间应避免矛盾,一致协调,而且这些个别的法领域之间也不应作出相互冲突、抵触的解释。[2] 监察与司法分属不同性质的法律规范,但由于所办理的案件都涉及职务犯罪,具有同一性,故决定了两者在案件管辖、证据标准等法规范适用上的融贯统一,在认罪认罚从宽制度、缺席审判制度、提前介入机制、退回补充调查机制等的启用条件、适用范围、操作口径上的前后一致、相互兼容。

总之,在法秩序统一原理下,案件同一性是监察与司法在衔接过程中相关规范衔接适用的基础。正是因为职务犯罪案件横贯监察与司法两套程序,决定了《监察法》与《刑事诉讼法》衔接过程中相关制度、机制以及程序规范的前后呼应、内在统一。这也为后文论及的"两法"衔接中一些具体制度机制如境外人员缺席审判制度的适用条件、启动程序等适用过程中有关解释学或教义学的研究做好了理论铺垫。

---

[1] 参见张建伟:《刑事诉讼法通义》(第二版),北京大学出版社2016年版,第185页以下。
[2] 参见王骏:《违法性判断必须一元吗?——以刑民实体关系为视角》,载《法学家》2013年第5期。

(二)配合协作中的反腐败共识

无论监察抑或司法,打击职务犯罪,提高反腐败治理效能是两者不可忽视的、共同的价值目标。我国制定《刑事诉讼法》的目的之一就是保证刑法的正确实施,即通过设计一套完整的诉讼程序确保司法机关能够准确、及时地查明案件事实,获致一个正确的裁判,从实体上给予犯罪者相应的刑事处罚。对于刑事诉讼而言,打击腐败,惩治职务犯罪是其一项重要的目标追求。对于监察调查而言,其改革之本就在于惩治职务违法和职务犯罪,提高反腐治理的精准性和有效性。有研究者总结出监察与司法在我国反腐败职权运行的基本格局中所呈现出的互动关系:"以党纪反腐为先导、监察反腐为主责、司法反腐为保障"[1]。可见,进行反腐治理早已是监察与司法共同的价值目标,为了确保职务犯罪案件办理的质量与效率,实现共同的价值目标,监察机关与司法机关就不能各行其是、互不通气、推诿扯皮,而应积极沟通、密切配合、通力合作。《监察法》第 4 条第 2 款就规定,"监察机关办理职务违法和职务犯罪案件,应当与审判机关、检察机关、执法部门互相配合,互相制约。"《监察法实施条例》第 8 条又将其进一步细化为"在案件管辖、证据审查、案件移送、涉案财物处置等方面加强沟通协调"。

综上,反腐败的共识性基础支撑着监察机关与司法机关在办理职务犯罪案件过程中践行相互协作、相互配合的重要原则,确保案件在监察与司法不同程序间的顺利过渡。这一理念性共识为后文谈及的监察与司法在协调配合中具体机制的程序性构建提供了理论支撑。

---

[1] 吴建雄、王友武:《监察与司法衔接的价值基础、核心要素与规则构建》,载《国家行政学院学报》2018 年第 4 期。

(三)差异化理念中的制衡逻辑

如前所述,刑事诉讼遵循正当程序,强调通过程序规训来形塑权力、保障人权。这些理念的融入会使诉讼程序产生法治化张力去对冲、缓和监察办案中可能出现的反腐"单极化"倾向,避免监察办案中可能出现的强职权逻辑被惯性地导入诉讼化流程。近年来,司法领域进行的以审判为中心的诉讼制度改革,目的就是去除过往诉讼中以侦查为中心的单向度的行政治罪模式,通过被告人、辩护人等诉讼参与人有效参与庭审,确保被告人及其辩护人通过诉讼对抗活动,形成一种有效的诉讼制衡力量,促使办案机关在立案、侦查、审查逮捕、审查起诉、审判等方面严格遵守法律,避免违法和越权,切实地遵守法定程序。"唯有重视并保障被告人的人权,使其成为一种足以抗衡国家权力的力量,才能将国家专门机关的权力'关入牢笼之中',有效地保障刑事诉讼法的实施,并维护基本的法治秩序。"[1]在监察与司法的衔接过程中,认罪认罚从宽、缺席审判、管辖、强制措施、证据制度的适用,以及检察提前介入监察、退回补充调查等机制的运行除了要发挥惩治腐败的效果,也应当坚持以审判为中心的改革思路,切实保障被调查人、被追诉人等案件参与人的各项权利。

三、监察与司法衔接的基本原则

制定《监察法》和修改《刑事诉讼法》为监察机关、检察机关、审判机关在办理职务犯罪案件过程中建立权威高效、衔接顺畅的工作模式奠定了坚实的法律基础。然而,盖天下之事,不难于立法,而难

---

[1] 陈瑞华:《刑事诉讼法》,北京大学出版社2021年版,第33页。

于法之必行。监察与司法衔接在实践中难免会出现各种情况、问题和矛盾,要有一个相互磨合、彼此调适的过程,但无论如何需坚持以下几项基本原则。

(一) 互相配合与互相制约

我国《宪法》第127条第2款和《监察法》第4条第2款均规定:"监察机关办理职务违法和职务犯罪案件,应当与审判机关、检察机关、执法部门互相配合,互相制约。"可以说,互相配合、互相制约原则是监察与司法衔接中的重要原则之一,其厘清了监察机关与审判机关、检察机关、执法部门在衔接中的各自关系。

所谓互相配合,强调各机关在办理职务犯罪案件过程中目标一致,方向同一。在具体的办案衔接上,不同机关应当相互支持,通力合作,使案件的处理能够协调顺畅,共同促进"两法"实施。例如,监察机关决定留置、通缉的案件,公安机关应当履职尽责,执行到位。监察机关在办案过程中,经与检察机关沟通协商,检察机关可提前介入监察程序,就证据收集、事实认定、法律适用等提出意见,促进监察办案更加规范高效。检察机关在审查起诉过程中,认为案件需要补充调查的,应当退回监察机关补充调查,监察机关也应当积极配合,按照退查提纲积极补正。

所谓互相制约,意味着监察机关与审判机关、检察机关、执法部门在案件衔接过程中通过职能分工和程序设置实现彼此间的相互约束,相互制衡,以防止发生办案衔接中的疏漏和错误,做到职务案件办理的全流程不错不漏、不枉不纵。例如,在监察与司法的衔接中,检察机关可以通过作出不起诉决定、排除非法证据、退回补充调查等手段制约监察机关的调查行为;而监察机关也可以通过复议以及对检察人员不当司法行为的监察调查制约检察机关不当乃至违法的不起诉行为。制约是互相的、双向的,不同机关的制约不是互相"找茬""挑毛病",而是在双向的影响和互动中确保案件质量,实现办案的"双赢""多赢""共赢"。

(二)法定原则

法定原则包括两方面的内容:一是权力法定原则。《宪法》《监察法》和《刑事诉讼法》明确规定了监察机关、侦查机关、检察机关和审判机关各自的权限和职责,不同机关之间在行使职权时既不能相互替代、越俎代庖,也不能相互推诿、扯皮懈怠,更不能影响施压、横加干涉。各机关应在各自的权责范围内分工负责、积极作为,共同为监察与司法的有序衔接作好自己的"分内事"。二是程序法定原则。《监察法》第3条规定:"各级监察委员会是行使国家监察职能的专责机关,依照本法对所有行使公权力的公职人员进行监察,调查职务违法和职务犯罪,开展廉政建设和反腐败工作,维护宪法和法律的尊严。"由于《监察法》第五章"监察程序"明确规定了监察调查职务违法和职务犯罪的各种手段和方法,因此监察机关必须按照这些手段和方法的法定程序、步骤进行。此外,《刑事诉讼法》第3条第2款规定:"人民法院、人民检察院和公安机关进行刑事诉讼,必须严格遵守本法和其他法律的有关规定。"言下之意,公检法机关在进行刑事诉讼时不得违反法律规定的程序和规则。可见,无论是监察调查还是公检法进行刑事诉讼都必须认真贯彻执行好监察法和刑事诉讼法的相关规定,严格依照法定程序开展调查、侦查、审查起诉和审判等各项工作,监察与司法在衔接中也必须按照"两法"规定的衔接要求和标准依序进行。

(三)证据裁判原则

无论是《监察法》第5条,还是《刑事诉讼法》第6条都强调办案要以事实为根据。这其实是要求办案人员忠于事实真相,努力查明案情。而认定案件事实,必须有确实、充分的证据,不能凭主观想象、怀疑、推断或者道听途说来处理问题。以事实为根据,核心问题就是要重证据,重调查研究,以证据为查明和判定案件事实的唯一手段,这便是证据裁判原则。

在监察与司法的衔接过程中,证据是"两法"衔接的纽带。监察机关调查收集的证据进入刑事诉讼,必须经过法定程序的审查和判断才能作为认定职务犯罪成立的基础和根据。认定职务犯罪成立的监察证据还必须具有充分性,要确保职务犯罪案件的定罪量刑事实都有证据证明,这是证据裁判原则在监察与司法证据衔接中的基本要求。为了达到这一要求,监察机关就必须按照刑事诉讼中审判的标准和要求,全面规范取证。所谓全面,是指"根据有关规定,监察机关对职务违法和职务犯罪案件,应当进行调查,收集、调取被调查人有无违法犯罪以及情节轻重的证据,查明违法犯罪事实。要求监察机关依法收集、鉴别证据,形成相互印证、完整稳定的证据链"[1]。所谓规范,是指监察取证要以审判为中心,坚持审判阶段的证据标准,坚决杜绝虐待、体罚、打骂等非法取证行为的出现,严格贯彻非法证据排除等各类证据规则,确保监察证据的证据能力符合刑事诉讼的各项要求。同时,还要对讯问、查封、扣押等调查取证行为落实同步录音录像的要求,确保全程留痕留影,以待留存备查。

四、立法层面监察与司法衔接的规范性梳理

2018年3月,第十三届全国人大一次会议表决通过《监察

---

[1] 卞建林:《监察机关办案程序初探》,载《法律科学(西北政法大学学报)》2017年第6期。

法》,标志着国家监察体制改革取得的重大成果在立法层面得以确立。国家监察体制改革通过对"所有行使公权力的公职人员"的监督实现了"监察全覆盖",完成了国家反腐败资源的有机整合,使得行政监察(监察部门)、刑事调查(检察机关反贪反渎机构)以及预防腐败(预防腐败部门)等被统一整合进监察委员会之中,实现了纪委(党内层面)与监察委员会(国家层面)的一体化。要构建集中统一、权威高效的反腐败体系,全线打通纪法、法法衔接各环节,实现监察执法与刑事司法的流程贯通,就必须对监察与司法衔接中的相关法律、司法解释、规范性文件等进行深入解读,理顺、协调不同法律、法律与司法解释以及不同规范性文件之间的内在关系。这是作好监察与司法有效衔接的基础,也是推进中国特色反腐败体系和反腐败能力现代化的必要前提。

(一)《监察法》中涉及与司法程序衔接的规定

就立法内容而言,为保证职务犯罪调查工作在法治框架内有效开展以及监察程序与刑事诉讼程序进行有效过渡与承接,《监察法》作出如下规定:

(1)《监察法》第 3 条关于监察职能和监察范围规定:"依照本法对所有行使公权力的公职人员(以下称公职人员)进行监察,调查职务违法和职务犯罪,开展廉政建设和反腐败工作,维护宪法和法律的尊严。"本条将行使公权力的公职人员涉嫌职务犯罪的情形纳入监察调查的范围,明确了既往职务犯罪由检察院立案侦查的职能转隶到监察委员会调查管辖。这既是对国家监察体制改革试点的立法回应,也对 2018 年 10 月《刑事诉讼法》的第三次修改中涉及的职能管辖问题提出了衔接修订的方向。

(2)《监察法》第 4 条第 2 款关于"监察机关办理职务违法和职

务犯罪案件,应当与审判机关、检察机关、执法部门互相配合,互相制约"的规定,既是对宪法条文的重申,又是监察与司法衔接中应当遵守的基本原则。

(3)《监察法》第11条第2项规定:"对涉嫌贪污贿赂、滥用职权、玩忽职守、权力寻租、利益输送、徇私舞弊以及浪费国家资财等职务违法和职务犯罪进行调查。"第3项规定:"对违法的公职人员依法作出政务处分决定;对履行职责不力、失职失责的领导人员进行问责;对涉嫌职务犯罪的,将调查结果移送人民检察院依法审查、提起公诉。"第11条第2项明确赋予了监察机关对职务犯罪的调查权,该调查权不同于以往对职务犯罪的侦查权,两者在行使主体、行使场域以及职能性质上都有不同。第3项则是规定了案件调查终结进入刑事诉讼的法律效力,即可移送审查起诉,检察院经审查符合起诉条件的可提起公诉,交付审判。该项规定进一步明确了监察机关办理的职务犯罪案件无需再行刑事立案和侦查,可直接与检察院的审查起诉程序衔接。

(4)《监察法》第31条是关于认罪认罚的案件,监察机关向人民检察院提出从宽处罚的建议的规定。监察机关在监察程序的调查环节可以通过提出从宽处罚的建议与后续刑事司法活动中的认罪认罚从宽制度相衔接,确保认罪认罚从宽制度在职务犯罪案件中前后一体贯通。

(5)《监察法》第33条第2款关于"监察机关在收集、固定、审查、运用证据时,应当与刑事审判关于证据的要求和标准相一致"的规定,以及关于非法证据依法予以排除的规定,要求监察机关在调查取证过程中必须坚持证据裁判原则、非法证据排除规则,向审判看齐,坚持以审判为中心,实现监察与司法在证据标准和证据要求上的纪法贯通。

（6）《监察法》第46条关于涉嫌犯罪取得的财物，应当随案移送人民检察院的规定，明确在调查中的涉案财物，也应当随案移送，不得私自截留、扣查。

（7）《监察法》第47条规定了移送至人民检察院的案件中有关强制措施的适用，以及审查起诉后的处理。具体内容包括四个方面：一是对监察机关移送的案件，人民检察院应依照刑事诉讼法对被调查人采取强制措施。二是人民检察院经审查，认为犯罪事实已经查清，证据确实、充分，依法应当追究刑事责任的，应当作出起诉决定。三是人民检察院经审查，认为需要补充核实的，应当退回监察机关补充调查，必要时可以自行补充侦查。对于补充调查的案件，应当在一个月内补充调查完毕，补充调查以二次为限。四是人民检察院对于犯罪嫌疑人适用刑事诉讼法规定的不起诉情形的，经上一级人民检察院批准，依法作出不起诉的决定。监察机关认为不起诉的决定有错误的，可以向上一级人民检察院提请复议。第47条第4项其实规定了刑事诉讼程序的相关内容，同时第3项规定的内容也在《刑事诉讼法》第170条第1款中进行了重申。

（8）《监察法》第48条规定了被调查人逃匿或死亡后违法所得的处理规定："监察机关在调查贪污贿赂、失职渎职等职务犯罪案件过程中，被调查人逃匿或者死亡，有必要继续调查的，经省级以上监察机关批准，应当继续调查并作出结论。被调查人逃匿，在通缉一年后不能到案，或者死亡的，由监察机关提请人民检察院依照法定程序，向人民法院提出没收违法所得的申请。"该条与《刑事诉讼法》第五编"特别程序"第四章"犯罪嫌疑人、被告人逃匿、死亡案件违法所得的没收程序"相衔接。条文内容也与《刑事诉讼法》中的条文相仿,只是其中的"通缉一年后"不能到案如何理解存在一定争议。一般认为,应当逮捕而在逃的犯罪嫌疑人才会通缉,但是在监察调查环节剥夺人身自由的措施只有留置,但对于应当留置而在逃的被调查人能否适用通缉,公安机关是否有执行的义务,本身存在措施衔接上的疑问。2018年制定的《监察法》第29条对该疑问作出回应,"依法应当留置的被调查人如果在逃,监察机关可以决定在本行政区域内通缉,由公安机关发布通缉令,追捕归案。通缉范围超出本行政区域的,应当报请有权决定的上级监察机关决定。"该条不仅明确了留置与通缉之间的内在逻辑关系,也理顺了监察机关与公安机关在通缉上的决定和执行关系。另外,由于《监察法》第48条明确了失职渎职的职务犯罪案件也适用违法所得没收程序,细化了《刑事诉讼法》第298条规定的"贪污贿赂犯罪、恐怖活动犯罪等重大犯罪案件"的类型。故2021年3月1日施行的《最高人民法院关于适用〈中华人民共和国刑事诉讼法〉的解释》(以下简称《刑事诉讼法解释》)第609条在对《刑事诉讼法》第298条"等重大犯罪案件"进行解释时,明确了失职渎职的职务犯罪案件也适用违法所得没收的特别程序。这使得监察与司法在犯罪嫌疑人、被告人逃匿案件违法所得的特别没收程序适用中能够有效衔接。

概要分析《监察法》的相关条文可以发现,制定该法的主要目的是丰富新时代的国家监察职能,从宏观层面解决国家监察体制改革后相关的制度机制问题。为了保证法律相对稳定,《监察法》还吸收了大量《刑事诉讼法》的条文内容,但有关具体实施与衔接方面的规定还不尽完善和细致。毕竟《监察法》是一部综合性立法,在一共仅有69条的情况下,涵盖了监察机关组织法、程序法以及救济法等诸多方面的内容,但其中不少条文已经为《刑事诉讼法》在修改时与监察法的衔接预留了"接口",后文会再细致总结、深度解读。

(二)《刑事诉讼法》中涉及与监察调查衔接的规定

2018年10月26日,经过广泛征求意见,第十三届全国人大常委会第六次会议审议通过了《关于修改〈中华人民共和国刑事诉讼法〉的决定》。这次修改主要是落实中央关于深化国家监察体制改革、强化反腐败追赃追逃、推进司法体制改革等方面作出的一系列重大决策部署,修改指向明确、内容特定。其中,一项重要的修改内容就是完善与监察法的衔接机制,保障国家监察体制改革的顺利推行,主要涉及三大方面的内容。

一是调整了人民检察院的侦查职权。修订后的《刑事诉讼法》第19条第2款删除了人民检察院对贪污贿赂等案件行使侦查权的规定,保留了检察机关部分侦查权,即人民检察院在对诉讼活动实行法律监督中发现的司法工作人员利用职权实施的非法拘禁、刑讯逼供、非法搜查等侵犯公民权利、损害司法公正的犯罪,可以由人民检察院立案侦查。此外,还保留了检察院对于公安机关管辖的国家机关工作人员利用职权实施的重大犯罪案件的机动侦查权。

二是修改了有关的程序性规定。在《刑事诉讼法》关于侦查期间辩护律师会见经许可、指定居所监视居住、采取技术侦查措施的规定中,删去有关贪污贿赂犯罪的内容,并完善《刑事诉讼法》关于"侦查"定义的表述。修订后的《刑事诉讼法》第108条第1项规定:"'侦查'是指公安机关、人民检察院对于刑事案件,依照法律进行的收集证据、查明案情的工作和有关的强制性措施。"该款去除了"专门调查"一词的表述,目的是与监察办案中的"调查"行为相区别,进而明确监察调查与刑事侦查的性质不同、程序各异。

三是明确监察调查与审查起诉的衔接,对人民检察院审查起诉监察机关移送的案件、留置措施与刑事强制措施之间的衔接机制作出规定。《刑事诉讼法》第 170 条第 1 款明确规定,人民检察院对于监察机关移送起诉的案件,依照刑事诉讼法和监察法的有关规定进行审查;经审查认为需要补充核实的,应当退回监察机关补充调查,必要时可以自行补充侦查;该条第 2 款也规定,对于监察机关采取留置措施的案件,人民检察院应当对犯罪嫌疑人先行拘留,留置措施自动解除,人民检察院应当在十日以内作出是否逮捕、取保候审或者监视居住的决定。在特殊情况下,决定的时间可以延长。

总体而言,保障国家监察体制改革顺利进行,是此次《刑事诉讼法》修改的一大亮点。修改后的《刑事诉讼法》对检察机关的侦查权作了相应调整,对监检衔接中的重要程序机制作了相对明确的规定,为监察与司法的衔接提供了重要的制度性安排。但需要指出的是,监检衔接落实到具体程序层面,还有很多问题需要细化和解决,比如,监察机关将案件向检察机关移送审查起诉时应当如何做好级别管辖、地区管辖衔接的对应,如何有效保障犯罪嫌疑人辩护权以及其他的诉讼权利。又如,监察机关办理的职务犯罪案件证明标准如何确定,非法证据排除应如何进行。再如,检察机关将案件退回监察机关补充调查的,正在适用的强制措施该如何处理。上述种种衔接问题并未在《刑事诉讼法》中得到明确、细致、完整的回应。

(三)《监察法》与《刑事诉讼法》的关系

从《监察法》与《刑事诉讼法》的规定来看,"两法"都作出了一些程序机制上的衔接规定,内容指向一致,相互协调。

值得注意的是,《监察法》规定了刑事诉讼中一些具体的程序性实施规范。《刑事诉讼法》第 170 条第 1 款就有规定:"人民检察院对于监察机关移送起诉的案件,依照本法和监察法的有关规定进行审查。"根据该条,检察机关对于监察机关移送起诉的涉嫌职务犯罪的案件,在审查起诉过程中除了要依照刑事诉讼法外,还要以《监察法》为办案依据,具体包括《监察法》第47条第4款:"人民检察院对于有《中华人民共和国刑事诉讼法》规定的不起诉的情形的,经上一级人民检察院批准,依法作出不起诉的决定。监察机关认为不起诉的决定有错误的,可以向上一级人民检察院提请复议。"《刑事诉讼法》中没有规定检察院拟作不起诉决定的需要经上一级检察院批准,但是对于监察机关移送的职务犯罪案件,如果检察院要作不起诉决定,依据《监察法》则须经过上一级检察院批准。另外,《监察法》第33条第1款规定:"监察机关依照本法规定收集的物证、书证、证人证言、被调查人供述和辩解、视听资料、电子数据等证据材料,在刑事诉讼中可以作为证据使用。"反观《刑事诉讼法》并没有规定监察证据材料在刑事诉讼中的资格问题,仅在第54条第2款规定了行政执法证据在刑事诉讼中的资格问题,即"行政机关在行政执法和查办案件过程中收集的物证、书证、视听资料、电子数据等证据材料,在刑事诉讼中可以作为证据使用"。那么对于监察调查阶段收集的被调查人涉嫌职务犯罪的相关证据材料是否具有进入刑事诉讼的证据资格则需要依照《监察法》第33条第1款的规定来加以判断和认定。通过上述两个条文的分析,可以发现,在《监察法》与《刑事诉讼法》的关系中,《监察法》是《刑事诉讼法》的渊源。

由此相关的问题是,《刑事诉讼法》是否为《监察法》的渊源呢?换言之,《监察法》的有关程序性操作规范是否也要依据《刑事诉讼法》的有关规定来执行呢?本书倾向于作肯定性评价。首先,《监察法》第33条第2款规定:"监察机关在收集、固定、审查、运用证据时,应当与刑事审判关于证据的要求和标准相一致。"众所周知,刑事审判关于证据的要求和标准规定在《刑事诉讼法》"证据"章有关的证据规则中,如口供补强法则、非法证据排除规则,以及"侦查"章有关的每个侦查行为的取证规范中。《监察法》中涉及证据的收集、固定、审查和运用时,如果本法没有规定的,为了保证与刑事审判有关证据的要求和标准一致,只能求诸《刑事诉讼法》的规定。从这个角度来说,监察人员在具体办案过程中一定程度上也要参照适用《刑事诉讼法》中的相关证据规定。其次,2018年《刑事诉讼法》修订时在特别程序编中增加了缺席审判制度,其中最为重要的一类缺席审判就是"境外人员缺席审判",第291条第1款规定"对于贪污贿赂犯罪案件,以及需要及时进行审判,经最高人民检察院核准的严重危害国家安全犯罪、恐怖活动犯罪案件,犯罪嫌疑人、被告人在境外,监察机关、公安机关移送起诉,人民检察院认为犯罪事实已经查清,证据确实、充分,依法应当追究刑事责任的,可以向人民法院提起公诉。人民法院进行审查后,对于起诉书中有明确的指控犯罪事实,符合缺席审判程序适用条件的,应当决定开庭审判"。由于境外人员的缺席审判适用的案件类型包括贪污贿赂犯罪,对该类犯罪的调查属于监察机关管辖,但由于《监察法》出台在前,当时还没有缺席审判制度,且没有该制度的试点,仅是在《监察法》出台后修订的《刑事诉讼法》中增加。但是,由于贪污贿赂犯罪案件可以适用境外人员的缺席审判制度,如果监察机关拟移送检察机关审查起诉,建议检察机关向法院提起公诉适用缺席审判程序的,就应当按照缺席审判适用条件收集相应的证据,例如,收集被调查人在境外的证据等,而这些证据所要证明的事实对象,其相关证明要求和证明标准也须依据刑事诉讼法的规定。也正因为此,2021年9月20日,国家监察委出台和施行的

《监察法实施条例》第 233 条[1]专门就监察机关立案调查拟适用缺席审判程序的贪污贿赂案件如何细化适用规则和衔接程序作出规定。据此,《监察法》的法律渊源在一定程度上也有《刑事诉讼法》的影子。在"两法"衔接过程中,监察与司法两套程序各自独立,但彼此在一定程度上也有相互参照和依循。可以说,在监察与刑事司法的衔接中,《监察法》与《刑事诉讼法》互为渊源,有所交融。

五、监察与司法衔接的研究框架与基本内容

本书的研究以《监察法》的出台和《刑事诉讼法》的修订为时代背景,针对此次立法和修法的相关条文,如《刑事诉讼法》第 19 条、第 170 条以及《监察法》第 31 条和第 33 条等,就监察调查与刑事司法的程序衔接展开实践调研,掌握相关条文在实践中的施行状况和现实问题。以问题为导向和突破口,通过现象描述和问题破解,诠释条文背后的法理依据,并在此基础上为一线办案设计更为具体的操作规范,为《监察法实施条例》等相关规范性文件的实施和完善提供理论依据和操作指南,也为不断丰富新时代中国特色社会主义刑事诉讼理论,助推国家监察体制改革提供智力支持。本书的研究主线主要有两条:一是运用法解释学的方法对有关《监察法》与《刑事诉讼法》在衔接中的条文规定展开研究;二是对监察调查与刑事司法在程

---

[1] 《监察法实施条例》第 233 条:监察机关立案调查拟适用缺席审判程序的贪污贿赂犯罪案件,应当逐级报送国家监察委员会同意。监察机关承办部门认为在境外的被调查人犯罪事实已经查清,证据确实、充分,依法应当追究刑事责任的,应当依法移送审理。监察机关应当经集体审议,出具《起诉意见书》,连同案卷材料、证据等,一并移送人民检察院审查起诉。在审查起诉或者缺席审判过程中,犯罪嫌疑人、被告人向监察机关自动投案或者被抓获的,监察机关应当立即通知人民检察院、人民法院。

序衔接中的地方经验和问题展开实证调研和理论分析。总体的研究框架可分为"案件的管辖分配""监察与司法衔接中的证据转换与认定""监察案件的司法受理与程序回转""留置与刑事强制措施的衔接""职务犯罪案件认罪认罚从宽制度的适用""监察与司法衔接中具体制度机制的研究""当事人的权利保障"七大部分(如图一)。

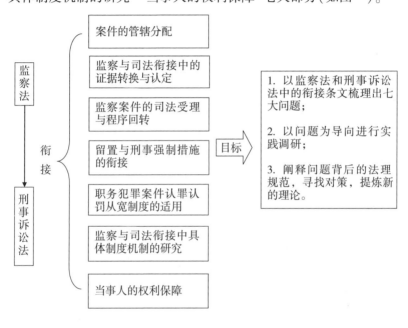

图一 课题整体研究框架

(一)案件的管辖分配

2018年《刑事诉讼法》第19条第2款的规定,"人民检察院在对诉讼活动实行法律监督中发现的司法工作人员利用职权实施的非法拘禁、刑讯逼供、非法搜查等侵犯公民权利、损害司法公正的犯罪,可以由人民检察院立案侦查"。从该条出发,可具体研究如下问题:(1)条文中非法拘禁、刑讯逼供、非法搜查后的"等"犯罪还包括哪些具体罪名?从最高检印发的《关于人民检察院立案侦查司法工作人员相关职务犯罪案件若干问题的规定》来看,检察院的案件管辖范围具体包括14类罪名[1],这些罪名与监察机关办理的案件范围有一定的交叉,严格意义上说是从监察机关办理的案件中剥离而来的,这些罪名划分的依据是什么？在实践办案中如何进行案件线索的交接和流转？(2)中国化的"共享管辖"所施行的分配原则是什么？从条文中"可以"一词的表述来看,涉及14类罪名的案件其实不仅可以由检察院立案侦查,还可以由监察机关立案调查。由此形成了某一案件的立案管辖由监察和检察共享的办案模式,那么监察机关与检察机关在案件管辖上的分配原则是什么？监察机关办理职务犯罪案件过程中出现上述14类牵连案件可否直接并案管辖,检察机关如何移送已经立案侦查的相关案件？类似问题在实践调研中还会相继出现,需要提炼典型案例,梳理相关问题,提出破解对策,阐释法理依据。

(二)监察与司法衔接中的证据转换与认定

在监察办案程序中取得的证据能否成功运用于刑事司法是监察与司法衔接的关键。虽然本次修改的《刑事诉讼法》没有规定,但《监察法》第33条对此有明确规定,以此为依据有三个方面的问题需要结合调研进一步研究:(1)证据类型的转化。实践中,监察机关收集的所有证据材料直接作为刑事诉讼中的证据使用是否存在衔接上

---

[1] 2018年11月,最高人民检察院印发的《关于人民检察院立案侦查司法工作人员相关职务犯罪案件若干问题的规定》明确了14类案件的具体罪名:非法拘禁罪(非司法工作人员除外)、非法搜查罪(非司法工作人员除外)、刑讯逼供罪、暴力取证罪、虐待被监管人罪、滥用职权罪(非司法工作人员滥用职权侵犯公民权利、损害司法公正的情形除外)、玩忽职守罪(非司法工作人员玩忽职守侵犯公民权利、损害司法公正的情形除外)、徇私枉法罪、民事、行政枉法裁判罪、执行判决、裁定失职罪、执行判决、裁定滥用职权罪、私放在押人员罪、失职致使在押人员脱逃罪、徇私舞弊减刑、假释、暂予监外执行罪。

的障碍？某些类型的证据是否存在转化的必要？（2）监察机关收集的证据作为非法证据排除是否适用刑事诉讼法中的排除规则？相关的排除标准是否存在差异？如何把握？（3）监察机关收集的证据材料作为指控犯罪的证据，法庭如何展开调查？

（三）监察案件的司法受理与程序回转

2018年《刑事诉讼法》第170条第1款的规定，"人民检察院对于监察机关移送起诉的案件，依照本法和监察法的有关规定进行审查。人民检察院经审查，认为需要补充核实的，应当退回监察机关补充调查，必要时可以自行补充侦查"。从该条出发，可研究如下问题：（1）监察机关移送检察院的案件，仅需办理受案手续，为何不进行刑事立案？理论依据是什么？实践办案中是否存在弊端？（2）补充调查和补充侦查的情形判断。对于经人民检察院审查，认为需要补充核实的案件，原则上退回监察机关补充调查，必要时由检察院自行补充侦查。如何确定补充调查和补充侦查的案件情形，补充调查和补充侦查的区别以及各自的利弊优劣是什么？（3）对于退回监察机关补充调查的案件，犯罪嫌疑人如果之前被羁押的，程序回转后是重新采取留置还是继续羁押？实践中的做法是否有法理依据或理论支撑，相关的程序转换存在哪些障碍？

（四）留置与刑事强制措施的衔接

2018年《刑事诉讼法》第170条第2款规定，"对于监察机关移送起诉的已采取留置措施的案件，人民检察院应当对犯罪嫌疑人先行拘留，留置措施自动解除。人民检察院应当在拘留后的十日以内作出是否逮捕、取保候审或者监视居住的决定。在特殊情况下，决定的时间可以延长一日至四日。人民检察院决定采取强制措施的期间不计入审查起诉期限"。从该条出发，需要研究如下问题：（1）从监察留置到刑事诉讼中强制措施的适用,现行立法中衔接机制的选择——"先行拘留"转为某一强制措施的法理依据是什么?(2)通过对第一个问题的理论阐释,能否进一步厘清立法中"先行拘留"的性质,以此指导程序转换中如何选择具体的强制措施?进一步思考的问题是,留置案件进入刑事诉讼程序后可否不采取任何强制措施,以及实践办案中已经采取的强制措施如何转为留置,相关的程序如何设计和优化。

(五)职务犯罪案件认罪认罚从宽制度的适用

《监察法》第31条规定,涉嫌职务犯罪的被调查人主动认罪认罚,符合法定情形的,监察机关经领导人员集体研究,并报上一级监察机关批准,可以在移送人民检察院时提出从宽处罚的建议。对此需要研究的问题包括:(1)实践中,监察机关适用认罪认罚从宽制度的标准是否与刑事诉讼中的有所区别?(2)对于监察机关从宽处罚的建议,检察机关如何处理?如要变更监察机关的从宽处罚建议,是否要经过相应的审批或协商程序?(3)对于职务犯罪认罪认罚案件,庭审如何对被告人认罪认罚的自愿性、明智性以及具结书的真实性进行审查?

(六)监察与司法衔接中具体制度机制的研究

刑事诉讼法中规定的特殊不起诉制度、缺席审判制度等也涉及职务犯罪案件中对犯罪嫌疑人、被告人的适用,如何使这些制度在诉讼前端——监察程序中得到有效协调,需要做好相关法解释学和实证研究的基础工作。另外,检察介入侦查是确保检察机关履行好法律监督职能,提升侦查办案质效的一项重要机制。随着国家监察体制改革的深入推进,检察提前介入监察成为确保职务犯罪办案质量,增强反腐败整体效能的一项"法法衔接"新机制。检察提前介入监察与检察介入侦查有何异同、背后的法理基础为何、如何完善优化提前介入机制都值得深入探讨和研究。

(七)当事人的权利保障

依据《刑事诉讼法》第 170 条的规定,监察调查与刑事司法程序衔接中犯罪嫌疑人(被调查人)的权利保障涉及三个方面的问题:(1)犯罪嫌疑人(被调查人)在被先行拘留期间,能否聘请辩护人?实践中有观点认为,既然法律规定先行拘留期间不计入审查起诉期限,那么先行拘留就不属于审查起诉阶段,犯罪嫌疑人无权获得辩护?(2)案件退回监察机关后,犯罪嫌疑人仍旧在看守所羁押,其间辩护人可否会见,可否行使相关的辩护权?(3)职务犯罪案件监察调查期间,辩护律师能否介入被调查人的认罪认罚?

深化国家监察体制改革是系统工程,必须要有理论引导和学术支撑,同时还必须要有相关制度规范以及配套机制的协同推进和衔接呼应。对于国家监察体制而言,它相对独立,但要实现反腐败决策指挥、资源力量、手段措施更加集中统一,实现职务犯罪案件的优质、高效、协同办理又不能完全脱离于其他的制度规范,因此在考虑如何进行衔接时,这种制度的边界显得尤为重要,唯有实现理论与实践的共同对话,才能确保改革功效的最大化发挥。本书的研究是为推进国家监察体制改革在实践层面上的落实与完善,落实宪法的有关规定,从监察与司法的衔接入手,以《刑事诉讼法》和《监察法》的法律规定为切入点,运用法解释学和比较法学等多重研究方法,通过细化衔接流程,完善体制机制,破除"两法"衔接中的理论难题和实践障碍,确保监察办案与刑事诉讼工作顺畅衔接,实现反腐败工作的法治化和科学化,真正把制度优势转化为治理效能。

第一章
监察与司法的管辖衔接

本章导读：

　　从法律规定和办案实践看，监察机关与公安司法机关在案件管辖上的衔接主要涉及互涉案件管辖中的主办与协助、共有管辖权案件的分工与协商、移送案件在级别管辖中的对应与衔接。当一人涉嫌数罪，分别由监察机关与侦查机关管辖时，宜采以监察机关管辖为主，以分案管辖与主罪管辖为辅的原则；在法律规定检察机关与监察机关对某些司法工作人员利用职权实施的职务犯罪案件均有管辖权的情况下，两机关应加强沟通协商，原则上应优先考虑由检察机关管辖；当监察案件移送司法机关时，宜由承办案件的监察机关移送同级检察机关，由检察机关以"体内循环"的方式进行系统内的级别管辖调整，同时应积极与监察机关协商，与审判机关沟通，以确保级别管辖的顺畅衔接。

　　党的十八大以来，以习近平同志为核心的党中央协调推进"四个全面"战略布局，在反腐败斗争中作出一系列重大决策部署。2018年3月20日全国人大通过的《监察法》为新时代反腐败法律体系的构建奠定了坚实的基础。同年10月26日全国人大常委会通过的《关于修改〈中华人民共和国刑事诉讼法〉的决定》为实现职务犯罪案件办理过程中监察与司法的有序衔接,进一步完善新时代反腐败法律体系作出了重要的制度安排。《监察法》的出台和《刑事诉讼法》的修改解决了不少监察与司法衔接中的关键问题[1],但由于监察机关的设立是一种"体制创新",它与司法的衔接是过去未曾遇到的新课题。[2] 在"宜粗不宜细"的立法与修法思路下,"两法"衔接中的一些具体问题,如案件管辖的分工配合,监察案件的司法受理与程序回转,"两法"衔接中的证据转换与认定等仍然没有在规范层面给予充分的回应。为进一步完善监察执法与刑事司法的协作配合机制,实现"两法"贯通衔接,落实党的十九届四中全会提出的"深化纪检监察体制改革""推进纪检监察工作规范化、法治化"的总体要求,本章以《监察法》和《刑事诉讼法》中的规范条文为分析文本,结合司法实践,围绕监察与司法在管辖中的衔接问题展开研究。

一、监察机关案件管辖的范围与特点

传统刑事诉讼理论认为,案件管辖主要包括两大类:一是职能管

---

[1] 刑事诉讼法中涉及与监察法的衔接规定主要包括:调整检察机关职务犯罪侦查权的管辖范围以区别于监察机关调查权的管辖范围(《刑事诉讼法》第19条第2款);明确了检察机关对于监察机关移送起诉的案件如何采取强制措施以及审查起诉过程中的退回补充调查、自行补充侦查(《刑事诉讼法》第170条)。监察法对于监察机关与检察机关在起诉环节上的衔接也作了一定的制度安排,主要包括:明确了检察机关退回补充调查的次数与期限,检察机关对于监察机关移送起诉的案件拟作不起诉决定的,须经上一级检察机关批准(《监察法》第47条);监察证据在刑事诉讼中的使用(《监察法》第33条);监察案件中的认罪认罚从宽制度(《监察法》第31条)等。
[2] 参见龙宗智:《监察与司法协调衔接的法规范分析》,载《政治与法律》2018年第1期。

辖,指国家不同的专门机关之间就直接受理刑事案件上的权限划分;二是审判管辖,指法院系统内部在审理第一审刑事案件方面的权限分工。监察与司法在管辖衔接上的问题主要涉及第一大类职能管辖,即监察机关与公安机关、检察机关等侦查机关就某一刑事案件受理上的职权分工以及彼此间的协助配合。分析这一问题,须先准确划定监察机关案件管辖的范围。

《监察法》第 3 条规定了监察调查的对象——公职人员,第 11 条第 2 项规定了监察机关调查的职务犯罪案件的类型,第 15 条对公职人员和有关人员的范围作出限定。[1] 这些规定对监察对象的范围划定得较为具体,但对职务犯罪案件的罪名范围规定得较为抽象和原则。2018 年 4 月 16 日,中央纪委国家监委印发了关于《国家监察委员会管辖规定(试行)》,列举了监察管辖的 88 个具体罪名,后经一定调整,2021 年国家监察委公布了《监察法实施条例》又详细列举了国家监察委管辖的六大类共 101 个职务犯罪案件罪名(如下表二)。从表二中梳理的 92 个罪名[2]来看,监察机关管辖的职务犯罪案件呈现两个特点:

---

[1] 《监察法》第 15 条:"监察机关对下列公职人员和有关人员进行监察:(一)中国共产党机关、人民代表大会及其常务委员会机关、人民政府、监察委员会、人民法院、人民检察院、中国人民政治协商会议各级委员会机关、民主党派机关和工商业联合会机关的公务员,以及参照《中华人民共和国公务员法》管理的人员;(二)法律、法规授权或者受国家机关依法委托管理公共事务的组织中从事公务的人员;(三)国有企业管理人员;(四)公办的教育、科研、文化、医疗卫生、体育等单位中从事管理的人员;(五)基层群众性自治组织中从事管理的人员;(六)其他依法履行公职的人员。"
[2] 这六大类职务犯罪的罪名可具体参见《监察法实施条例》第 26—31 条的规定。需要说明的是,上述 6 个条文所列举的罪名共 92 个。根据《监察法实施条例》第 52 条的规定,监察机关还可以管辖检察机关立案侦查的 14 个罪名,故两项相加,去除其中重复的 5 个罪名(滥用职权罪、玩忽职守罪、非法拘禁罪、虐待被监管人罪、非法搜查罪),最终合计共有 101 个罪名可由监察机关管辖。

表二 监察机关管辖的职务犯罪案件罪名

贪污贿赂犯罪(19个)	1.贪污罪;2.挪用公款罪;3.受贿罪;4.单位受贿罪;5.利用影响力受贿罪;6.行贿罪;7.对有影响力的人行贿罪;8.对单位行贿罪;9.介绍贿赂罪;10.单位行贿罪;11.巨额财产来源不明罪;12.隐瞒境外存款罪;13.私分国有资产罪;14.私分罚没财物罪;15.职务侵占罪;16.挪用资金罪;17.非国家工作人员受贿罪;18.对非国家工作人员行贿罪;19.对外国公职人员、国际公共组织官员行贿罪
滥用职权罪(18个)	1.滥用职权罪;2.国有公司、企业、事业单位滥用职权罪;3.滥用管理公司、证券职权罪;4.食品、药品监管渎职罪;5.故意泄露国家秘密罪;6.报复陷害罪;7.阻碍解救被拐卖、绑架妇女、儿童罪;8.帮助犯罪分子逃避处罚罪;9.违法发放林木采伐许可证罪;10.办理偷越国(边)境人员出入境证件罪;11.放行偷越国(边)境人员罪;12.挪用特定款物罪;13.非法剥夺公民宗教信仰自由罪;14.侵犯少数民族风俗习惯罪;15.打击报复会计、统计人员罪;16.司法工作人员以外的公职人员利用职权实施的非法拘禁罪;17.虐待被监管人罪;18.非法搜查罪
玩忽职守犯罪(11个)	1.玩忽职守罪;2.国有公司、企业、事业单位人员失职罪;3.签订、履行合同失职被骗罪;4.国家机关工作人员签订、履行合同失职被骗罪;5.环境监管失职罪;6.传染病防治失职罪;7.商检失职罪;8.动植物检疫失职罪;9.不解救被拐卖、绑架妇女、儿童罪;10.失职造成珍贵文物损毁、流失罪;11.过失泄露国家秘密罪
徇私舞弊类犯罪(15个)	1.徇私舞弊低价折股、出售国有资产罪;2.非法批准征收、征用、占用土地罪;3.非法低价出让国有土地使用权罪;4.非法经营同类营业罪;5.为亲友非法牟利罪;6.枉法仲裁罪;7.徇私舞弊发售发票、抵扣税款、出口退税罪;8.商检徇私舞弊罪;9.动植物检疫徇私舞弊罪;10.放纵走私罪;11.放纵制售伪劣商品犯罪行为罪;12.招收公务员、学生徇私舞弊罪;13.徇私舞弊不移交刑事案件罪;14.违法提供出口退税凭证罪;15.徇私舞弊不征、少征税款罪
重大责任事故罪(12个)	1.重大责任事故罪;2.教育设施重大安全事故罪;3.消防责任事故罪;4.重大劳动安全事故罪;5.强令、组织他人违章冒险作业罪;6.危险作业罪;7.不报、谎报安全事故罪;8.铁路运营安全事故罪;9.重大飞行事故罪;10.大型群众性活动重大安全事故罪;11.危险物品肇事罪;12.工程重大安全事故罪

（续表）

公职人员其他犯罪(17个)	1.破坏选举罪;2.背信损害上市公司利益罪;3.金融工作人员购买假币、以假币换取货币罪;4.利用未公开信息交易罪;5.诱骗投资者买卖证券、期货合约罪;6.背信运用受托财产罪;7.违法运用资金罪;8.违法发放贷款罪;9.吸收客户资金不入账罪;10.违规出具金融票证罪;11.对违法票据承兑、付款、保证罪;12.非法转让、倒卖土地使用权罪;13.私自开拆、隐匿、毁弃邮件、电报罪;14.故意延误投递邮件罪;15.泄露不应公开的案件信息罪;16.披露、报道不应公开的案件信息罪;17.接送不合格兵员罪

（一）监察机关管辖的职务犯罪案件范围广泛

职务犯罪侦查职能转隶前,检察机关直接立案侦查的案件包括:刑法分则第八章规定的贪污贿赂犯罪[1]、第九章的渎职犯罪以及国家机关工作人员利用职权实施的侵犯公民人身权利和民主权利的7类犯罪(非法拘禁案、非法搜查案、刑讯逼供案、暴力取证案、虐待被监管人案、报复陷害案、破坏选举案)。转隶后,上述案件基本交由监察机关办理。与此同时,监察机关管辖的职务犯罪案件的范围又进一步扩展,涉及的案件罪名明显增加。例如,表二中所列举的最后两大类犯罪:重大责任事故罪(12个罪名)以及公职人员其他犯罪(17个罪名),此前检察机关无权立案侦查,但转隶后,如果这些犯罪是公职人员在行使公权力过程中实施的,则由监察机关办理。有研究者作出统计,转隶后,监察机关管辖的案件所涉及的罪名占刑法全部罪名的近五分之一强。[2] 可见,立法扩张了监察机关职能管辖的案件范围。之所以如此,一是因为这些犯罪都是公职人员实施,他们手握

---

[1] 最高人民检察院2012年出台的《人民检察院刑事诉讼规则(试行)》第8条规定,贪污贿赂犯罪是指刑法分则第八章规定的贪污贿赂犯罪及其他章中明确规定依照第八章相关条文定罪处罚的犯罪案件。这里的其他章中明确规定依照第八章相关条文定罪处罚的犯罪案件散见于刑法分则其他章节中,如《刑法》第163条非国家工作人员受贿罪第3款的规定、第271条职务侵占罪第2款的规定等。

[2] 参见谢小剑:《监察委员会刑事调查管辖制度初探》,载《湘湖论坛》2019年第5期。

公权、阅历深、层次高、保护层厚,对他们涉嫌犯罪案件的调查难度大,传统的办案方式存在短板和不足[1];二是监察机关管辖的这些案件本身也较为复杂。以"重大责任事故罪"为例,此前侦办此类案件很大的一个问题是,事故发生后,公安局、检察院、质监局、安监局、监察局,乃至总工会或人社局等都派员对事故进行调查。"各参与主体各有关注,往往形不成合力。关键的刑事证据收集并不及时,以至于众多人员辛辛苦苦忙活很久,最严厉的刑罚却派不上用场。"[2] 概言之,事故调查中,调查主体多元,无法明确主次,难以形成办案合力,导致证据收集分散、碎片化,刑罚处罚过轻。随着国家监察体制改革的深入推进,新成立的监察机关与党的纪律检查委员会合署办公,实现了党纪检查、行政监察、犯罪调查的三位一体,纪法罪一体贯通,故扩大监察机关的案件管辖范围可以充分发挥其职能特点和制度优势,弥补既往办案中的短板弱项,在更大程度上强化对公职人员的监察力度,不断增强国家的反腐败效能。[3] 综上,监察机关管辖案件范围的扩大具有理论与现实的合理性。

---

[1] 参见姚莉:《〈监察法〉第33条之法教义学解释——以法法衔接为中心》,载《法学》2021年第1期。
[2] 樊华中:《重大责任事故罪的处置难点及突围》,载《法学》2014年第4期。
[3] 2021年《中央纪委国家监委开展特别重大生产安全责任事故追责问责审查调查工作规定(试行)》印发实施,其中明确"中央纪委国家监委负责对特别重大生产安全责任事故涉及的党组织和党员、干部以及监察对象涉嫌违纪或者职务违法、职务犯罪开展审查调查;对违纪或者职务违法的党组织和党员、干部以及监察对象依纪依法作出党纪政务处分决定或者提出处理处置建议;对涉嫌职务犯罪的,依法移送检察机关审查起诉;对地方党委和政府、各级职能部门、相关单位及领导人员贯彻落实党中央关于安全生产的决策部署以及安全生产法律法规不力,履行管理、监督职责不力等情况进行问责;对参与事故调查的有关单位及人员依规依法履行职责、秉公用权等情况进行监督;对责任事故追责问责审查调查中发现的突出问题,向有关党组织、单位提出纪律检查建议或者监察建议,督促完善制度,提高治理水平"。参见《中央纪委印发规定 规范特别重大生产安全责任事故追责问责审查调查工作》,载《中国纪检监察报》2021年1月13日,第1版。

值得注意的是,转隶前由检察机关立案侦查的渎职犯罪中的7类犯罪(徇私枉法罪,民事、行政枉法裁判罪,执行判决、裁定失职罪,执行判决、裁定滥用职权罪,私放在押人员罪,失职致使在押人员脱逃罪,徇私舞弊减刑、假释、暂予监外执行罪)以及国家机关工作人员利用职权实施的侵犯公民人身权利的5类犯罪(非法拘禁罪,非法搜查罪,刑讯逼供罪,暴力取证罪,虐待被监管人罪)并未都规定在监察机关管辖的罪名中(非法拘禁罪、虐待被监管人罪、非法搜查罪除外)。那么有权对上述罪名管辖的机关似乎就不应为监察机关,而是交由检察机关或其他机关立案侦查。但从修改后的《刑事诉讼法》以及相关规范性文件看,情况并非如此,反而更趋复杂,出现了共有管辖权的问题。对此,本书将在后文详加分析。

(二)监察管辖遵循"属人"和"属权"双重标准

监察机关管辖案件的范围遵循"属人"和"属权"两个标准。"属人"是指犯罪主体主要为公职人员,"属权"是指犯罪是公职人员在行使公权力期间实施的。因为有了这两个标准,监察机关所管辖的案件范围并不仅是检察机关"转隶"来的犯罪案件,还包括那些符合"属人"和"属权"标准的案件。据此,监察机关的管辖范围扩展至一些原本由公安机关立案侦查的案件。

从表二来看,某些罪名原本主要是由公安机关立案侦查,如重大责任事故罪、公职人员其他犯罪两大类以及表格中用下划线标注的挪用特定款物罪等共44个罪名[1]。但是,由于涉嫌犯罪的主体身份不同,如果公职人员在行使公权力过程中实施的犯罪都由监察机关办

---

[1] 报复陷害罪原来是由检察院立案侦查,现在由监察机关办理。另外,对于公职人员其他犯罪中规定的破坏选举罪,如果是非国家机关工作人员实施的,以前是由公安机关立案侦查,反之则是由检察机关职务犯罪侦查部门立案办理。可以说,破坏选举罪,以前也可以由公安机关立案侦查。

理,就会出现监察机关与公安机关之间部分罪名管辖发生转移或部分罪名管辖出现重叠两种情形。详言之:一是有些犯罪案件,如非法剥夺公民宗教信仰自由罪、侵犯少数民族风俗习惯罪等,它们本身就是国家机关工作人员利用职权实施的侵犯公民人身权利、民主权利的犯罪,符合监察机关的管辖范围,现均由监察机关办理,公安机关此后不再立案侦查。二是有些犯罪案件,如打击报复会计、统计人员罪等,如果是公职人员在行使公权力过程中实施的,符合监察管辖"属人"和"属权"标准的,由监察机关办理,反之,仍由公安机关立案侦查。(如表三)

表三 监察机关与公安机关案件管辖的分工

原公安机关管辖现转为监察机关管辖的案件(8个)	1.国有公司、企业、事业单位人员滥用职权罪;2.国有公司、企业、事业单位人员失职罪;3.签订、履行合同失职被骗罪;4.侵犯少数民族风俗习惯罪;5.非法剥夺公民宗教信仰自由罪;6.为亲友非法牟利罪;7.非法经营同类营业罪;8.徇私舞弊低价折股、出售国有资产罪
原由公安机关管辖现由监察机关与公安机关管辖罪名重叠的案件[1](36个)	1.对外国公职人员、国际公共组织官员行贿罪;2.对非国家工作人员行贿罪;3.非国家工作人员受贿罪;4.挪用特定款物罪;5.打击报复会计、统计人员罪;6.消防责任事故罪;7.教育设施重大安全事故罪;8.强令、组织他人违章冒险作业罪;9.重大劳动安全事故罪;10.重大责任事故罪;11.不报、谎报安全事故罪;12.重大飞行事故罪;13.铁路运营安全事故罪;14.工程重大安全事故罪;15.大型群众性活动重大安全事故罪;16.危险物品肇事罪;17.破坏选举罪;18.利用未公开信息交易罪;19.金融工作人员购买假币、以假币换取货币罪;20.背信损害上市公司利益罪;21.诱骗投资者买卖证券、期货合约罪;22.违法运用资金罪;23.违法发放贷款罪;24.背信运用受托财产罪;25.违规出具金融票证罪;26.吸收客户资金不入账罪;27.对违法票据承兑、付款、保证罪;28.非法转让、倒卖土地使用权罪;29.挪用资金罪;30.职务侵占罪;31.私自开拆、隐匿、毁弃邮件、电报罪;32.故意延误投递邮件罪;33.泄露不应公开的案件信息罪;34.披露、报道不应公开的案件信息罪;35.接送不合格兵员罪;36.危险作业罪

---

[1]《刑法》第398条规定的故意泄露国家秘密罪、过失泄露国家秘密罪,根据犯罪主体身份的不同也是由监察机关与公安机关共有管辖。但是这两个罪名原来(转下页)

之所以会出现第二种情形,即监察机关与公安机关对同一罪名发生重叠或交叉管辖的情形,主要是因为监察法中的监察对象除了典型意义上直接行使国家公职权力的相关人员外,还包括党的机关、人大机关、政协机关、民主党派中的公务员,以及参照《中华人民共和国公务员法》管理的人员、基层群众性自治组织中从事集体事务管理的人员。[2] 据此,我国刑法中的有些罪名虽然犯罪主体不会是国家工作人员,却可能是监察法中的公职人员,当其行使公权力构成犯罪的,须交监察机关管辖。但如果该罪名的犯罪主体为非公职人员,即一般犯罪主体,则案件仍由公安机关管辖。由此便出现了监察机关与公安机关对某一罪名都可管辖,但由于犯罪主体的身份不同,两机关的管辖范围又截然分开,各有分工,这便是监察机关与公安机关在罪名管辖上交叉重叠的现实情况。以职务侵占罪为例,该罪的犯罪主体不会是国家工作人员,在职务犯罪侦查职能转隶前,该罪只能由公安机关立案侦查。但随着转隶和《监察法》的出台,如果该罪的主体是公职人员,如村基层组织的工作人员在从事集体事务管理时虽然是非国家工作人员的身份[3],但所从事的工作仍然是在履行公职,属于监察对象中的"基层群众性自治组织中从事管理的人员",是公职人员。若其在行使公权力过程中构成职务侵占罪,案件须由监察机关管辖。实践中已有相应的案例,如山西省文水县平陶村村民冯某,利用其担任村民委员会主任的职务便利,非法将村集体资金621818元据为己有。2019年3月20日,冯某因涉嫌犯职务侵占罪被文水县监察委员会留置,同年4月30日经文水县人民检察院批准

(接上页)是由检察院与公安机关分别管辖,并不是原来完全由公安机关管辖,而后转为公安机关与监察机关共有管辖,故未在该表格统计中,特此说明。
[2] 参见陈伟:《监察法与刑法的衔接协调与规范运行》,载《中外法学》2019年第2期。
[3] 参见孙国祥:《监察对象的刑法主体身份辨析》,载《法学》2019年第9期。

逮捕,并于同年 6 月 6 日向文水县人民法院提起公诉,一审法院判处被告人冯某犯职务侵占罪,判处有期徒刑三年。[1] 当然,如果职务侵占罪的主体是普通主体,非公职人员,则案件仍由公安机关立案侦查。

二、互涉案件管辖中的主办与协助

明晰了监察机关管辖的案件范围后,在监察与司法管辖衔接中需重点研究的首要问题便是监察机关与公安机关等侦查机关在互涉案件中的协作配合。

根据《宪法》第 127 条第 2 款和《监察法》第 4 条第 2 款的规定,监察机关办理职务犯罪案件,应当与审判机关、检察机关、执法部门互相配合,互相制约。"互相配合,互相制约"原则在《监察法》中有多处反映,例如,《监察法》第 24 条第 3 款以及第 43 条第 3 款规定,监察机关进行搜查或采取留置措施时,公安机关可予以配合协助;《监察法》第 47 条第 4 款规定,检察院对于监察机关移送的案件可以作出不起诉决定,监察机关认为不起诉决定有错误的,可以向上一级检察院提请复议。

在管辖制度中,"互相配合,互相制约"原则主要体现为《监察法》第 34 条第 2 款的规定,"被调查人既涉嫌严重职务违法或者职务犯罪,又涉嫌其他违法犯罪的,一般应当由监察机关为主调查,其他机关予以协助。"依据该款规定,在互涉案件中,如果一人涉嫌数罪,其中有的属于职务犯罪,由监察机关管辖,有的属于其他普通犯

---

[1] 参见冯志强职务侵占罪案,山西省文水县人民法院(2019)晋 1121 刑初 104 号刑事判决书。

罪,由某侦查机关管辖,立法创设了"监察优先""监察为主",其他机关协助配合的办案模式。之所以如此设计,一是落实"建立党统一领导下的国家反腐败工作机构"[1]的根本方针和改革目标。确立互涉案件"监察为主"的管辖原则能够充分发挥监察机关在案件调查中的统筹协调管控作用,加强党对反腐败斗争的统一领导。[2] 二是符合监察办案中互涉案件管辖的基本规律。一些职务犯罪案件最初的发现大多是由违纪违法线索开始的,随着调查的不断深入,案件性质发生变化,从违反党纪、职务违法质变为职务犯罪及其他犯罪。其中的犯罪主体不少是党员或公职人员,对他们的处置也是先从党纪处分或政务处分开始的。由最早发现或最早办理涉嫌犯罪的监察机关为主进行调查,更有利于归口线索管理,统一决策部署,有效衔接司法,促进纪法贯通。三是能充分调动监察机关的办案积极性和协调能力,锻炼监察队伍,提升办案质效。由监察机关主办,能在党的领导下最大限度地调度和配置办案资源,激发监察人员的积极性和能动性,使他们不断积累监察办案经验,提升办案能力。而且,由一个机关主办可以统一调度,协调调查和侦查工作进度、协调重要调查和侦查措施的使用以及协调不同案件移送审查起诉的时间等重要事项,尽量将数个案件犯罪事实合并起诉,提高办案效率。[3]

然而,在办理涉及职务犯罪的互涉案件中遵循"监察为主"的办

---

[1] 《中共中央办公厅印发〈关于在北京市、山西省、浙江省开展国家监察体制改革试点方案〉》,载新华网(http://www.xinhuanet.com/politics/2016-11/07/c_1119867301.htm),访问日期:2021年5月16日。

[2] 参见中共中央纪律检查委员会法规室、中华人民共和国国家监察委员会法规室编写:《〈中华人民共和国监察法〉释义》,中国方正出版社2018年版,第172页。

[3] 《监察法实施条例》第51条规定:公职人员既涉嫌贪污贿赂、失职渎职等严重职务违法和职务犯罪,又涉嫌公安机关、人民检察院等机关管辖的犯罪,依法由监察机关为主调查的,应当由监察机关和其他机关分别依职权立案,监察机关承担组织协调职责,协调调查和侦查工作进度、重要调查和侦查措施使用等重要事项。

案思路可能会导致办案中"监察优先"一刀切,架空其他机关的合法管辖权。[1] 考虑到《监察法》第 34 条规定的"监察为主"前还有"一般"的限制条件,结合既往的管辖实践和相关规范,有必要引入主次罪互涉案件的管辖模式,将"一般监察为主"的管辖思路限定为当互涉案件中出现"严重职务违法或者严重职务犯罪"时才需坚持"监察为主"的办案思路。

(一)"监察为主"的管辖前提是主罪为职务犯罪

依据《监察法》第 34 条第 2 款,可以将"被调查人既涉嫌严重职务违法或者职务犯罪"的情形解释为"职务违法"和"职务犯罪"都由"严重"修饰。只有在职务犯罪属于互涉数罪中严重的"主罪"时,才宜采用"监察为主""监察优先"的办案模式。反之,如果数罪中的职务犯罪较之其他犯罪属于轻缓的"次罪",则宜考虑由涉嫌主罪的其他机关主办侦查,监察机关配合协助。毕竟,在权衡主次罪对法益侵害的严重性时,由对主罪有管辖权的办案机关牵头抓总、统筹规划能够实现对犯罪查处效果的最大化。更为重要的是,在职务犯罪互涉案件中由谁为主进行管辖往往会涉及当事人基本权利的保障问题。因为由谁为主进行调查或侦查意味着谁在管控当事人,谁在主导管辖后的办案程序。由于监察机关调查与公安机关或检察院侦查适用的程序不同,某一案件如果归监察机关调查,被调查人的权利将受到较大限缩,典型的如被调查人在调查期间的辩护权、律师帮助权等会受到重大影响。如果说,因应国家公权机器及其公职人员义务自认在先,权利让渡在后,从而被赋予权力。根据权能平衡和权义、权责对称原则,在其涉嫌职务犯罪时,对其权利做一定程度的克减具有正

---

[1] 参见阳平:《论我国香港地区廉政公署调查权的法律控制——兼评〈中华人民共和国监察法(草案)〉》,载《政治与法律》2018 年第 1 期。

当性基础。[1] 那么在互涉案件中,若职务犯罪是次罪,就整个主次罪对法益的侵害而言,其中公职人员的身份和利用职权的影响已经下降到很小。就反腐败治理和权利保障的平衡而言,此时应倾向于给予被追诉人在刑事诉讼程序中更大的权利保障,由公安机关或检察院为主进行管辖,这应当成为探讨互涉问题的理论基础。遵循这一理论逻辑,如果被调查人涉嫌的职务犯罪和其他的违法犯罪在严重性上并无主次之分,则宜由监察机关和其他侦查机关分别管辖。

总之,在互涉案件中,只有被调查人涉嫌的职务犯罪更为"严重"时,才"一般"由监察机关为主调查。如果职务犯罪本身并不严重,为次罪,则既可以由其他侦查机关为主进行管辖,也可由各机关分别办理。

(二)互涉案件管辖是以监察"为主"而非监察"并案"

在调研中发现,部分一线的办案人员认为,如果某人涉嫌两个犯罪,其中一个属于严重的职务犯罪(如受贿罪),一个属于其他侦查机关管辖的普通刑事犯罪(如强奸罪),可全案交由监察机关统一办理,并案管辖。有研究者也认为,监察机关可以超越其职能管辖的案件范围并案管辖。《国家监察委员会管辖规定(试行)》第20条第2款规定,国家监察委员会可以在职责范围内对"四种情形"[2]涉及的案件并案调查。其中,"'职责范围内'的表述应当理解为为了更好地打击公职人员职务犯罪,而不能理解为只能在管辖的88个罪名

---

[1] 参见郑刚:《论公职人员人权克减之理据》,载《云南行政学院学报》2012年第3期。
[2] 《国家监察委员会管辖规定(试行)》第20条第2款规定:具有下列情形之一的,国家监察委员会可以在职责范围内并案调查:(一)一人犯数罪的;(二)共同犯罪的;(三)共同犯罪的公职人员还实施其他犯罪的;(四)多人实施的犯罪存在关联,并案处理有利于查明事实的。

(现为101个罪名——引者注)中并案管辖,否则该规定就没有体现出并案管辖的价值"[1]。这一认识其实有违立法原意。与《国家监察委员会管辖规定(试行)》第20条第2款类似,2012年最高人民法院、最高人民检察院、公安部、国家安全部、司法部、全国人大常委会法制工作委员会联合制定的《关于实施刑事诉讼法若干问题的规定》第3条指出,人民法院、人民检察院、公安机关可以在其职责范围内对"四种情形"[2]并案处理。参与制定该规范的同志指出:公安机关、检察院、法院可以在自己的系统内部对正在办理的案件进行并案处理。对于不属于自己职责范围内的案件,不能突破刑事诉讼法关于刑事诉讼的职能分工。比如,发现案件分别属于公安机关和检察院侦查,即使犯罪之间存在关联,也应当将有关案件移送给有管辖权的公安机关或者检察院。对于这种情况,应当根据主次罪案件管辖模式,由办理主罪的机关为主侦查,由另一机关予以配合。[3] 可见,互涉案件管辖中"监察为主"调查的办案模式不能突破监察机关的职能管辖范围。这里的监察"为主"并不是指由对主罪有管辖权的监察机关去"兼并"另一机关管辖的犯罪,替代另一机关的工作,而是说由对主罪有管辖权的监察机关负责沟通、协调,以便提高工作效率,尽快侦破案件。[4] 换言之,监察机关以外的其他办案机关仍然对次罪有管辖权,仍然负责对次罪的侦查,只是在案件办理过程中要

---

[1] 谢小剑:《监察委员会刑事调查管辖制度初探》,载《湖湘论坛》2019年第5期。
[2] 《关于实施刑事诉讼法若干问题的规定》第3条:具有下列情形之一的,人民法院、人民检察院、公安机关可以在其职责范围内并案处理:(一)一人犯数罪的;(二)共同犯罪的;(三)共同犯罪的犯罪嫌疑人、被告人还实施其他犯罪的;(四)多个犯罪嫌疑人、被告人实施的犯罪存在关联,并案处理有利于查明案件事实的。
[3] 参见全国人民代表大会常务委员会法制工作委员会刑法室编著:《〈关于实施刑事诉讼法若干问题的规定〉解读》,中国法制出版社2013年版,第17页。
[4] 参见全国人民代表大会常务委员会法制工作委员会刑法室编著:《〈关于实施刑事诉讼法若干问题的规定〉解读》,中国法制出版社2013年版,第5页。

积极与监察机关沟通,做好协调配合,确保全案的整体推进。因此说,当主次罪互涉案件涉及管辖问题时,应贯彻监察"为主"而不是监察"并案"的办案模式。

三、共有管辖权案件中的分工与协商

监察机关遵循监察程序办理职务犯罪案件。案件一旦被移送到检察院的审查起诉阶段,则意味着监察程序终结,司法程序开启。由于监察程序的独立性、自洽性和封闭性,监察机关在办理职务犯罪案件过程中排除了法院、检察院等司法机关的介入和参与。可以说,在职务犯罪案件进入刑事司法程序前,监察机关专司该类案件的办理,不会与检察院、法院有权力的分享,更难谓有职务犯罪案件办理的内部分工。基于此,2018年《宪法》第127条第2款、《监察法》第4条第2款都规定,监察机关与审判机关、检察机关、执法部门是互相配合,互相制约的关系,并未提及"监、检、法"三机关在办理职务犯罪案件过程中还有"分工负责"的关系。

既然在职务犯罪案件进入司法程序之前,监察机关专司职务犯罪案件的办理,这些案件的管辖自然也都应统一归口到监察机关。但是,2018年《刑事诉讼法》将"统一归口"的布局打开了一个"缺口"。《刑事诉讼法》第19条第2款规定:"人民检察院在对诉讼活动实行法律监督中发现的司法工作人员利用职权实施的非法拘禁、刑讯逼供、非法搜查等侵犯公民权利、损害司法公正的犯罪,可以由人民检察院立案侦查。"相关的规范性文件将检察院可以立案侦查的职务犯罪明确为14类。[1] 这14类犯罪不属于监察机关管辖的罪名,但其实与监察机关管辖的职务犯罪案件性质相同,由监察机关管辖也并无不可。有鉴于此,《刑事诉讼法》规定14类犯罪案件"可以"由检察院立案侦查,但也不排除可以由监察机关直接调查。[2] 这便形成了监察机关与检察院针对14类犯罪案件"共有管辖权的办案模式"。[3] 这一模式的立法创制打破了以往各机关在受案或立案上泾渭分明的职能管辖格局。为了避免办案中的互相掣肘,徒增内耗,有必要制定一套内部的分工协调模式,实现检察院立案侦查和监察机关立案调查在管辖上的分工负责和有序衔接。本书认为,对于14类犯罪案件的管辖原则上应由检察院立案侦查,特殊情况下由监

---

[1] 2018年11月,最高人民检察院印发的《关于人民检察院立案侦查司法工作人员相关职务犯罪案件若干问题的规定》明确了14类案件的具体罪名:非法拘禁罪(非司法工作人员除外)、非法搜查罪(非司法工作人员除外)、刑讯逼供罪、暴力取证罪、虐待被监管人罪、滥用职权罪(非司法工作人员滥用职权侵犯公民权利、损害司法公正的情形除外)、玩忽职守罪(非司法工作人员玩忽职守侵犯公民权利、损害司法公正的情形除外)、徇私枉法罪、民事、行政枉法裁判罪、执行判决、裁定失职罪、执行判决、裁定滥用职权罪、私放在押人员罪、失职致使在押人员脱逃罪、徇私舞弊减刑、假释、暂予监外执行罪。
[2] 参见李寿伟主编:《中华人民共和国刑事诉讼法解读》,中国法制出版社2018年版,第46页。
[3] 需要注意的是,监察机关与检察院"共有管辖权的办案模式"与本章第一部分提及的监察机关与公安机关在案件管辖上的罪名重叠现象并不相同。监察机关与公安机关在罪名管辖上的重叠是一个笼统说法,表面上看两机关对于某一罪名,如职务侵占罪都有管辖权,但其实内部仍有清晰的标准来划定各自的管辖范围,即两机关根据重叠的罪名中涉及的犯罪主体身份不同,明确管辖分工。就"共有管辖权的办案模式"来说,虽然监察机关与检察院对于14类罪名都有管辖权,但两机关内部并无具体的管辖分工标准,彼此间并无管辖的边界范围。概言之,监察机关与公安机关虽然在某些罪名的管辖上有重叠,但就同一罪名而言内部仍有明确的管辖分工,不会出现管辖竞合。但在监察机关与检察院"共有管辖权的办案模式"中,两机关对于14类罪名都有管辖权,且内部并无明确管辖分工,有管辖竞合。

察机关直接调查。[1]

(一)14 类犯罪原则上由检察院立案侦查

从不同条款的规定看,2018 年《宪法》第 127 条第 2 款和《监察法》第 4 条第 2 款属于一般性规定,即监察机关一般负责对所有职务犯罪案件的办理。但 2018 年《刑事诉讼法》第 19 条第 2 款的规定将 14 类职务犯罪案件单独划出,明确它们可由检察院立案侦查,属明示的特别规定。按照特别与一般的关系,《刑事诉讼法》的规定应优先适用,故 14 类犯罪原则上由检察院立案侦查。进一步的法理依据则是基于检察院法律监督机关的定位以及对办案质效的考量。首先,检察院是国家的法律监督机关,依据三大诉讼法的规定,其对刑事、民事和行政诉讼活动都有法定的诉讼监督职责,而 14 类罪名恰恰就发生在三大诉讼活动中,检察院从监督中发现线索,进而立案侦查,可以说是诉讼监督职能的必然延伸和法律监督职责的应有之义。其次,14 类罪名都属于司法工作人员利用职权实施的职务犯罪,此类案件中一般没有直接的受害方,加上犯罪的节点都在诉讼中,犯罪主体还有合法的身份作掩护,相关的犯罪线索很难被发现,而检察院作为诉讼活动中的监督机关可以介入诉讼,依法行使阅卷、讯问、听取意见等调查核实权[2],较之监察机关更容易发现犯罪线索,及时收集、固定证据,便利侦查。

值得注意的是,坚持 14 类犯罪原则上由检察院立案管辖,还须符合《刑事诉讼法》第 19 条第 2 款设定的两个前提:一是这些犯罪需

---

[1] 《监察法实施条例》第 52 条第 1 款规定:监察机关必要时可以依法调查司法工作人员利用职权实施的涉嫌非法拘禁、刑讯逼供、非法搜查等侵犯公民权利、损害司法公正的犯罪,并在立案后及时通报同级人民检察院。
[2] 参见董坤:《新时代法律监督视野下检察机关调查核实权研究》,载《内蒙古社会科学》2020 年第 6 期。

由检察院在对诉讼活动进行法律监督时发现;二是这些犯罪应是司法工作人员利用职权实施的侵犯公民权利、损害司法公正的犯罪。其中,第一个适用前提尤为重要,需要从两方面进一步分析。

其一,有实践部门的办案人员提出,如果是群众向检察院报案、控告或者举报上述14类案件的犯罪事实或者犯罪嫌疑人,这是否还属于检察院在对诉讼活动实行法律监督中发现的情形。换言之,检察院对14类犯罪的发现是否仅限于自我主动发现?其实,此处的"发现"应理解为既包括检察院依职权直接发现,也包括在诉讼监督中通过受理控告、举报、申诉发现,还包括在诉讼监督中发现违法或者犯罪的线索,检察院通过深查深挖发现。对比《刑事诉讼法》第56条第2款和第57条的规定就会发现,对应当排除的非法证据的"发现"就既包括公检法机关依职权的主动发现,也包括根据有关单位或个人提供的线索材料,由办案机关间接发现。[1]

其二,还有同志认为,检察院只有对正在进行的诉讼活动实行法律监督时发现14类犯罪案件的,才可立案侦查。由此产生的问题是,检察院对14类犯罪的发现是否仅限于事中监督?本书认为,检察院对诉讼活动实行的法律监督既包括事中监督,也包括事后监督。缘于时间的一维性,诉讼活动总是向前推进的,就算检察院的法律监督能及时跟进,但发现问题并作出反应总会有一个过程,因此监督的事后性不可避免。例如,在2019年云南省昆明市的孙小果案中,云南省检察院对在孙小果服刑期间涉嫌违法帮助其减刑的云南省监狱管理局安全环保处处长王开贵等6名监狱干警,以涉嫌徇私舞弊减

---

[1] 相关司法解释和规范性文件包括《人民检察院刑事诉讼规则》第72条、《关于办理刑事案件严格排除非法证据若干问题的规定》第17条等。

刑罪进行立案侦查。[1] 该案中,王开贵等人违法帮助孙小果减刑的犯罪发生在2010年之前,之后孙小果便刑满释放。2019年,检察院对王开贵等人以涉嫌徇私舞弊减刑罪立案显然就是在事后监督中对发现的犯罪的立案管辖。

(二)例外情形由监察机关管辖

监察机关在何种情形下更宜办理14类犯罪案件,判断的依据仍然应从实践办案的便利性和确保办案质量两个方面综合考虑。

1. 监察机关在调查办案中自行发现可直接并案

监察机关在查办被调查人涉嫌的职务违法或职务犯罪过程中,发现被调查人还涉嫌14类犯罪案件的,可以考虑并案调查。首先,监察机关对14类犯罪案件有管辖权,直接并案属于其职责范围内的事宜,并不违反法律规定。其次,如果监察机关在办案中发现14类犯罪案件,而这些案件在被发现时相关诉讼活动已经结束,无论从发现犯罪的及时性,还是侦办案件的便利性而言,再转交检察院立案侦查已不能体现检察办案的监督优势。考虑到这些案件与职务犯罪案件之间有紧密的联系,由监察机关并案处理更有利于查明事实,提高办案效率,确保案件质量。当然,此时有必要将并案管辖的相关情况通报有管辖权的检察院,避免重复管辖。

从《监察法》的外部视角出发,司法机关对案件进行管辖权分配具有特殊的考量逻辑和理论基础。一方面,需要考虑管辖机关的属性,以及是否会产生管辖以后的职权泛滥的问题,例如,检察院"机动侦查权"的管辖规则就是这一考量因素的表现,对于原先属于其他部门管辖的案件,如果直接管辖不适合,可以交由检察院。比较典型的

---

[1] 参见罗沙:《云南省高级法院依法对孙小果案启动再审》,载《检察日报》2019年7月27日,第2版。

就是涉及公安机关利益的案件,经过一系列程序,管辖权可归于检察院,这主要还是为了避免公安机关受到利益影响而在办案中显失公平。另一方面,分配管辖权时也会考虑办案的现实需求和犯罪嫌疑人、被告人的特殊情况,比如,管辖权交叉的情况中,就出现了先受理先管辖等制度。所以,司法机关在对管辖权的分配上并非绝对的机械运作,而是可以基于特殊情形让渡或转换部分管辖权内容。那么,当我们把视线再回归到《监察法》内部时,不难发现其本身就具备了充分的"特殊属性"。事实上,监察制度或监察部门存在的基础,就在于所涉及案件具有明显的特殊性,并由此推断涉案当事人也可能具有特殊性,因而需要由一个全新的部门在一套不同于传统的程序规则下进行相应的办案活动。这些特殊性最终不仅从立法的角度被予以确认(即为产生了监察机关),又从程序法的角度对它施以保护(即为产生了《监察法》)。那么,在管辖层面,这种被立法所承认的特殊性,在符合刑事诉讼制度逻辑的情况下,自然也就可以实现对原先管辖权规定的调整。并且,这种突破既符合刑诉管辖的立法逻辑,也符合监察法创制的初衷和原意。所以,监察机关在调查办案中自行发现可直接并案,不仅符合监察制度的产生需求,也和《刑事诉讼法》中的管辖制度适配。

2. 检察院在办案中发现职务犯罪必要时可全案移送

根据《人民检察院刑事诉讼规则》第17条的规定,当检察院在办理14类犯罪案件时,如果发现了应由监察机关管辖的职务犯罪案件,在与监察机关沟通后,认为全案由监察机关管辖更为适宜的,应当将全案移送监察机关。显然,移送的"全案"中当然也包括之前由检察院办理的14类犯罪案件。这种全案移送监察机关的情形,应主要限定在新发现的职务犯罪与14类犯罪存在关联,构成牵连犯,依照刑法规定应当从一重罪处罚或者数罪并罚。例如,司法工作人员有徇私枉法行为的,按照《刑法》第399条第4款的规定,司法工作人员收受贿赂,还涉嫌徇私枉法罪,民事、行政枉法裁判罪,执行判决、裁定失职罪,执行判决、裁定滥用职权罪的,同时又构成《刑法》第385条受贿罪的,依照处罚较重的规定定罪处罚。又如,"司法工作人员有私放在押人员行为的,按照2012年最高人民法院、最高人民检察院《关于办理渎职刑事案件适用法律若干问题的解释(一)》第三条的规定:'国家机关工作人员实施渎职犯罪并收受贿赂,同时构成受贿罪的,除刑法另有规定外,以渎职罪和受贿罪数罪并罚。'"[1]此时全案交由监察机关管辖,更能充分发挥监察办案的制度优势,提高反腐败的整体效能,在最大程度上准确及时惩治各类犯罪。

四、移送案件级别管辖的对应与衔接

(一)案件移送中的级别管辖错位

我国《刑事诉讼法》将级别管辖统一置于审判管辖之下,认为级别管辖就是各级法院在审理第一审刑事案件上的权限划分。至于公安机关、检察院办理案件时涉及的级别管辖问题,《刑事诉讼法》并未规定。传统刑事诉讼理论认为,这些机关在办案中确定级别管辖的原则和标准可以从法院的级别管辖中反向推导出来。不少研究者就认为,各级各地公安机关、检察院在立案侦查、提起公诉上的权限划

---

[1] 童建明、万春主编:《〈人民检察院刑事诉讼规则〉条文释义》,中国检察出版社2020年版,第24页。

分应与法院的级别管辖、地区管辖等相互对应。[1] 例如,公安部制定的《公安机关办理刑事案件程序规定》第24条[2]也基本是对标《刑事诉讼法》第20条和第21条有关级别管辖的规定,对各级公安机关案件管辖的范围作出划定。应当说,趋同性的级别管辖标准实现了案件在公检法之间的同级移送,极大地便利了诉讼。然而,监察办案却并未参照《刑事诉讼法》以案件的类型和刑罚的严重程度来确定管辖级别。《监察法》第16条规定,监察机关按照干部管理权限对监察案件实行分级管辖,此设定类似于纪委执纪监督中的分级负责制。[3] "根据我国实行的'党管干部'原则,各级国家公务人员的管理权限由各级党委(党组)及其组织(人事)部门掌握,不同级别的党委及组织部门管理不同级别的公务人员。"[4](如表四)

---

[1] 参见陈光中主编:《刑事诉讼法》(第六版),北京大学出版社、高等教育出版社2016年版,第122页。
[2] 《公安机关办理刑事案件程序规定》第24条:"县级公安机关负责侦查发生在本辖区内的刑事案件。设区的市一级以上公安机关负责下列犯罪中重大案件的侦查:(一)危害国家安全犯罪;(二)恐怖活动犯罪;(三)涉外犯罪;(四)经济犯罪;(五)集团犯罪;(六)跨区域犯罪。上级公安机关认为有必要的,可以侦查下级公安机关管辖的刑事案件;下级公安机关认为案情重大需要上级公安机关侦查的刑事案件,可以请求上一级公安机关管辖。"
[3] 《中国共产党纪律检查机关监督执纪工作规则》第7条:"监督执纪工作实行分级负责制:(一)中央纪委国家监委负责监督检查和审查调查中央委员、候补中央委员,中央纪委委员,中央管理的领导干部,党中央工作部门、党中央批准设立的党组(党委),各省、自治区、直辖市党委、纪委等党组织的涉嫌违纪或者职务违法、职务犯罪问题。(二)地方各级纪委监委负责监督检查和审查调查同级党委委员、候补委员,同级纪委委员,同级党委管理的党员、干部以及监察对象,同级党委工作部门、党委批准设立的党组(党委),下一级党委、纪委等党组织的涉嫌违纪或者职务违法、职务犯罪问题。(三)基层纪委负责监督检查和审查同级党委管理的党员,同级党委下属的各级党组织的涉嫌违纪问题;未设立纪律检查委员会的党的基层委员会,由该委员会负责监督执纪工作。地方各级纪委监委依照规定加强对同级党委履行职责、行使权力情况的监督。"另外,《监察法实施条例》第46条也作了类似规定。
[4] 叶青、王小光:《监察委员会案件管辖模式研究》,载《北方法学》2019年第4期。

表四　检察院与监察机关级别管辖的区别

检察院的级别管辖		监察机关的级别管辖	
最高人民检察院	全国性的重大刑事案件	国家监察委员会	中管干部等
省级检察院	全省(自治区、直辖市)性的重大刑事案件	省级监察委员会	省管干部等
市级检察院	(一)危害国家安全、恐怖活动案件; (二)可能判处无期徒刑、死刑的案件	市级监察委员会	市管干部等
基层检察院	除上级检察院管辖外的普通刑事案件	县级监察委员会	(一)县管干部及其他公职人员; (二)基层群众性自治组织中从事管理的人员等

级别管辖设定标准的差异导致监察机关与司法机关在案件移送上的不协调,级别管辖上的不对应。简单说,就是案件不能在具体承办机关之间直接实现同级移送。以监察机关移送的贪污贿赂犯罪案件为例,《刑法修正案(九)》和《关于办理贪污贿赂刑事案件适用法律若干问题的解释》大幅提高了贪污罪、受贿罪的定罪量刑标准,从受贿、贪污的数额和情节看,大部分案件是由基层检察院提起公诉,基层法院一审。可是,在办理这些案件的最前端——监察调查环节,不少被调查人属于省管干部、市管干部,须由省级或市级监察机关管辖。但是,由于这些被调查人犯罪的严重程度没有达到可能判处无期徒刑或者死刑的情形,原则上只能由基层检察院审查起诉,基层法院一审,这就出现了案件从监察到司法的移送中具体承办机关级别管辖上的不对应。另外,个别"小官巨贪"的基层干部案件虽然可能是由县级监察机关调查办理,但由于贪污受贿数额巨大,可能判处无期徒刑或死刑,最终要由市级检察院审查起诉,中级人民法院

一审,这同样会出现案件移送中具体办案的监察机关与检察院在级别管辖上的不对应或错位。由此产生两个后果:一是引发案件移送中监察与司法衔接上的不畅,不同机关彼此间可能的推诿扯皮会产生内耗,降低办案效率,延缓诉讼进程;二是为了实现监察与检察在案件移送上的同级对应,不同机关的系统内部会进行案件的移送流转,上级监察机关或司法机关会过多地行使指定管辖权,而这会架空管辖法定原则,以致司法裁判的中立性将缺乏保障。

(二)宜采"检察院内部协调"方案

为了解决案件移送中监察与检察(审判)在级别管辖上的错位、不对应问题,实践部门曾讨论过两套应对方案:"监察机关内部协调"和"检察院内部协调"。所谓"监察机关内部协调",是指监察机关办理终结的案件在移送审查起诉前,会函告检察院,由检察院与法院先行沟通管辖事宜,确定具体行使管辖权的检察院和法院,同时反馈给监察机关。而后监察机关会在系统内部通过案件上下移转的方式,将案件移交给与有管辖权的检察院相对应的监察机关,再由该监察机关将案件同级移送检察院审查起诉。所谓"检察院内部协调"是指,在监察机关将案件移送同级检察院后,由检察院和法院共同协商,又或者由检察院报请上级检察院和法院共同协商确定由哪一级的检察院审查起诉,哪一级法院一审(监察机关有时还会提出管辖建议),然后,检察机关在系统内部通过案件移送的方式,将案件移交给具体承办案件的检察院。

对于上述两套方案,本书认为宜采行后者,即"检察院内部协调"的方案。举例而言,张三属于A省省管干部,工作地点在A省省会B市,因涉嫌受贿犯罪由A省监察机关管辖,案件调查审查终结后,因涉嫌受贿数额特别巨大,可能判处无期徒刑以上刑罚,应由中级人民法院一审。在这种情形下,案件宜由 A 省监察机关移送 A 省检察院,A 省检察院与 A 省高级人民法院协商共同指定 C 市检察院与 C 市中级人民法院对该案审查起诉和一审。(如图二)

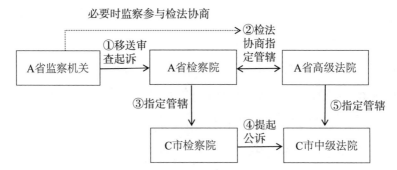

图二 监察与司法移送级别管辖中的衔接:检察院"体内循环"方案一

再如,李四属于 W 县某镇政府公职人员,利用职务便利收受财物为他人谋取利益涉嫌构成受贿罪。W 县监察机关对其立案调查。案件调查终结后,李四涉嫌受贿数额特别巨大,可能被判处无期徒刑以上刑罚,应由中级人民法院一审。在这种情形下,案件宜由 W 县监察机关移送 W 县检察院,W 县检察院将案件移送其上一级 Y 市检察院,由 Y 市检察院审查起诉,向 Y 市中级人民法院提起公诉,进行一审。(如图三)

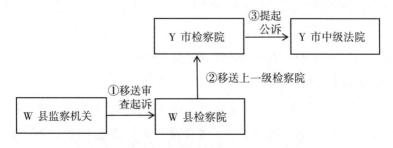

图三 监察与司法移送级别管辖中的衔接:检察院"体内循环"方案二

上述"检察院内部协调"方案,即"体内循环",对于提升反腐质效,规范权力运行,实现程序的衔接贯通具有重要意义,理由有三:

一是遵循先例,确保效率。早在上述问题发生前,对于公安机关办理的刑事案件,在移送同级检察机关审查起诉时,也曾出现级别管辖不对应的情形。例如,对于故意杀人案件,一般由基层公安机关立案侦查,但按照《刑事诉讼法》有关法院级别管辖的规定,对可能判处无期徒刑、死刑的案件应由市级检察院起诉,中院一审。以往对于基层公安机关将故意杀人案件移送基层检察院审查起诉的,有的检察院会将案件退回公安机关,要求公安机关向有管辖权的其他公安机关移送;有的检察院则将案件受理后移送有管辖权的其他检察院。针对实践中操作的不统一现象,多机关研究后一致认为:"根据刑事诉讼法的有关规定,公安机关对案件的侦查分工与人民法院审判案件的管辖要求不尽相同。公安机关侦查终结后将案件移送同级人民检察院审查起诉的,同级人民检察院不宜以不属本院管辖为由再将案件退回公安机关,再绕一个圈子也不够简便。"[1]为此,1998年最高人民法院、最高人民检察院、公安部、国家安全部、司法部、全国人大常委会法制工作委员会联合制定的《关于刑事诉讼法实施中若干问题的规定》第34条规定:"人民检察院受理同级公安机关移送审查起诉的案件,按照刑事诉讼法的管辖规定,认为应当由上级人民检察院或者同级其他人民检察院起诉的,应当由人民检察院将案件移送有管辖权的人民检察院审查起诉。"之后2012年修订的《关于实施刑事诉讼法若干问题的规定》第23条继续沿用了上述方案。2019年12月修订施行的《人民检察院刑事诉讼规则》第328条则做了进

---

[1] 全国人民代表大会常务委员会法制工作委员会刑法室编著:《〈关于实施刑事诉讼法若干问题的规定〉解读》,中国法制出版社2013年版,第119页。

一步完善。简言之，各级检察院收到移送起诉的案件后，经审查认为不属于本院管辖的，应当在发现之日起五日以内移送有管辖权的检察院。属于上级法院管辖的第一审案件，应当报送上级检察院；上级检察院受理同级公安机关移送起诉的案件，认为属于下级法院管辖的，可以交下级检察院审查，由下级检察院向同级法院提起公诉。可见，针对公安与检察院在案件移送中级别管辖上的不对应问题，早已形成应对共识，即统一由检察院受理后移送到有管辖权的上下级检察院。既然检察系统通过"体内循环"破解级别管辖衔接不畅的问题已有先例，且这种调整方式已施行20多年，检察院积累了相当丰富的经验，那么在监检级别管辖的衔接中，继续坚持检察院"体内循环"并无不妥。

二是符合监检机关的办案特点。监察机关与公安机关的办案人员同属行动官署，关注抓人破案，强调办案机动灵活，效率取胜。而检察官与法官属于书案官署，关注依法审案、依证据定案，强调办案循规蹈矩，公正为先。[1] 监察机关立案调查时依据干部管理权限、办案人员回避等确定管辖级别，案件进入诉讼程序后又要依据审判管辖的要求，从可能判处的刑罚来进行级别上的调整。从办案机关的不同特点以及办案流程看，监察机关更精通监察法规，为追求办案效果在级别管辖上更趋灵活，对于后续涉及《刑法》和《刑事诉讼法》中级别管辖的规定未有太多关注。鉴于相关专业知识的不足，案件移送到司法程序中，由检察院进行级别管辖的判断，并与同为司法机关的法院协商，更有利于统一诉讼中的认识、协调一致。另外，从"阶段论"[2]出发，由监察机关在案件处理的前端，即监察调查阶段就对

---

[1] 参见龙宗智：《评"检警一体化"兼论我国的检警关系》，载《法学研究》2000年第2期。
[2] 苏联刑事诉讼中曾提出"阶段论"理论。"刑事案件从其开端的时候起直到判决的执行为止是向前运动的，是逐渐发展的。"这个过程中循序进行、相互连接而又各自相对独立的各个部分，称为"刑事诉讼阶段"。"每一个诉讼阶段都是完整(转下页)

后续司法机关的级别管辖作出论断为时过早,且有影响或干预司法之嫌,也有悖认识论的基本规律。毕竟,案件事实随着程序的推进才会愈发清晰全面。如果在前端的监察程序(阶段)就通过"监察机关内部协调"的方式确定了检察院和法院的级别管辖乃至地域管辖,难免因为过早的预判以及专业知识的缺憾产生错误判断。在案件移送检察院后,再次进行级别管辖调整的可能性较大,徒费司法资源。因此,以一个受严格法律训练及法律拘束的公正客观的官署——检察院[1],对监察结果"过滤"筛查,调整级别管辖以实现刑事追诉和审判的需要,不仅可以最大限度地确保诉讼管辖的准确性,节约司法资源,还能在一定程度上规范监察权的合法行使。

三是有利于监察机关、检察院和法院的协作配合。考虑到职务犯罪案件的特殊性,实践中经监察机关商请,同级检察院可以派员提前介入监察机关办理的职务犯罪案件,就案件定性、调查取证以及法律适用等提出意见或建议。这是监检配合的重要体现。当监察调查终结后,如果监察机关将案件直接移送到同级检察院审查起诉。由于此前同级检察院已介入监察办案,事前熟悉了案情,在此基础上由检察院进行级别管辖调整无论是从案情信息占有、专业知识匹配等方面都更为合适。另外,从职务犯罪案件办理的横向流程看,监察调查、审查起诉和审判分别由监察、检察、审判三机关分段管控,检察院前接监委后连法院,处于"中间方",由检察院与监察机关和法院前后

(接上页)的、有其本身的任务和形式的一个整体。只有完成了前一阶段的任务,才能将案件移送到下一个阶段,如对这种任务执行不当的时候,就会将案件发还原阶段重行处理。""阶段论"的提出强调每个阶段的独立性、自洽性,同时后一阶段对前一阶段还有过滤和修正的作用。这种"阶段论"的思维在监察机关与司法机关共同办理的职务犯罪案件中仍然有所体现。参见〔苏联〕M. A.切里佐夫:《苏维埃刑事诉讼》,中国人民大学刑法教研室译,法律出版社1955年版,第56页;又见张建伟:《审判中心主义的实质内涵与实现途径》,载《中外法学》2015年第4期。

[1] 参见林钰雄:《检察官论》,法律出版社2008年版,第7页。

衔接,统一协调更为便利,而且检察院处于办案程序的中间段,在审查起诉阶段进行级别管辖的调整在时效性上也更为妥当。

总之,当案件从监察到司法移送过程中出现级别管辖不对应时,采行"检察院内部协调"的方案,即以检察为"轴"衔接和协调级别管辖错位的问题更为妥当。2020年12月,国家监委与最高人民法院、最高人民检察院、公安部联合印发的《关于加强和完善监察执法与刑事司法衔接机制的意见(试行)》以及2021年9月出台的《监察法实施条例》第221条[1]也都予以认同,具体的操作流程即为:监察机关办理的职务犯罪案件移送起诉,如果管辖衔接不对应,需要指定起诉、审判管辖的,监察机关一般应当在移送起诉前将商请指定管辖函件送交同级检察院,由其商请同级法院办理指定管辖事宜。需要由上级检察院指定管辖的,由同级检察院报上级检察院办理指定管辖事宜。

需要注意的是,有时因办案需要,监察机关还会将所管辖的案件交办给下级监察机关办理。如《监察法实施条例》第48条第1款规定:"上级监察机关可以依法将其所管辖的案件指定下级监察机关管辖。"由于下级监察机关仅有办案权而无处置权,故下级监察机关在办理完相关案件后会层报指定管辖的上级监察机关处理。此时上级监察机关仍然会与其同级检察院协商,必要时法院也会参与,以指定有级别管辖权的检察院和法院。之后,再由上级监察机关移送给其

---

[1] 《监察法实施条例》第221条:监察机关办理的职务犯罪案件移送起诉,需要指定起诉、审判管辖的,应当与同级人民检察院协商有关程序事宜。需要由同级人民检察院的上级人民检察院指定管辖的,应当商请同级人民检察院办理指定管辖事宜。监察机关一般应当在移送起诉二十日前,将商请指定管辖函送交同级人民检察院。商请指定管辖函应当附案件基本情况,对于被调查人已被其他机关立案侦查的犯罪认为需要并案审查起诉的,一并进行说明。派驻或者派出的监察机构、监察专员调查的职务犯罪案件需要指定起诉、审判管辖的,应当报派出机关办理指定管辖手续。

同级的检察院,由后者出具指定管辖的函件将案件一并移转给指定管辖的下级检察院,以完成后续的审查起诉和提起公诉的工作。虽然这个过程看似监察机关内部也有体内循环,但这实际缘于上下级监察机关办案权与处置权的分离,下级监察机关因级别不够不能处置案件,仅是上级监察机关整个案件管辖的"手足",没有向检察院移送审查起诉的权力和资格。真正的有级别管辖话语权的仍然是上级监察机关。其在应对级别管辖错位的问题上仍然惯行了检察院"体内循环""检察院内部协调"的策略方案。(如图四)

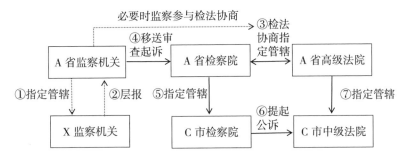

图四 监察与司法移送级别管辖中的衔接:检察院"体内循环"方案三

另外,由于监察机关办理职务犯罪案件的特殊性,其在检察院作为级别管辖的协调方时也不能完全"脱钩",对于某些由省级监察委或者国家监察委调查的重特大职务犯罪案件,在与同级的省级检察院或最高检沟通或案件移送时,还要及时提供案件情况,为省级检察院或最高检协调指定下级检察院管辖提供意见和协助。

(三)移送协作与沟通协商机制的确立

为了确保检察院"体内循环"的顺利进行,有必要建立办理职务犯罪案件的相关配套机制。一是建立指定管辖沟通协商机制。协商办理指定管辖,应当坚持有利于准确及时查明案件事实、排除案外干扰、便利工作等原则,综合考虑当地检察院、法院的办案力量、办案场所、羁押场所、交通条件,以及被追诉人的主要犯罪地、主要任职地、出生地、成长地、主要涉案单位和涉案人所在地等因素,确保案件得到公平公正的司法处理[1],避免指定管辖的随意性,最大限度降低外在权力的不当干预。

二是建立监察与检察移送协作机制。《刑事诉讼法》第170条规定,对于被移送起诉的犯罪嫌疑人之前被留置,检察院要先行拘留。结合前述张三涉嫌职务犯罪的案例,如果此案由A省监察机关移送A省检察院,张三若此前被留置,将会被A省检察院先行拘留,但因为A省检察院还要指定C市检察院移送审查起诉,就会出现张三既被A省检察院先行拘留,又要被指定管辖后的C市检察院"接棒"先行拘留,然后决定采取逮捕、取保候审或监视居住的强制措施。上下级检察院对案件的交接会占用先行拘留的时间,这无形中会压缩C市检察院决定强制措施的时间,不利于办案的公正和效率。为了保证检察院内部级别管辖协调的顺畅,同时确保拘留等强制措施的执行既到位又不超期,根据《人民检察院刑事诉讼规则》第329条的规定,监察机关应当在移送起诉20日前,由同级检察院与法院协商有关指定管辖事宜。在确定指定管辖的检察院后,在上级监察机关移送同级检察院时,可以由上级检察院与指定承办案件的检察院携带相关法律文书,一同办理交接手续,并由指定承办案件的检察院会同公安机关直接将犯罪嫌疑人带到当地看守所先行拘留,以提高效率,尽可能减少犯罪嫌疑人被拘留羁押的时间。

---

[1] 参见张辉:《职务犯罪调查与刑事诉讼衔接机制探析》,载《辽宁警察学院学报》2019年第1期。

五、移送案件地区管辖的对应与衔接

贪污受贿等职务犯罪案件的涉案人员不少在犯罪地有相当的行政官阶,关系网复杂,为了排除地方干扰或其他因素的不当影响,监察机关常常通过指定管辖的方式由异地监察机关办理此类案件。《监察法》第 17 条第 1 款就规定,上级监察机关可以将下级监察机关有管辖权的监察事项指定给其他监察机关管辖。例如,A 省 B 市教育局局长张三(居住地 B 市)涉嫌严重违纪违法犯罪,由于张三长期在 B 市任职,其涉嫌严重违纪违法犯罪问题也都发生在 B 市,为排除干扰、保证案件顺利办理,A 省监察机关指定 C 市监察机关管辖办理该案。如果监察机关最终查明张三涉嫌严重的受贿犯罪,可能判处无期徒刑以上刑罚,则案件需移送检察院审查起诉和提起公诉。诚如前文所言,由于检察院的审查起诉是按照法院的审判管辖规则对应管辖的,依据《刑事诉讼法》第 25 条的规定,法院以犯罪地为主,被告人居住地为辅的原则来确定地区管辖。结合本案,坚持诉审管辖一一对应原则,只有张三的犯罪地或居住地的检察院,即 B 市检察院可以审查起诉、提起公诉,B 市中级人民法院可以对此案一审,而 C 市中级人民法院对该案无管辖权,C 市检察院也无权对该案审查起诉。如何解决异地监察管辖与法定审查起诉、法定审判下地区管辖对应不一致的问题。

根据《监察法实施条例》第 222 条:"上级监察机关指定下级监察机关进行调查,移送起诉时需要人民检察院依法指定管辖的,应当在移送起诉前由上级监察机关与同级人民检察院协商有关程序事宜。"故本案中,C 市监察机关在案件调查终结后,不能直接将案件移送 C

市检察院审查起诉,而应及时向 A 省监察机关报告,由 A 省监察机关与 A 省检察院以及 A 省高级人民法院共同协商解决异地审查起诉、审判管辖的问题。从司法实践看,上述案件最终的协商结果都是由 A 省检察院和 A 省高级人民法院以指定管辖的方式指定 C 市检察机关和 C 市法院办理张三受贿案件(如图五)。这样做的目的,一方面是便利 C 市监察机关同级、同地区移送检察院、法院案卷和证据材料,后续的退回补充调查等工作也便于沟通衔接;另一方面,由异地检察院和法院进行起诉审判,也便于其办理受贿等国家工作人员的职务犯罪案件排除地方干扰,确保司法公正。

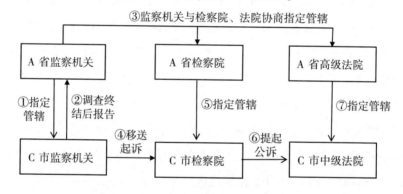

图五 监察与司法移送地区管辖中的衔接

从上述办案流程看,本案并未有级别管辖的错位,但是对于此类纯粹涉及地区管辖需要指定的,似乎更倾向于监察"体内循环"的操作方式。有研究者将其称为先纵后横的做法,即对于上级监察机关指定调查的职务犯罪案件,由立案调查的监察机关逐级报请指定其调查的上级监察机关后,由上级监察机关协商同级检察院办理指定管辖。[1] 但本案与前文图四案例不同,前者上级监察机关的指定管

---

[1] 参见史卫忠:《监察机关与检察机关办案衔接难点问题解析》,载《人民检察》2021 年第 21—22 期。

辖是级别管辖上的变通,属上级交给下级本由自己管辖处置的案件。本案中上级监察机关的指定管辖则是为了办案公正和提高效率,解决地区管辖指定的问题。图五中,上级监察机关,即 A 省监察机关指定 C 市监察机关办理,C 市监察机关不仅有办案权,亦有级别管辖上的处置权。只是在地区管辖问题上,与其对应的 C 市检察院在刑事诉讼中没有地区管辖权,所以需要由 A 省监察机关商 A 省检察院指定地区管辖,如果最终确定 C 市检察院管辖,则可由 C 市监察机关直接移送。

六、公安、监察与检察三机关职能管辖错位的协调衔接

根据《监察法》和《刑事诉讼法》的规定,监察机关对于职务犯罪案件拥有监察调查权,公安机关对于普通刑事犯罪案件、检察机关对于司法工作人员的职务犯罪案件都有立案侦查权。由于案件本身的复杂性,犯罪主体身份的多样性和模糊性,实践办案中会出现侦查(调查)机关实际上管辖了在职能分工上不应当由该机关管辖的案件,即职能管辖错位。[1] 为了解决这一问题,2019 年《人民检察院刑事诉讼规则》第 357 条规定了人民检察院审查起诉时发现其与监察机关,或者公安机关与监察机关管辖错位的,可以作出如下程序性处置:

(一)对于监察机关与检察机关职能管辖错位的处置

对于监察机关与检察机关职能管辖错位的,第 357 条第 1 款规定:"人民检察院立案侦查时认为属于直接受理侦查的案件,在审查

---

[1] 参见龙宗智:《新〈人民检察院刑事诉讼规则〉若干问题评析》,载《法学杂志》2020 年第 5 期。

起诉阶段发现属于监察机关管辖的,应当及时商监察机关办理。属于公安机关管辖,案件事实清楚,证据确实、充分,符合起诉条件的,可以直接起诉;事实不清、证据不足的,应当及时移送有管辖权的机关办理。""根据现行管辖制度,检察机关管辖的案件,监察机关都可以同时管辖,因此不存在监察机关错误管辖检察机关管辖案件的问题。然而,对于检察机关立案侦查的案件,'审查起诉阶段发现属于监察机关管辖,应当及时商监察机关办理'。该规定只要求检察机关'应当及时'商监察机关办理,'商'之后如何办理具有非常大的灵活性,既可以由检察院继续审查,也可以退回监察机关重新调查。可见,对于检察机关越权办理监察委员会管辖的案件,几乎没有形成法定的程序机制,完全由监察机关决定案件走向。"[1]反观检察机关与公安机关的管辖错位,该规定仅以案件事实是否清楚,证据是否确实、充分作为唯一划分标准,如果案件达到事实证据的法定要求的便可直接起诉,反之则移送有管辖权的机关办理。之所以作上述规定,主要源于两个方面的原因:一是"监察权和监察程序"的运行与"公安司法权和刑事诉讼程序"的运行有明显不同。"从监察机关实行与党的纪律检查机关合署办公来看,监察机关行使监察权不仅要依据宪法、法律,尤其是要依据监察法的规定,此外监察机关还要依据党纪,即党内法规。这也就意味着,监察机关既要执法也要执纪,监察机关及其行使监察权既要受到法律的约束也要受到党内法规的约束,这集中反映在监察制度运行所体现出的'政治决策,法律执行'这一鲜明的特征之上。从这个意义上说,监察机关兼具政治机关与国家法律监督机关的属性,监察法既是国法也是党纪,是国家法

---

[1] 谢小剑:《刑事职能管辖错位的程序规制》,载《中国法学》2021年第1期。

律与政治纪律融合架构的产物。"[1]与公安机关、检察机关立案侦查刑事案件不同,监察机关办理职务犯罪案件不仅要考虑案件中的各项法律问题,还要考虑党的意志和各重政治性因素的影响,故不同权力和程序的运作逻辑和支撑法理还是有差异的。如果检察机关错误侦办了监察机关管辖的案件,由监察机关对案件再行审查研判,确定是继续诉讼还是程序回流更有利于职务犯罪案件处置的周延性和妥当性。所以,"商"监察机关办理符合党中央反腐败斗争的基本精神和国家监察体制改革的基本思路。虽然这种处置方式可能就外部来看缺乏一定的程序刚性,但恰恰也反映出职务犯罪案件办理的灵活性、特殊性和政治性,而且赋予检察机关在审查起诉阶段一定的裁量权,对程序作出一定的调整,适时推进诉讼进程也并无不妥。二是考虑到检察机关与公安机关都是刑事诉讼中的侦查机关,均适用统一的刑事诉讼程序,侦查主体不同对当事人诉讼权利的影响并无多少差异,所以当检察机关与公安机关之间出现职能管辖错位时,如果案件事实清楚,证据确实、充分的可直接起诉,反之将案件及时移送有管辖权的机关立案侦查是符合诉讼规律和证据裁判原则的要求的。

(二)对于监察机关与公安机关职能管辖错位的处置

对于监察机关与公安机关职能管辖错位的,第357条第2款规定:检察机关"在审查起诉阶段,发现公安机关移送起诉的案件属于监察机关管辖,或者监察机关移送起诉的案件属于公安机关管辖,但案件事实清楚,证据确实、充分,符合起诉条件的,经征求监察机关、公安机关意见后,没有不同意见的,可以直接起诉;提出不同意

---

[1] 马怀德主编:《监察法学》,人民出版社2019年版,第24页。

见,或者事实不清、证据不足的,应当将案件退回移送案件的机关并说明理由,建议其移送有管辖权的机关办理。"有研究者将检察机关对此类管辖错位的处置方式称为"实体+听取意见双重审查模式"[1]。简言之,出现监察与公安职能管辖错误的,事实和证据问题的审查是前提,如果前提无误则转为监察与公安两机关意见的听取。由于公安机关与监察机关办案适用不同的法律,各自的运行程序和操作规程并不相同,不能像刑事诉讼中的不同侦查主体之间的管辖错位一样,只要事实清楚,证据确实、充分的,检察机关就可以直接起诉,而是需要"征求公安机关、监察机关意见",两者都没有意见,才可以直接起诉。相反,只要一方有不同意见的,就应当退回办案机关。这本身也是体现了对不同程序的尊重。需要注意的是,2013 年施行的《人民检察院刑事诉讼规则(试行)》第 392 条曾规定,不同侦查机关出现职能管辖错位,事实不清、证据不足的,检察机关应及时移送有管辖权的机关办理。但 2019 年《人民检察院刑事诉讼规则》第 357 条第 2 款则规定了"间接退回"的程序回流处置方式,即"应当将案件退回移送案件的机关并说明理由,建议其移送有管辖权的机关办理"。这显然是顾虑到涉及监察机关办理的职务犯罪案件本身的特殊性,故检察机关将案件退回,再由监察机关与公安机关协商处理更为妥当,避免直接移送处置不当产生新的矛盾。但是该款处置有两个问题需要考虑:一是虽然监察机关与公安机关职能管辖错位原则上属于不同机关管辖权配置的问题,由相关的管辖机关处理并无不妥,但是如果管辖错位对当事人的权利产生了较大影响,如危险作业罪中的犯罪嫌疑人本不具有公职人员的身份,应由公安机关立案侦查,结果却被监察机关立案调查,那么在监察调查阶段其被留置后

---

[1] 谢小剑:《刑事职能管辖错位的程序规制》,载《中国法学》2021 年第 1 期。

的权利处遇,无法委托辩护律师的情况与刑事诉讼中作为犯罪嫌疑人的相关诉讼权利显然不同,对此情形是否应当赋予被追诉人一定的参与权和意见表达权呢?二是由于监察程序与刑事诉讼程序分属两套程序,各自又有自洽的运行逻辑,相应的取证规范粗疏有别、步骤不同,不同取证规范下收集的证据材料在刑事诉讼中的认定标准是否会有差异,能否按照同一标准认定,也不无疑问。

总之,国家监察体制改革作为一项具有中国特色的重大政治决策和改革举措,在与既有的司法制度和刑事诉讼程序的管辖衔接上必然会有诸多新问题、新情况需要解决和应对,《人民检察院刑事诉讼规则》对不同机关职能管辖错位上的处置已然是在考虑监察办案特殊性的基础上,坚持程序公正和诉讼经济等原则下的最优处置方式。不过随着监察和司法办案的深入,上述处置方式还会随着地方实践经验的归纳总结不断优化完善。

七、本章结语

监察与司法在管辖中的前后衔接主要涉及两大方面的问题:一是监察机关与侦查机关就刑事案件受理上的管辖分配,主要包括互涉案件管辖中的主办与协助、共有管辖权案件中的协商与分工。二是案件从监察调查阶段到审查起诉阶段再到审判阶段的管辖衔接,其中最主要的是案件移送中各机关在级别管辖上的对应衔接问题。对于上述问题,本章在梳理归纳的基础上提出了互涉案件管辖中以监察管辖为主,分案管辖与主罪管辖为辅的方案;在监察机关与检察院共有管辖权的案件中宜由两机关加强沟通协商,原则上优先考虑检察院管辖。在移送案件级别管辖的对应衔接中,本章提出了案件在不同级别的办案机关之间移送时应以监察机关移送同级检察院,由检察院以"体内循环"的方式进行级别管辖的调整,并积极与监察机关协商,与法院沟通,确保级别管辖衔接顺畅。

近些年来,随着《监察法》的出台以及《刑事诉讼法》的修改,实践中基于管辖的疑难问题不断涌现。例如,在一人涉嫌严重职务犯罪和普通犯罪时,在监察机关调查为主,其他机关协助配合的互涉案件管辖中,因被调查人涉嫌普通犯罪,其家属委托的辩护律师能否有效介入?申言之,在对被调查人采取留置措施期间,被调查人家属所聘请的对普通刑事案件进行辩护的律师能否进入留置场所,了解案情,提供各项辩护服务?如果答案是否定的,那么被调查人就其涉嫌的普通犯罪案件行使辩护权如何保障?在此期间侦查机关就普通犯罪案件所收集的证据是否合法?这些问题都值得深入研究。同样,在共有管辖权的案件中,监察机关与检察院就管辖协商的基本原则和统一标准是什么?是否有必要及时出台具体的协商规范和指导型案例,避免各地适用的原则、标准和流程不统一,引发内在冲突?

总之,我国于2018年建立的国家监察制度是中国特色社会主义的一项创新制度。作为一种制度创新,其与刑事司法制度在日常的办案衔接中必然会遇到这样或那样的问题,而国外也没有成熟的可供借鉴参考的经验,需要我们从本国国情出发,从实践办案入手,以问题为导向,就管辖衔接等一系列问题边行边试,提出解决方案,优化制度规则,不断深化国家监察体制改革,将国家监察的制度优势转化为反腐败的治理效能,推进国家治理体系和治理能力的现代化。

第二章
监察与司法的证据衔接

本章导读：

  《监察法》对监察证据在刑事诉讼中可以作为证据使用的规定确立了监察证据进入刑事诉讼的证据资格，卸去了司法机关对监察证据再次收集的取证负担。但进入刑事诉讼后的监察证据仍然要接受证据能力和证明力两个方面的审查才能作为最终定案的根据。对监察证据证据能力的审查主要适用非法证据排除规则、不可靠证据排除规则以及瑕疵证据排除规则；对监察证据证明力方面的审查主要以《监察法》及其实施条例中具体的取证程序为依托，结合最高人民法院司法解释中对各类法定证据的审查判断标准展开，同时应将口供补强规则"置入"监察取证阶段。

  国家监察体制改革后，既往对涉嫌职务犯罪案件的检察侦查由监察调查代替。职务犯罪侦查职能的"转隶"深化了监察调查活动的专业化和反腐败工作的集中化，但也为监察办案与刑事诉讼的衔接带来了诸多课题，其中就包括证据的衔接与适用。如果说证据是诉讼的灵魂，那么监察证据就是贯穿职务犯罪案件监察调查与司法办案的灵魂。如何准确认定监察机关收集的证据材料在刑事诉讼中的地位和性质,如何在刑事诉讼中对监察证据进行审查判断,建立并完善相关的配套保障机制,是"两法"衔接中需要重点研究的问题。

一、刑事诉讼中监察证据的资格认定

证据资格是监察证据进入刑事诉讼所面临的第一道门槛。传统刑事诉讼法学研究往往是将监察证据视为行政机关收集的证据,将其纳入行刑衔接程序中的证据转换问题加以研究。随着国家监察体制改革的深入推进,监察程序的独立性、监察证据的独特性需要我们重新审视上述研究思路的合理性。为此,本部分主要从监察证据资格认定的历史发展、"可以作为证据使用"的内涵解读以及监察证据转化的形式三个方面展开讨论。

(一)刑事诉讼中监察证据资格认定的历史发展

监察机关在执法办案中收集的证据能否在刑事诉讼中作为证据使用,涉及监察证据在刑事诉讼中的证据资格问题。立法机关早在2012年《刑事诉讼法》第二次修改时就曾作出回应,2012年《刑事诉讼法》第52条第2款规定:"行政机关在行政执法和查办案件过程中收集的物证、书证、视听资料、电子数据等证据材料,在刑事诉讼中可以作为证据使用。"参与当时立法的全国人大法工委的同志在对规定解读时指出:条文中的"查办案件"是指依法调查、处理行政违法、违纪案件。如工商部门查办侵犯知识产权案件,行政监察机关查办行政违纪案件等。[1]可见,立法者认为,当时的监察机关属于行政机

---

[1] 参见郎胜主编:《中华人民共和国刑事诉讼法修改与适用》,新华出版社2012年版,第120页。

关,所办理的违法、违纪案件都属于条文中的"查办案件"。简言之,立法将当时行政监察机关的纪检执纪视为"查办案件",从而赋予了监察办案中收集的物证、书证、视听资料、电子数据等证据材料进入刑事诉讼的证据资格。然而,随着国家监察体制改革的深入推进,监察机关的性质和职能发生了深刻变化,上述条文已无法准确涵盖和释明监察证据在刑事诉讼中的定位。

首先,监察机关的性质发生了重大变化。2018年全国人大通过的《监察法》第3条规定:"各级监察委员会是行使国家监察职能的专责机关,依照本法对所有行使公权力的公职人员(以下称公职人员)进行监察,调查职务违法和职务犯罪,开展廉政建设和反腐败工作,维护宪法和法律的尊严。"该条被认为是立法对监察委员会性质和职能的定位。由中央纪委和国家监委两部门法规室编写的《〈中华人民共和国监察法〉释义》一书对上述条文作出的解释是,"监察委员会作为行使国家监察职能的专责机关,与党的纪律检查机关合署办公,从而实现党对国家监察工作的领导,是实现党和国家自我监督的政治机关,不是行政机关、司法机关。"[1]该释义明确了在国家的权力架构下,监察机关既不是行政机关,也不是司法机关,而是与行政机关和司法机关平行站位的国家机关。对此可以佐证的是,《监察法》第4条第1款和第2款规定:"监察委员会依照法律规定独立行使监察权,不受行政机关、社会团体和个人的干涉。监察机关办理职务违法和职务犯罪案件,应当与审判机关、检察机关、执法部门互相配合,互相制约。"根据该条规定,监察机关行使职权首先独立于行政机关,同时又与检察院、法院两大司法机关互不隶属,彼此分离,由此

---

[1] 中共中央纪律检查委员会法规室、中华人民共和国国家监察委员会法规室编写:《〈中华人民共和国监察法〉释义》,中国方正出版社2018年版,第62页。

才会有多机关之间互相配合、互相制约的可能。如果说以往的监察机关是各级政府内设的具有部门属性的一类行政机关,那么现在的监察机关则转变为独立于行政机关、司法机关之外的新型机关,是实现党和国家自我监督的政治机关。故 2012 年《刑事诉讼法》第 52 条第 2 款(现行《刑事诉讼法》第 54 条第 2 款——引者注)中表述的"行政机关"已难以准确表述现在的监察机关。

其次,监察机关的职能有了进一步扩展。监察机关性质的转变扩大了监察权的行使范围。根据《监察法》第 3 条的规定,新的监察机关不仅能对所有行使公权力的公职人员进行监察,而且有权调查职务违法和职务犯罪,开展廉政建设和反腐败工作。较之以前的行政监察,新的监察机关的职能已扩展到了对职务犯罪的调查与处置,可以对所有行使公权力的公职人员进行党纪、政纪和法纪全方位的监察。这显然是 2012 年《刑事诉讼法》第 52 条第 2 款中"查办案件"的内涵和外延难以涵盖的。

总之,由于监察机关性质和职能的重要变化,新时代监察机关在执法办案中,尤其是在职务犯罪的监察调查环节中所收集的证据材料已难以用旧有刑事诉讼法的条文去规范。新的监察证据是否具有进入刑事诉讼的证据资格,急需法律作出新的规定。2018 年全国人大通过的《监察法》第 33 条第 1 款对此做出回应:"监察机关依照本法规定收集的物证、书证、证人证言、被调查人供述和辩解、视听资料、电子数据等证据材料,在刑事诉讼中可以作为证据使用。"以该条款为分析文本,如何理解监察与司法在证据衔接中"可以作为证据使用"的条文意涵和法律效果,以及由此衍生的"可以作为证据使用的范围"等都有必要作出细致的解读。

(二)"两法"衔接中"可以作为证据使用"的意涵解读

无论是 2018 年《刑事诉讼法》第 54 条第 2 款,还是《监察法》第

33条第1款,都规定了行政证据或监察证据在刑事诉讼中可以作为证据使用。如何理解"可以作为证据使用",有必要回归到证据的基本概念,依据《刑事诉讼法》第50条的规定作出规范性解读。从条文结构看,第50条共有三款,每款都出现了"证据"一词,但三处的内涵并不相同。本书作者曾撰文作出解释:第一,"可以用于证明案件事实的材料,都是证据。"此处的"证据"强调证据的内容,反映出证据"证明案件事实"的功能及其与案件事实的关联性特质,这些都是证据的本质的自然属性。第二,"证据包括:(一)物证;(二)书证;(三)证人证言;(四)被害人陈述;(五)犯罪嫌疑人、被告人供述和辩解;(六)鉴定意见;(七)勘验、检查、辨认、侦查实验等笔录;(八)视听资料、电子数据"。这里的"证据"强调的是证据的形式,反映了证据在诉讼中的表现样态和具体规格。有些材料虽然具有证明性和关联性,但如果不能归属为某一法定证据种类或符合某类证据的规格要求则不能称为"证据",这是证据的形式要件,体现了证据的法律属性。第三,"证据必须经过查证属实,才能作为定案的根据。"该款中的"证据"兼具证据自然属性和法律属性,是证据内容与形式的有机统一。[1] 简言之,"证据的形式如不包含反映与案件有关的事实,那就徒具形式,什么都不能证明;反之,如果事实材料不依附于一定的证据形式,就无法存在并进入诉讼轨道成为裁判的依据"。[2] 根据上述分析,《监察法》中规定的监察机关收集的各种证据材料"在刑事诉讼中可以作为证据使用"中的"证据"应对标《刑事诉讼法》第50条第3款中的"证据",即可以用于证明案件事实,且符合法定形式的证据。但它们仍然要在刑事诉讼中经过"查证属实"才能作为最后定

---

[1] 参见董坤:《证据、定案的根据:论刑事证据的概念——对〈刑事诉讼法〉第48条的解释》,载《西南民族大学学报(人文社会科学版)》2015年第12期。
[2] 张建伟:《刑事诉讼法通义》(第二版),北京大学出版社2016年版,第241页。

案的根据。"查证属实"是指需要经过证据能力和证明力的双重审查,前者主要解决的是证据的合法性、规范性的问题,如根据《刑事诉讼法》第56条规定待查证的监察证据被认定为非法证据,将被视为不具有证据能力,予以排除;后者主要解决的是证据的可靠性、真实性的问题,要经过法定的证据调查程序,如证人出庭应当接受质证,实物证据原则上应以原物、原件的形式出示、宣读,让对方辨认、确认等,如果监察证据经过调查发现是虚假不可信的,则将不能作为定案的依据。对上述分析可以形成印证的是,全国人大出台的法律释义也作出类似说明:"'可以作为证据使用',是指这些证据具有进入刑事诉讼的资格,不需要刑事侦查机关再次履行取证手续。需要指出的是,这些证据能否作为定案的根据,还需要根据刑事诉讼法的其他规定进行审查判断。如果经审查属于应当排除的或者不真实的,不能作为定案的根据。"[1]

综上,监察证据在刑事诉讼中"可以作为证据使用"本质上指的是监察证据具有直接进入刑事诉讼的证据资格,包括三层含义:一是具备刑事诉讼证据资格的前提是监察证据须与案件事实有关,对案件事实有证明功能,且符合法定的证据形式,即属法定证据种类;二是不需要侦查机关再次履行取证手续;三是进入刑事诉讼后仍需要接受证据能力和证明力两个方面的审查才能最终作为定案的根据。

(三)证据形式的转换和认定

在理清了"两法"衔接中监察证据的刑事证据资格后,需要进

---

[1] 中共中央纪律检查委员会法规室、中华人民共和国国家监察委员会法规室编写:《〈中华人民共和国监察法〉释义》,中国方正出版社2018年版,第168页。还可参见李寿伟主编:《中华人民共和国刑事诉讼法解读》,中国法制出版社2018年版,第131页。

一步讨论的是监察证据的种类形式问题。根据《监察法》第33条的规定,监察证据的法定种类至少有物证、书证、证人证言、被调查人供述和辩解、视听资料、电子数据。在罗列了这些证据种类后,第33条以"等证据材料"煞尾,意味着除此以外还有其他证据类型。结合条文规定,可对有关监察与司法衔接中证据种类的认定和转换作进一步分析。

首先,《监察法》中规定的物证、书证、证人证言、视听资料、电子数据和《刑事诉讼法》中的各类法定证据在形式上可一一对应,不需要在"两法"衔接中再作出证据形式的转换,但是"被调查人供述和辩解"却没有直接对应的刑事证据类型。虽然《监察法》已经明确了"被调查人供述和辩解"进入刑事诉讼程序的证据资格,但是其并非法定的刑事证据种类,是否需要再行转换以及转换为何种刑事证据直接关系到后续对证据审查判断的方式方法。本书认为,"被调查人供述和辩解"在刑事诉讼证明活动中可视为"犯罪嫌疑人、被告人供述和辩解",并以此为基准接受审查判断。因为,监察机关对于被调查人讯问的各种手段方式、适用的各种法定程序与刑事诉讼中的侦查讯问并无二致,而且被调查人在进入刑事诉讼后即被称为犯罪嫌疑人、被告人,此前的供述和辩解均为同一人所为。综上,基于法秩序统一原理下不同法律之间内在的协调性与一致性,以及案件在监察与司法中的同一性,案件中的被调查人与被追诉人同一,被调查人的供述和辩解与侦查中收集的犯罪嫌疑人的供述和辩解并无实质性差别,其在证据的审查判断过程中可以按照犯罪嫌疑人、被告人的供述和辩解对待。

其次,如何认定《监察法》第33条中"等证据材料"的范围和边界?对此可以比照《刑事诉讼法》第50条第2款,赋予办案机关在监察程序中收集的鉴定意见,勘验、检查等笔录相应的刑事诉讼证据资格。毕竟,鉴定、勘验、检查在《监察法》第 26、27 条中都有规定,是监察调查中法定的取证行为,据此收集的证据材料在《刑事诉讼法》中也有对应的证据种类,可以在刑事诉讼中作为证据使用。

除此以外,由于辨认、调查实验在《监察法》中没有明确规定,其是否属于取证行为并不明确。但考虑到以往检察机关在侦查职务犯罪案件时可以根据需要组织辨认,开展侦查实验,并将辨认、侦查实验笔录作为证据使用的情形,以及《监察法》规定的监察机关在收集、固定、审查、运用证据时应当与刑事审判关于证据的要求和标准相一致的精神,如果监察机关在调查职务犯罪案件时为查清案件事实,采取调查实验、组织辨认的,所形成的笔录也应视为监察证据。因此,从实践和规范两个层面看,监察办案中形成的辨认、调查实验笔录可归入"等证据材料"的范围,并被赋予进入刑事诉讼的证据资格。值得注意的是,2021 年 3 月最高人民法院修订实施的《刑事诉讼法解释》第 105 条就规定,如果辨认不是在调查人员主持下进行的,辨认笔录不得作为定案的根据。可见,至少司法解释也认可监察办案中形成的辨认笔录具有进入刑事诉讼的证据资格,只是对其后续的审查仍需严格把关。未来,则有必要通过监察规范或相关司法解释进一步明确监察办案中辨认、调查实验的相关程序,确保辨认、调查实验笔录的监察证据属性以及其进入刑事诉讼中的证据资格。值得注意的是,2021 年 9 月 20 日国家监察委员会发布并实施的《监察法实施条例》在第四章"监察权限"的第 11 节"勘验检查"中除就勘验和检查手段进行规定外,还专门就调查实验[1]和辨认[2]的相关适用规则和操作程序作出规定,这就与目前的司法解释形成了有效呼应和规范衔接。

二、对监察证据证据能力审查的程序衔接

基于对实定法的规范分析,监察证据具有进入刑事诉讼的证据资格,但仍需接受证据能力和证明力两个方面的审查。其中对证据

---

[1] 《监察法实施条例》第140条:"为查明案情,在必要的时候,经审批可以依法进行调查实验。调查实验,可以聘请有关专业人员参加,也可以要求被调查人、被害人、证人参加。进行调查实验,应当全程同步录音录像,制作调查实验笔录,由参加实验的人签名。进行调查实验,禁止一切足以造成危险、侮辱人格的行为。"

[2] 《监察法实施条例》第141条:"调查人员在必要时,可以依法让被害人、证人和被调查人对与违法犯罪有关的物品、文件、尸体或者场所进行辨认;也可以让被害人、证人对被调查人进行辨认,或者让被调查人对涉案人员进行辨认。辨认工作应当由二名以上调查人员主持进行。在辨认前,应当向辨认人详细询问辨认对象的具体特征,避免辨认人见到辨认对象,并告知辨认人作虚假辨认应当承担的法律责任。几名辨认人对同一辨认对象进行辨认时,应当由辨认人个别进行。辨认应当形成笔录,并由调查人员、辨认人签名。"第142条:"辨认人员时,被辨认的人数不得少于七人,照片不得少于十张。辨认人不愿公开进行辨认时,应当在不暴露辨认人的情况下进行辨认,并为其保守秘密。"第143条:"组织辨认物品时一般应当辨认实物。被辨认的物品系名贵字画等贵重物品或者存在不便搬运情况的,可以对实物照片进行辨认。辨认人进行辨认时,应当在辨认出的实物照片与附纸骑缝上捺指印予以确认,在附纸上写明该实物涉案情况并签名、捺指印。辨认物品时,同类物品不得少于五件,照片不得少于五张。对于难以找到相似物品的特定物,可以将该物品照片交由辨认人进行确认后,在照片与附纸骑缝上捺指印,在附纸上写明该物品涉案情况并签名、捺指印。在辨认人确认前,应当向其详细询问物品的具体特征,并对确认过程和结果形成笔录。"第144条:"辨认笔录具有下列情形之一的,不得作为认定案件的依据:(一)辨认开始前即使辨认人见到辨认对象的;(二)辨认活动没有个别进行的;(三)辨认对象没有混杂在具有类似特征的其他对象中,或者供辨认的对象数量不符合规定的,但特定辨认对象除外;(四)辨认中给辨认人明显暗示或者明显有指认嫌疑的;(五)辨认不是在调查人员主持下进行的;(六)违反有关规定,不能确定辨认笔录真实性的其他情形。辨认笔录存在其他瑕疵的,应当结合全案证据审查其真实性和关联性,作出综合判断。"

能力的审查主要适用的是证据排除规则。通过对我国法律和司法解释等规范性文件的梳理,涉及证据能力的证据规则可分为三大类:非法证据排除规则、不可靠证据排除规则以及瑕疵证据排除规则。对于监察证据的证据能力审查也主要是从这三个证据排除规则着手展开。

(一)非法证据排除规则对监察证据的适用

《监察法》第 33 条第 3 款确认了监察程序中要适用非法证据排除规则。根据前述分析,监察证据进入刑事诉讼后也要接受非法证据排除规则的检验。我国《刑事诉讼法》第 56 条第 1 款规定了可能成为非法证据的证据种类,包括犯罪嫌疑人、被告人供述,证人证言,被害人陈述,物证,书证共五种。其中,采用刑讯逼供等非法方法收集的犯罪嫌疑人、被告人供述和采用暴力、威胁等非法方法收集的证人证言、被害人陈述,是非法证据排除规则适用的重点。何为"刑讯逼供""暴力""威胁"以及"等非法方法",2017 年"两高三部"联合出台的《关于办理刑事案件严格排除非法证据若干问题的规定》(以下简称《严格排非规定》)曾作出部分解释。《监察法》第 40 条第 2 款规定:"严禁以威胁、引诱、欺骗及其他非法方式收集证据,严禁侮辱、打骂、虐待、体罚或者变相体罚被调查人和涉案人员。"该条中以"威胁""其他非法方式"收集的供述可以比照《严格排非规定》的第 3 条"威胁型供述"、第 4 条"非法拘禁型供述"、第 5 条"重复性供述"适用相同的审查标准,作出是否排除的判断。至于"刑讯逼供"在监察取证中的认定以及在"两法"衔接中对"排非规则"的配套保障机制则有必要再做细致分析。

1. 非法证据排除规则的适用范围

《监察法》并没有明确规定刑讯逼供行为,而是规定了禁止采用

"侮辱、打骂、虐待、体罚或者变相体罚"等方式收集证据。那么,涉及对此类行为的认定,可否比照《刑事诉讼法》中的"刑讯逼供""暴力取证"行为,对收集的供述或证言加以排除呢?

如果从形式解释的路径出发,可能要作出否定回答。因为根据《刑法》第247条有关刑讯逼供罪的规定,该罪的行为主体必须是司法工作人员。而司法工作人员的范围在《刑法》第94条有明确规定,是指有侦查、检察、审判、监管职责的工作人员,并不包括监察人员。所以,监察人员不可能对被调查人"刑讯逼供"。而且,《监察法》通篇也未出现"刑讯逼供"一词,足见立法者刻意回避了监察人员"刑讯逼供"的情形。既然监察人员不可能"刑讯逼供",自然无所谓有由刑讯逼取的供述会被排除的问题。同样的情形也出现在《刑法》第247条暴力取证罪中,因为该罪的行为主体也为司法工作人员,行为对象为证人、被害人等。既然监察人员不属于司法工作人员,不可能对监察调查中的其他涉案人员"暴力取证",也不存在暴力获取的证言或陈述被排除的问题。

然而,上述形式解释的逻辑过于简单机械。首先,程序法层面的刑讯逼供行为与实体法上的刑讯逼供罪并不相同。除了行为的危害程度不同,在程序法层面,特别是在证据排除层面,对取证行为的否定性评价主要关注手段方法的违法性,至于行为主体并没有过多限制。这一点从《刑事诉讼法》第56条第1款的规定就可以得出。该条仅对取证的非法方法以及对非法收集的供述、证言和被害人陈述直接排除作出规定,并未对非法取证的主体作出明确限定。因此,在程序法上,实施刑讯逼供的行为主体并不排除监察人员。监察人员采用刑讯、暴力手段强迫被调查人或其他涉案人员陈述的,相关证据依然要在刑事诉讼中接受非法证据排除规则的检验。其次,《监察法》虽然并没有明确刑讯逼供一词,但其第 40 条第 2 款中的"侮辱、打骂、虐待、体罚或者变相体罚"实质上就是刑讯、暴力的具体形态。《严格排非规定》第 2 条就曾对刑讯逼供作出过细化,认为刑讯是指"采取殴打、违法使用戒具等暴力方法或者变相肉刑的恶劣手段"。简言之,《严格排非规定》认为刑讯包括肉刑和变相肉刑两种,前者包括殴打、违法使用戒具、电击、火烧、动物撕咬等暴力方法,后者包括长时间的冻、饿、晒、烤、强光照射、强噪音影响以及疲劳审讯等变相肉刑的恶劣手段。比较《监察法》第 40 条第 2 款的规定,"侮辱、打骂、虐待、体罚或者变相体罚"其实就是刑讯、暴力方法的具体表现形式,二者并无实质区别。2021 年 9 月施行的《监察法实施条例》第 65 条就上述分析作出肯定。其直接套用《严格排非规定》,规定对于调查人员采用暴力等非法方法收集的被调查人供述应当依法予以排除。对于暴力方法的解释,就是指采用殴打、违法使用戒具等方式或者变相肉刑的恶劣手段,使人遭受难以忍受的痛苦而违背意愿作出供述。这一规定虽然与《监察法》的条文表述有些差别,但实则明确了监察机关适用非法证据排除规则与刑事诉讼中的标准和要求一致的办案思路。最后,中国政府于 1986 年签署了《联合国反酷刑公约》,即《禁止酷刑和其他残忍、不人道或有辱人格的待遇或处罚公约》,该公约第 1 条所指的"酷刑"是指,为了向某人或第三者取得情报或供状,为了他或第三者所作或涉嫌的行为对他加以处罚,或为了恐吓或威胁他或第三者,或为了基于任何一种歧视的任何理由,蓄意使某人在肉体或精神上遭受剧烈疼痛或痛苦的任何行为,而这种疼痛或痛苦是由公职人员或以官方身份行使职权的其他人所造成或在其唆使、同意或默许下造成的,纯因法律制裁而引起或法律制裁所固有或附带的疼痛或痛苦不包括在内。[1] 有学者指出："本条规定开宗明义地概括了《联合国反酷刑公约》的适用范围，其并没有局限于刑事司法领域，监察法所规定的调查行为完全应当纳入到该公约的适用射程之内。"[2] 而且，该公约第15条[3]明确要求各缔约国确立非法证据排除规则作为对酷刑行为的程序性制裁机制。这种制裁机制当然可以延伸到监察调查领域的诸如侮辱、打骂、虐待、体罚或者变相体罚等违法取证行为。

综上，监察办案人员在监察调查过程中采用侮辱、打骂、虐待、体罚或者变相体罚等方式收集被调查人或其他涉案人员言词材料的，如果在监察程序中被发现，可适用《监察法》第33条第3款的规定，视为以非法方法收集的证据加以排除，不得作为案件处置的依据；如果在刑事诉讼中被发现，经调查核实的，应适用《刑事诉讼法》第56条第1款的规定，视为采用刑讯或暴力方法收集的供述、证人证言，所收集的材料因不具有证据能力或证据资格也应排除。

2. 非法证据排除规则适用的配套保障机制

监察证据要接受非法证据排除规则的有效检验除了要明晰适用的范围边界，还要确保非法证据的审查与认定在监察与司法的衔接中有相应的配套保障机制。在我国刑事诉讼中，非法证据排除规则的配套机制主要有同步录音录像制度和侦查人员出庭说明情况两

---

[1] 参见〔英〕奈杰尔·S.罗德雷：《非自由人的人身权利——国际法中的囚犯待遇》，毕小青、赵宝庆等译，生活·读书·新知三联书店2006年版，第418、419页。
[2] 程雷：《"侦查"定义的修改与监察调查权》，载《国家检察官学院学报》2018年第5期。
[3] 《联合国反酷刑公约》第15条规定："每一缔约国应确保在任何诉讼程序中，不得援引任何业经确定系以酷刑取得的口供为证据，但这类口供可用作对被控施用酷刑者刑讯逼供的证据。"参见〔英〕奈杰尔·S.罗德雷：《非自由人的人身权利——国际法中的囚犯待遇》，毕小青、赵宝庆等译，生活·读书·新知三联书店2006年版，第422页。

种,对应到监察程序之中,同步录音录像对监察调查过程中非法调查取证行为的发现、认定等具有重要意义。监察调查人员出庭说明情况则对调查取证过程的合法性起到底线性的解释说明作用。

(1)同步录音录像制度的适用和完善。

长期以来,究竟该如何认定讯问中同步录音录像的证据属性是学界广为争议的问题。本书认为,讯问录音录像的证据属性具有复合性,要根据其证明对象的不同作出区分。如果录音录像是用来证明讯问过程的合法性,即为证明取证程序合法的材料,可称为过程证据[1]、辅助证据;如果录音录像是以犯罪嫌疑人、被告人陈述的内容来证明案件中涉及定罪量刑的事实的,则为证明实体性事实的材料,可称为实质证据。我国传统的证据法学认为,只有证明案件事实的材料才是证据。所谓的案件事实主要涉及犯罪嫌疑人、被告人定罪量刑的事实,至于证明案件程序性事实的材料其证据"分量"有限,证据属性并不十分明显。另外,从相关的司法解释和规范性文件看,虽然2012年《刑事诉讼法》没有对讯问录音录像的证据功能作出明确规定,但2013年最高人民法院、最高人民检察院、公安部、国家安全部、司法部、全国人大常委会法制工作委员会《关于实施刑事诉讼法若干问题的规定》第19条对讯问录音录像的功能定位曾有过较为深刻的论证。"2012年刑事诉讼法增加规定讯问录音或者录像制度的目的,在于规范侦查讯问行为,防止刑讯逼供,保护犯罪嫌疑人的合法权益,提高办案质量。侦查讯问过程的录音、录像资料,主要是用于真实完整地记录讯问过程,在办案机关对犯罪嫌疑人供述取得的合法性进行调查时证明讯问行为的合法性。……用于证明讯问合法性的录音录像不作为证明案件实体事实的证据,也就不必要每

---

[1] 参见陈瑞华:《论刑事诉讼中的过程证据》,载《法商研究》2015年第1期。

个案件都随案移送。"[1] 2013年，最高人民法院针对地方高院的请示作出了《关于辩护律师能否复制侦查机关讯问录像问题的批复》，并对该批复作出解读："侦查过程的同步录音录像属于侦查人员对犯罪嫌疑人讯问笔录的视听资料载体，对于案件的作用不是证明案件事实本身而是证明讯问过程的合法性。"[2] 通过对既有文献的梳理可以发现，我国的立法和司法较一致地认为讯问录音录像的证据属性主要是一种证明取证过程的材料，主要功能是证明讯问取供的合法性。至于讯问录音录像能否像讯问笔录一样用来证明案件的实体性事实，进而能直接提交法庭，作为定罪量刑的证据，目前的立法和司法机关大多持否定态度[3]，仅有法院制定的规范性文件作出过有限度的承认。例如，《人民法院办理刑事案件排除非法证据规程（试行）》第22条第4项和《人民法院办理刑事案件第一审普通程序法庭调查规程（试行）》第50条第2款都规定，如果对与定罪量刑有关的内容，讯问笔录记载的内容与讯问录音录像存在实质性差异，以讯问录音录像为准。但从具体的条文表述看，唯有当讯问笔录记载的内容与录音录像有实质性差异的前提下，讯问录音录像才具有实质证据的价值。这种有限度的承认仅出现在最高人民法院的规范性文件中，且以"实质性差异"为适用前提，足见讯问录音录像实质性证据的属性并不明显。值得注意的是，2021年最高人民法院在修订《刑事诉讼法解释》时，曾想把上述规定上升为司法解释条文。"刑

---

[1] 全国人民代表大会常务委员会法制工作委员会刑法室编著：《〈关于实施刑事诉讼法若干问题的规定〉解读》，中国法制出版社2013年版，第99页。
[2] 王晓东、康瑛：《〈关于辩护律师能否复制侦查机关讯问录像问题的批复〉的理解与适用》，载《人民司法》2014年第3期。
[3] 参见董坤：《侦查讯问录音录像制度的功能定位及发展路径》，载《法学研究》2015年第6期。

事诉讼法解释(草案)"曾规定"对证人证言、被害人陈述、被告人供述和辩解、勘验、检查笔录等证据材料,可以结合录音录像对笔录进行全面审查。笔录记载的内容与录音录像存在实质性差异,经审查确认录音录像的制作合法规范的,以录音录像为准"。但该规定遭到了其他部门的"抵制",主要原因就是其他部门认为讯问录音录像的主要功能仍是证明取证的合法性,《刑事诉讼法》并未明确将录音录像作为实质性证据。故最终的正式稿删除了草案中的规定。可以预见,在未来较长一段时间内,讯问录音录像仍然是证明取证合法性的重要材料,作为定罪量刑的实体性材料恐难与讯问笔录比肩。

上述分析对于监察讯问中同步录音录像的证据定位具有很强的指导性。《监察法》第41条第2款规定:"调查人员进行讯问以及搜查、查封、扣押等重要取证工作,应当对全过程进行录音录像,留存备查。"言下之意,监察调查环节中,讯问录音录像并不会随案移送到刑事诉讼程序中。监察机关认为讯问录音录像"既是对重要取证工作的规范,也是对调查人员的保护"[1],并不是证明案件定罪量刑的实质证据,因此没有必要随案移送。但是,"检察机关认为需要调取与指控犯罪有关并且需要对证据合法性进行审查的录音录像,可以同监察机关沟通协商后予以调取。"[2]对此,2019年通过的《人民检察院刑事诉讼规则》第263条第2款就作出了与上述分析相同的规定:"对于监察机关移送起诉的案件,认为需要调取有关录音、录像的,可以商监察机关调取。"2021年9月出台实施的《监察法实施条例》第56条第2款也作出相应规定:"人民检察院、人民法院需要调取同步

---

[1] 中共中央纪律检查委员会法规室、中华人民共和国国家监察委员会法规室编写:《〈中华人民共和国监察法〉释义》,中国方正出版社2018年版,第193页。
[2] 中共中央纪律检查委员会法规室、中华人民共和国国家监察委员会法规室编写:《〈中华人民共和国监察法〉释义》,中国方正出版社2018年版,第194页。

录音录像的,监察机关应当予以配合,经审批依法予以提供。"总之,"留存备查""协商调取"与"依法审批提供"体现了监察调查中的讯问录音录像对证据合法性的证明作用,有助于司法机关对监察证据的证据能力进行审查判断。未来有必要通过规范性文件进一步明确检察院、法院在证据的审查判断过程中对监察证据材料的合法性有疑问的,可以调取录音录像。对于调取的录音录像可以在法庭上有针对性地播放。对于辩护方对监察证据合法性有疑问的,经向检察院、法院提出后,经审查认为有必要的,也可协商调取录音录像材料,确保监察证据材料取得的合法规范。令人欣慰的是,上述建议在新修订的2021年《刑事诉讼法解释》中已经有了原则性的规定,例如,第74条规定:"依法应当对讯问过程录音录像的案件,相关录音录像未随案移送的,必要时,人民法院可以通知人民检察院在指定时间内移送。"第54条规定:"对作为证据材料向人民法院移送的讯问录音录像,辩护律师申请查阅的,人民法院应当准许。"根据制定解释的起草小组的解读,其中作为证据材料向法院移送的讯问录音录像,既包括侦查讯问中的录音录像,也包括监察调查过程中的讯问录音录像。[1] 下一步对于这些原则性规定有必要再行细化和规范,做好监察、起诉与审判在讯问录音录像调取、移送上的衔接。

(2)监察人员出庭说明情况的落实与规范。

《刑事诉讼法》第59条规定,在法庭调查过程中,需要对证据收集的合法性加以证明的,可以由侦查人员或其他人员出庭说明情况。至于出庭的启动方式,可以是检察机关向法院提出申请,也可以是法院依职权通知,还可以是上述人员主动向法院提出要求。可以说,第

---

[1] 参见《刑事诉讼法解释》起草小组:《〈关于适用刑事诉讼法的解释〉的理解与适用》,载《人民司法》2021年第7期。

59条规定的由侦查人员或其他人员出庭说明情况是检察机关证明取证合法性的一种重要的举证手段。

众所周知,侦查人员是侦查中的取证主体,是取证过程的亲历者,对于取证活动最为了解。在检察机关举证过程中,当出示讯问笔录、提讯登记、体检记录、采取强制措施或者侦查措施的法律文书、侦查终结前对讯问合法性的核查材料等证据材料,有针对性地播放讯问录音录像等举证手段已经穷尽,仍不能对证据收集的合法性加以证明的,便可由侦查人员或其他人员出庭说明情况。随着国家监察体制改革的深入推进以及《监察法》的出台,职务犯罪案件由检察机关转为监察机关办理,这就出现了对监察证据收集的合法性加以举证时可否由监察人员出庭说明情况的新问题。无论是新出台的《监察法》还是修订后的《刑事诉讼法》都没有做出明确规定。有学者认为,监察人员与侦查人员性质相同,都是证据的收集者。"在普通案件中,证据收集者是侦查人员,在职务犯罪案件中,证据收集者就是监察机关的调查人员。在现有的规定下,可以将调查人员归于《刑事诉讼法》第 57 条(现为第 59 条——引者注)中的'其他人员'一类。"[1]这种思路固然值得赞赏,但其实,无论是监察人员、侦查人员还是行政执法人员,如果监察证据、侦查证据以及行政证据需要在刑事诉讼中接受审查判断,在对证据能力进行审查时,由法律或司法解释直接明确由收集证据的人员出庭说明情况,证明取证过程的合法性不仅无可非议且实属必要。值得注意的是,2021 年 3 月修订实施的《刑事诉讼法解释》第 130 条、第 135 条、第 136 条已经规定在庭前会议、正式庭审中,可以由监察人员出庭说明情况,证明在职务犯罪

---

[1] 杨宇冠:《监察法与刑事诉讼法衔接问题研究》,中国政法大学出版社 2018 年版,第 142 页。

案件的办理过程中监察调查取证活动的合法规范。之后2021年9月出台实施的《监察法实施条例》第229条第2款也作出规定:"人民法院在审判过程中就证据收集合法性问题要求有关调查人员出庭说明情况时,监察机关应当依法予以配合。"

另外,通知监察人员出庭说明情况,仍然要坚持必要性原则,即其他举证手段已经穷尽,仍不能证明取证过程合法性的,可以通知监察人员出庭说明情况。通知的方式主要有三种:检察机关提请法院通知,法院依职权通知,辩护方向法院提出申请获得准许后通知。此外,监察人员也可以主动向法院要求出庭说明情况。《刑事诉讼法》第59条规定,监察人员出庭也只是对证据的合法性"说明情况",并不是出庭作证。出庭的监察人员不具有证人身份,不适用证人的一系列规则。简言之,如果监察人员经通知不出庭,不会被要求强制出庭,也不会因作虚假陈述承担伪证罪的刑事责任。当然其也不享有一系列的证人因出庭作证受保护和经济补偿等权利。最后,对于监察人员出庭,法庭的调查规则可以参照适用《严格排非规定》第31条第3款规定[1],即监察人员出庭应当向法庭说明证据收集过程,并就相关情况接受发问。对发问方式不当或者内容与证据收集的合法性无关的,法庭应当制止。

(二)不可靠证据排除规则与瑕疵证据排除规则对监察证据的适用

除了非法证据排除规则外,我国还针对证据的证据能力创设了不可靠证据排除规则。该规则是为了避免伪造证据、虚假证据的出

---

[1] 《严格排非规定》第31条第3款:"侦查人员或者其他人员出庭,应当向法庭说明证据收集过程,并就相关情况接受发问。对发问方式不当或者内容与证据收集的合法性无关的,法庭应当制止。"

现引发司法人员对案件事实的误判而设定,本质上是将那些证明力明显低下、虚假不可信的证据视为无证据能力直接加以排除。诚如我国台湾学者李学灯教授所言:"证据容许性之各种法则,除因其他外部之政策而发生者外,迹其渊源,甚多由于防止不可信之危险。换言之,即原由证据力之问题而转为证据能力之限制。"[1]目前,不可靠证据排除规则主要规定在《刑事诉讼法解释》第四章"证据"章中第二节至第八节的"不得作为证据使用"或"不得作为定案的根据"相关条款(简称"证据不予认定条款")。按照当时的思路,"证据不予认定条款"中规定的这些证据材料由于本身的特点导致其具有极大的虚假可能性,法律便索性釜底抽薪地否定了其作为证据的资格。[2]换言之,虽然证据的可靠性、可信度属于证据证明力审查判断的范畴,但规范的制定者人为地将证据证明力这一心证判断的事实问题转化为规范判断的内容,可谓是证明力向证据能力"转化"的一类排除规则。有研究者将其称为"证据的客观性保障规则"[3]或"基本要素欠缺"[4]的证据能力规则。本书作者曾撰文对此进行过分析,借鉴上述学者的观点,结合该类排除规则的基本内涵,本书将其称为"不可靠证据排除规则"[5]。

除此以外,不同于大陆法系国家对证据的证据能力或有或无式的二元化规定,我国还创造性地提出"瑕疵证据"的概念。这一概念最先出现在2010年"两高三部"联合出台的《关于办理死刑案件审查判断证据若干问题的规定》,之后又在《刑事诉讼法解释》"证据不予

---

[1] 李学灯:《证据法比较研究》,五南图书出版公司1992年版,第467页。
[2] 参见张军主编:《刑事证据规则理解与适用》,法律出版社2010年版,第51页。
[3] 纵博、马静华:《论证据客观性保障规则》,载《山东大学学报(哲学社会科学版)》2013年第4期。
[4] 龙宗智:《两个证据规定的规范与执行若干问题研究》,载《中国法学》2010年第6期。
[5] 董坤:《中国化证据排除规则的范性梳理与反思》,载《政法论坛》2018年第2期。

认定条款"中规定并沿袭至今。简单来说，瑕疵证据既不是无证据能力的证据，也不是有证据能力的证据，而是处于一种暂时的中间状态，类似于"证据能力待定"的情形。如果办案机关能够对瑕疵证据合理解释或有效补正，瑕疵证据即可转化为有证据能力的证据，然后再进入证明力的审查环节。反之，如果解释或补正不能，瑕疵证据最终会滑向无证据能力的状态，面临被排除的风险。这便是我国围绕证据的证据能力创设的第三类证据排除规则——瑕疵证据排除规则。相较于非法证据排除规则和不可靠证据排除规则，该规则并不专注于取证活动对公民基本权益的侵害以及对证据本身虚假性的严重影响，而是关注取证行为本身在程序上的不规范或技术上的小瑕疵。一般而言，瑕疵证据中的"瑕疵"主要涉及两个方面：一是取证程序上的瑕疵，如询问证人的地点不符合规定，这多属技术性、细节性的问题，违法性并不严重，往往并没有侵犯到当事人的基本权益；二是证据本身在规格上有瑕疵，特指证据在形式要件上的遗漏或不完整等。例如，勘验笔录上遗漏了侦查人员的签名或扣押清单上对物品的名称、特征等注明不详，并未实质影响到证据的可靠性、真实性。正是基于上述特点，司法解释等规范性文件对瑕疵证据给予了可补正或作出合理解释的补救机会，也可视为裁量性排除规则的"变通版本"，但根本目的还是纠正取证中的一些不规范、不严谨的细节性、技术性问题，引导侦查、监察取证更加合法、规范。

无论是不可靠证据排除规则还是瑕疵证据排除规则，都涉及对证据的证据能力的审查。作为进入刑事诉讼的监察证据自然也须接受两类证据排除规则的检验，适用的依据是《刑事诉讼法解释》"证据不予认定条款"的相关规定。具言之，不可靠证据排除规则散见于

《刑事诉讼法解释》"证据"章的第二节至第八节各类法定证据的审查与认定的条款中,主要以"不得作为证据使用"或"不得作为定案的根据"的形式要求强制排除。涉及瑕疵证据排除规则的条款也同样出现在上述章节中,主要以"经补正或者作出合理解释的,可以采用"的形式允许补正或解释后的裁量排除。两类证据排除规则与我国的非法证据排除规则共同构成了中国刑事司法中涉及证据能力问题的证据排除规则(参见图六)。总之,在对进入刑事诉讼的监察证据进行证据能力审查时,上述提及的三大类证据排除规则都应适用,其中的不可靠证据排除规则与瑕疵证据排除规则主要依据《刑事诉讼法解释》的相关条文作出判断。当然,2021年出台的《监察法实

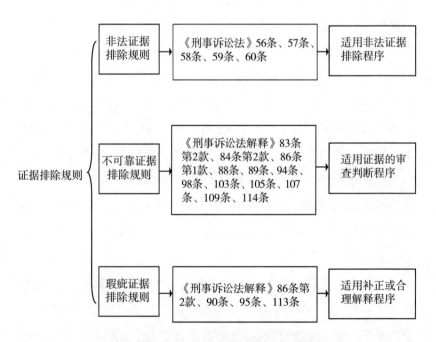

图六 涉及证据能力的证据排除规则规范梳理

施条例》第 144 条[1]也对辨认笔录证据能力的审查判断作出了规定,但对于其他证据类型的证据能力审查判断标准则付之阙如,故在以审判为中心的诉讼制度改革背景下,监察机关的取证规范和证据认定标准还是应对标《刑事诉讼法解释》的相关规定。

三、对监察证据证明力审查的程序衔接

在刑事诉讼中,刑事证据需经过证据能力和证明力两道审查门槛,进入刑事诉讼中的监察证据自然也是如此,其要成为定案的根据,除了要接受证据能力的审查,还要接受证明力的判断。一般认为,法律对证据的证明力有无和大小事先不做规定,而是委诸裁判者根据其理性、经验和良心,结合案件情况自由判断,此即自由心证。但与此同时,基于对口供证明力的重视和口供不稳定性的实践表现,在自由心证证明模式下,同样也存在诸如口供补强规则这种针对证明力的规则设置。在监察与司法的衔接中,对监察证据证明力的判断也要遵循自由心证法则,但除此以外,还需在监察取证和口供补强规则的应用上做好协调衔接。

(一)"对标"刑事取证程序制定监察取证规范

科学规范的监察取证能够确保证据来源明确、清晰,在收集过程中不会被污染、变造或篡改,这对于强化法官对证据可靠性的确信具

---

[1]《监察法实施条例》第 144 条:辨认笔录具有下列情形之一的,不得作为认定案件的依据:(一)辨认开始前使辨认人见到辨认对象的;(二)辨认活动没有个别进行的;(三)辨认对象没有混杂在具有类似特征的其他对象中,或者供辨认的对象数量不符合规定的,但特定辨认对象除外;(四)辨认中给辨认人明显暗示或者明显有指认嫌疑的;(五)辨认不是在调查人员主持下进行的;(六)违反有关规定,不能确定辨认笔录真实性的其他情形。辨认笔录存在其他瑕疵的,应当结合全案证据审查其真实性和关联性,作出综合判断。

有重要影响。因此,要提升监察证据的证明力,须进一步规范监察取证。

如何进一步规范监察取证,可遵循的法律依据是《监察法》第33条第2款,即"监察机关在收集、固定、审查、运用证据时,应当与刑事审判关于证据的要求和标准相一致。"《〈中华人民共和国监察法〉释义》对该条的解释是:"刑事审判关于证据的要求和标准有严格、细致的规定,监察机关收集的证据材料在刑事诉讼中作为证据使用,必须要与其衔接、相一致。刑事审判关于证据的要求和标准,《中华人民共和国刑事诉讼法》总则第五章和最高人民法院2012年公布的《关于适用〈中华人民共和国刑事诉讼法〉的解释》第四章,作了详细的规定,比如证据的种类、收集证据的程序、各类证据审查与认定的具体要求等。"[1]据此,规范监察取证需根据刑事审判对于证据的要求和标准不断"校准"和"形塑"监察取证行为,至于具体的"对标"内容,主要是刑事诉讼中的侦查取证程序。

比较《监察法》与《刑事诉讼法》中的取证手段和方法,类型基本一致。例如,《监察法》第20条讯问,第21条询问,第23条查询、冻结,第24条搜查,第25条调取、查封和扣押,第26条勘验检查,第27条鉴定,第28条技术调查等监察取证的手段和方法在《刑事诉讼法》中都有对应。相较而言,《监察法》规定的各个具体的取证程序较为"粗糙",但由于这些取证手段的规范性还要接受刑事审判关于证据的要求和标准的"检验",相关的证据要求和标准显然依据的是刑事诉讼中的取证程序,这就意味着监察机关的取证在一定程度上还要参照《刑事诉讼法》中有关讯问、询问、查询、冻结、搜查、调取、查封、

---

[1] 中共中央纪律检查委员会法规室、中华人民共和国国家监察委员会法规室编写:《〈中华人民共和国监察法〉释义》,中国方正出版社2018年版,第169页。

扣押、勘验、检查、鉴定等取证手段的程序性规定。通过进一步比较会发现，监察取证中一些具体的手段行为还存在"有名无实"的情况，即仅规定了取证方式，至于如何运用，《监察法》未再明确。例如，第21条规定："在调查过程中，监察机关可以询问证人等人员。"至于询问主体的身份、人数，询问的地点，询问的程序以及相关的注意事项、禁止性规定等，《监察法》均未规定。实践中，监察办案人员要想使收集到的证据符合审判的证据要求，只能去参照《刑事诉讼法》以及相关司法解释展开询问。类似的情形在《监察法》中多有出现。

鉴于目前监察取证的程序性规范存在不足，为了规范监察取证，进一步提升监察证据在刑事诉讼中的证明力价值，本书作者曾提出过"两步走"的应对预案：第一步是在既有法律规范下，明确监察取证既要遵循《监察法》规定的取证程序，对于《监察法》没有规定或规定不足的，还要"对标"《刑事诉讼法》中的相应取证程序，从严把握，确保职务犯罪案件中证据的收集符合审判的证据要求和标准；第二步则是考虑由国家监察委员会尽快制定专门的职务类犯罪案件取证规程，细化监察取证手段、方式，明确监察取证标准，以确立严格、规范、统一的监察取证程序。[1] 该预案提出后不久，2021年9月出台的《监察法实施条例》第四章"监察权限"专门在第四节到第十五节中就讯问、询问、留置、查询、冻结、搜查、调取、查封、扣押、勘验检查、调查实验、辨认、鉴定、技术调查、通缉、限制出境等具体的调查措施和手段作出规定，其中不少取证行为都有明确的程序性规定。除了调取和辨认外，这些具体的监察行为的程序性规定基本与《刑事

---

[1] 参见董坤：《监察与司法衔接中的证据问题研究》，载《西南民族大学学报(人文社会科学版)》2021年第7期。

诉讼法》中的规定相同,这就为提高监察取证的规范性奠定了良好的基础。下一步的工作将是围绕这些具体的取证行为,结合监察办案的特点,就实践中出现的新问题、新情况不断提出破解方案,同时总结经验,修订完善相关的程序性规定。

(二)将口供补强规则"置入"监察取证程序

前文已述,证据证明力的有无和大小本属法官自由心证的范畴,但为了限制法官的裁量权,防止法官的心证太过自由,不少国家都建立了一套有关证据证明力的证据规则。我国《刑事诉讼法》第55条第1款就规定了旨在限制口供证明力的口供补强规则。该规则强调,即使法官仅根据被告人的有罪供述就确信了被告人的全部罪行,立法仍将此视为法官对口供的"轻信",法官还要通过口供外的其他证据进一步补强认为被告人有罪的心证。如果仅有被告人供述,没有其他证据的,法官不能对被告人定罪量刑。

作为我国法律规定中少有的证据证明力规则,口供补强规则对监察取证有很强的指导意义。因为职务犯罪案件的隐蔽性强,实物证据少,言词证据多成为定案的主要证据。其中,被调查人的"自述"或供述常常又成为定案的关键。实践中,监察办案人员一旦拿下被调查人有罪供述,有时会轻视对其他证据的收集和调查,忽略对供述内容的核实和印证。不容否认,在职务犯罪案件的调查过程中,被调查人主动供述确实降低了证明难度,但也会带来不小的隐患。如有的被调查人是基于为他人顶罪的目的,主动供述了其并未实施的犯罪;有的被调查人则是通过供述轻微犯罪事实掩盖重大犯罪事实,以达到避重就轻、逃脱罪责的目的。对于这些情形,如果盲目轻信被调查人的供述,不去调查核实,一旦被告人在庭审中翻供,先前认罪供述的可靠性就备受质疑,职务犯罪案件的办理就会陷入被动,更严重的还会产生冤假错案。因此,提升监察证据,尤其是被调查人供述的证明力心证,有必要将口供补强规则提前"置入"监察取证环节,即在监察阶段就对被调查人的供述作好证明力的补强,以满足审判的需要。具体可以考虑两种补强方案:一是通过调查供述外的其他证据,与被调查人供述中的关键事实形成印证,提升供述的可信度;二是通过查找核实供述中的隐蔽性细节或证据,直接强化供述本身的可信性。令人欣慰的是,2021年9月出台的《监察法实施条例》第60条第2款对此作出规定:"只有被调查人陈述或者供述,没有其他证据的,不能认定案件事实;没有被调查人陈述或者供述,证据符合法定标准的,可以认定案件事实。"但考虑到该条文的重要性,未来有必要将其上升到法律层面,在《监察法》中的证据条文部分予以规定,以突出其重要性,同时在《监察法实施条例》这样的具体规范中进一步细化口供补强规则的补强方式和标准,如增加隐蔽性证据补强规则等。

总之,为了提升职务犯罪案件的办案质量,确保被调查人供述的证明力经得起审判的检验,监察取证应向审判看齐,遵循刑事证明中的口供补强规则,以畅通监察与司法衔接中的证据运用。

四、本章结语

本章主要论及的是监察与司法在衔接过程中证据的交接、认定与使用问题。《监察法》第33条第1款规定的监察证据在刑事诉讼法中"可以作为证据使用"本质上指的是监察机关收集的证明被调查人涉嫌职务犯罪的证据具有直接进入刑事司法领域,成为刑事诉讼证据的资格。其具体包含三个层面的意思:一是监察证据必须与职务犯罪有实质性关联,对案件事实有证明功能,且属于法定的证据种类,符合证据的法定形式;二是侦查机关无须再次履行取证手续;三是进入刑事诉讼的监察证据仍需接受证据能力和证明力两个方面的审查才能最终作为定案的根据。

无论是行政机关在行政执法和查办案件中收集的证据,还是监察证据,对它们证据能力的审查主要适用刑事诉讼中的非法证据排除规则、不可靠证据排除规则以及瑕疵证据排除规则。对监察证据证明力方面的审查则主要以《监察法》和《监察法实施条例》中具体的取证程序为依托,结合最高人民法院2021年新修订的《刑事诉讼法解释》对各类法定证据的审查判断标准展开。另外,为了确保监察取证的全面性与规范性,抑制监察取证对口供的过分依赖,应将口供补强规则提前"置入"监察办案程序,更好地引导监察取证。

第三章
监察与司法的案件移送和强制措施衔接
——从《刑事诉讼法》第 170 条切入

本章导读：

  《刑事诉讼法》第 170 条规定了监察与司法的案件移送程序以及有关强制措施的衔接。其中，立案程序的缺失导致强制措施的启动缺乏正当性，不利于当事人的权利保障和诉讼程序运转的自洽。未来，司法解释有必要确立"形式立案"的规定，即以受案代替立案，对监察机关移送的案件不再进行立案前的实质审查，但须明确受案具有开启刑事诉讼程序的功能。在留置与强制措施的衔接上，第 170 条采用了"留置+先行拘留+强制措施"的模式，其中先行拘留具有过渡性，逮捕、取保候审或监视居住才是对接留置的最终措施。但立法对于留置转先行拘留后最终可否不采取任何强制措施缺乏周延规定。同时，立法对强制措施转留置的情形也未置可否，未来应予设计规划。依据案件系属理论，对于审查起诉阶段退回补充调查的情形，系属关系并未消灭，案件仍系属于检察院，处于审查起诉阶段，对犯罪嫌疑人应当继续沿用之前的强制措施，并继续保障辩护人的相关诉讼权利。

如果以 2018 年 10 月《刑事诉讼法》修改为时间节点,可以发现,修法前学界对监察与司法程序衔接问题的研究多以总结地方试点经验,创设衔接机制和协调模式为主线。这些机制模式的理论构想大多是在《监察法》未出台,《刑事诉讼法》未修改的背景下尝试的试点预案。随着法律条文的出台与修订,这些预案除了作为今后再修法的参考外,大多已不具实践可能性。为此,今后较长一段时期的研究有必要进行及时的转向,即从法规范的视角出发,调研掌握相关条文在实践中的施行状况和现实问题,以问题为导向和突破口,通过现象描述和问题破解,诠释条文背后的法理逻辑,助推"纸面上的法"向"行动中的法"的转换。鉴于此,本章将以 2018 年修改后的《刑事诉讼法》第 170 条为分析文本,结合实践中的一些具体问题,就检察机关对监察机关移送案件的审查起诉程序、留置措施与刑事强制措施之间的衔接机制等展开研究,诠释制度机制设计的初衷和应有功能,破解实践中存在的具体问题,细化相关制度机制,为实践操作和相关规范性文件的出台提供理论上的参考。

一、监察案件的移送与受理

(一)程序衔接中立案程序的缺失

早在《监察法》出台、《刑事诉讼法》修改前,就有学者对监察机关办理的职务犯罪案件移送检察机关审查起诉时是否要先行立案作出过讨论。[1] 2018 年 3 月全国人大通过的《监察法》第 45 条第 1 款第 4 项规定:"对涉嫌职务犯罪的,监察机关经调查认为犯罪事实清

---

[1] 参见龙宗智:《监察与司法协调衔接的法规范分析》,载《政治与法律》2018 年第 1 期。

楚,证据确实、充分的,制作起诉意见书,连同案卷材料、证据一并移送人民检察院依法审查、提起公诉。"与此衔接,修改后的《刑事诉讼法》第170条第1款规定:"人民检察院对于监察机关移送起诉的案件,依照本法和监察法的有关规定进行审查。"从上述规定来看,无论是《监察法》还是《刑事诉讼法》都未在具体条文中就监察机关移送的职务犯罪案件作出"检察院立案后依法审查"的表述。这似乎表明监察与检察在程序衔接上不必再经刑事立案程序。由中纪委和国家监委两部门法规室编写的权威读本《〈中华人民共和国监察法〉释义》证实了上述理解,按照其对《监察法》第45条第1款第4项的解读,"对监察机关移送的案件,应由检察机关作为公诉机关直接依法审查、提起公诉,具体工作由现有公诉部门负责,不需要检察机关再进行立案"。[1]

我国传统刑事诉讼承继苏联诉讼阶段论的理念,认为"刑事案件从其开端的时候起直到判决的执行为止是向前运动的,是逐渐发展的"[2]。"这个过程中循序进行、相互连接而又各自相对独立的各个部分,称为'刑事诉讼阶段'。"[3]立案作为刑事诉讼的一个阶段,是刑事诉讼活动发动的起点和必经阶段。但是,诚如前文分析,2018年修改的《刑事诉讼法》在监察与司法程序衔接的过程中,并未以刑事立案作为两套程序衔接的节点或标志,这显然是对我国刑事诉讼程序的一大突破。究其原因,我国《刑事诉讼法》第112条规定公诉案件的立案标准是"认为有犯罪事实需要追究刑事责任"。第211条

---

[1] 中共中央纪律检查委员会法规室、中华人民共和国国家监察委员会法规室编写:《〈中华人民共和国监察法〉释义》,中国方正出版社2018年版,第207页。
[2] [苏联]M. A.切里佐夫:《苏维埃刑事诉讼》,中国人民大学刑法教研室译,法律出版社1955年版,第56页。
[3] 张建伟:《审判中心主义的实质内涵与实现途径》,载《中外法学》2015年第4期。

规定的自诉案件的立案标准是,"犯罪事实清楚,有足够证据"。反观《监察法》第45条第1款第4项的规定,监察机关对涉嫌职务犯罪的案件移送检察院审查时,对案件的认定标准已然达到了"经调查认为犯罪事实清楚,证据确实、充分"的程度。这一标准远远高出刑事立案所要求的事实和证据门槛,在不同标准差异显著的情形下,检察机关再行立案已属多余。毕竟,传统的刑事立案具有过滤不合格案件、程序分流的功能,但对于监察机关如此高的案件移送标准,再进行立案前的审查不仅掣肘了程序衔接的效率,而且也不能实际发挥立案对案件过滤分流的功能。也许正是在这一认识下,《监察法》和《刑事诉讼法》都参照了检察机关受理公安机关移送审查起诉的做法,对起诉的案件仅办理受案手续,立法上不再明确立案阶段。然而,对于上述认识和做法其实仍有可斟酌之处。

(二)程序衔接中立案的多重功能

比较监察案件移送和刑事诉讼立案两者办案标准的差异,虽然能在一定程度上回应"两法"衔接中立案程序缺失的部分质疑。但考虑到刑事立案不仅仅是过滤案件、程序分流这一重功能,直接摒弃立案程序,可能导致立案的其他功能也被一并去除,由此引发监察与司法在程序衔接中出现一些实践性问题。

首先,立案具有限制强制措施或强制侦查手段随意发动的功能。与国外相比,虽然世界上大部分国家的刑事诉讼都没有设立专门的立案程序,但这些国家如果采取强制措施,实施强制侦查手段,则必须在具备法定条件的情况下通过司法审查获得令状后方能展开。反观我国,长久以来,刑事诉讼中"流水线式"的诉讼结构使侦查异化为我国刑事诉讼的实质中心。除了逮捕由检察院审查批准以外,大部分强制措施或手段的发动都缺乏司法审查的程序控制。无论是对人身自由具有剥夺或限制功能的拘留、指定居所监视居住,对物具有强制处分效果的搜查、扣押,还是对隐私权具有干预性质的监听、强制采样等都由侦查机关内部管控,缺乏外部的监督和制约。"我国刑事诉讼法为了有利于对犯罪的打击,没有采用强制侦查法定原则和令状主义,而赋予侦查机关强大的侦查尤其是强制侦查权限,仅以立案程序作约束"[1],通过前置化的立案程序过滤案件,提高刑事案件的准入门槛,抑制侦查追诉的随意发动。换言之,我国的刑事立案实质上已成为办案部门采用强制侦查手段、启动强制措施的法律依据,反之,立案前的初查则不能采取强制性的手段或措施。然而,由于2018年《刑事诉讼法》的修改,监察与司法程序衔接中缺乏了立案节点的标识,对一些强制措施的认定和控制就存在一定的困难。比较典型的是,依据《刑事诉讼法》第170条第2款规定,对于监察机关移送审查起诉的已采取留置措施的案件,人民检察院应当对犯罪嫌疑人先行拘留。此处先行拘留的性质如何认定,实践中就产生了分歧。有同志认为此处的先行拘留就是《刑事诉讼法》在强制措施一章中第82条所规定的符合法定情形下的先行拘留。但也有同志认为,《刑事诉讼法》第170条的先行拘留并不符合第82条规定的适用先行拘留的七种情形。而且,这七种情形只有公安机关才可以决定和执行,检察机关并非都有权实施。考虑到《刑事诉讼法》第170条第2款还规定,人民检察院在对犯罪嫌疑人先行拘留期间决定采取强制措施,该期间不计入审查起诉期限,比照刑事诉讼立案前的"紧急措施",似乎宜将此处的先行拘留剥离出审查起诉阶段,也视为诉讼外、诉讼前的一种"紧急措施"。姑且不论上述观点的是非对错,但类似问题的出现至少暴露出在"两法"衔接中,立案程序的缺失已经

---

[1] 龙宗智:《取证主体合法性若干问题》,载《法学研究》2007年第3期。

给实践中强制措施的运用带来了一定的困惑,乃至引发操作"乱象"。

其次,立案程序是开启当事人权利保障的序幕。就我国而言,刑事立案不仅意味着刑事诉讼的开始,也意味着犯罪事实或追诉对象的初步确定。一旦立案时能够明确追诉对象,那么作为追诉对象的犯罪嫌疑人的身份也随之确立,相关的诉讼权利也由此产生。具言之,无论是学理上所划分出的防御性权利,如申请回避权、辩护权、有权使用本民族的语言文字进行诉讼、有权拒绝回答侦查人员提出的与案件无关的问题等;还是救济性权利,如复议权、控告权、申诉权、申请变更或解除强制措施权等,都会随着犯罪嫌疑人身份的确立而获得,而立案恰恰是犯罪嫌疑人身份确立的起点。反之,如果我国的刑事诉讼中缺乏明确的立案程序,犯罪嫌疑人身份确立的起点便可能产生分歧,基本的诉讼权利也可能面临保障不足或保障不及时的情形。仍以前文谈及的《刑事诉讼法》第170条为例,由于"两法"衔接中缺乏立案这一标志性程序,加之监察调查取代了职务犯罪案件的刑事侦查,监察机关办理的案件直接移送检察机关时,如果被调查人此前被留置,那么当案件移送后辩护律师何时介入在实践中就产生过争议。少数地方的检察院就提出需要留置转逮捕后,才可通知看守所解禁律师会见,允许律师阅卷。换言之,少部分同志认为,依据《刑事诉讼法》第170条的规定,既然留置案件移送到检察院需要先行拘留,而先行拘留期间决定采取何种强制措施的10天或14天不计入审查起诉期限,那么该段时间可视为游离在审查起诉阶段之外的一个独立阶段,案件并未真正进入刑事诉讼,故犯罪嫌疑人的辩护权以及由此衍生的辩护律师的阅卷权、会见权等诉讼权利便无从谈起。对于该观点,可驳斥的理由很多。但如果在修法时明确监察机关移送检察院的案件需要先行立案,便可据此作出有力回应:立案即意味着刑事诉讼的开启,刑事诉讼中不可能出现游离于审查起诉之外的"独立阶段",上述"个人解读"显然违背了我国刑事诉讼阶段论的基本格局,难言自洽。犯罪嫌疑人以及辩护律师在先行拘留期间的相关诉讼权利理应及时全面地予以保障。

再次,立案具有确立诉讼客体,推进诉讼进程的意义。"刑事立案程序所立之案乃侦查与审查起诉的对象,没有案件侦查与审查起诉的基础便不存在了。"[1]与其他国家不同,我国刑事诉讼的立案具有确立刑事诉讼客体——案件的独立功能。先前的事件一旦在立案阶段确立为案件,便会被纳入诉讼轨道,推动刑事诉讼进程不断前行。案件有立就有终,这是刑事诉讼的基本规律。从立案开始,当案件进入刑事诉讼的不同阶段,便会对公安司法机关产生约束作用,办案人员都应当履行相应的诉讼职责,或积极推动案件迈向下一个诉讼阶段,或作出相应的实体或程序处理,终结所立之案。例如,立案后案件进入侦查阶段,侦查人员对于案件的办理推诿拖沓、久侦不决、以罚代刑就会受到检察机关的诉讼监督;再如,案件系属于法院,法官也决不能不为裁决,搁置不理,弃之不顾。可见,立案具有形成案件,推动案件在诉讼中前进,并最终走向结案的源动力效果。然而,"两法"衔接中立案程序的缺失,不仅导致刑事案件何时形成存在争议,而且还使刑事诉讼程序有尾无头,检察机关作出不起诉、法院作出生效裁判而终结案件的正当性因缺乏案件在起初"立"的明确呼应而存在争议。也恰恰是因为在监察与司法程序衔接中刑事案件没有明确的节点环节,实践中曾出现,审查起诉阶段检察机关认为案件需要补充核实退回监察机关,监察机关补充调查期间发现原认定的犯罪事实有重大变化,不应当追究刑事责任,故直接利用自身权限作

---

[1] 陈卫东:《职务犯罪监察调查程序若干问题研究》,载《政治与法律》2018 年第 1 期。

出政纪处理或监察撤案决定,未再移送回检察机关,导致刑事诉讼中的案件有始无终、始终处于未定状态,被搁置下来。之所以有如此操作,一种意见认为,刑事诉讼有始才有终,既然监察与司法程序衔接中根本没有刑事立案,案件退回监察机关自行消化,刑事程序上自然也不必以结案的形式再予回应。应当说,正是在监察与刑事诉讼"两法"衔接中立案程序的缺位,才导致监察案件可以自由进出刑事诉讼程序,来回穿梭于监察与司法程序之间。

(三)"形式立案"的确立:案件受理

本书认为,从我国刑事立案的多重功能出发,在监察与司法程序衔接中还是应当考虑给予立案一席之地。但鉴于监察机关移送案件和刑事立案两者标准存在高低降序的差异,继续以立案为门槛对监察案件做实质性审查确有程序上的重复建设之嫌,同时为了避免与修改后的《刑事诉讼法》产生"硬冲突",在立法上直接规定立案已无必要,但在相关司法解释中应增设审查起诉阶段的案件受理程序,将受案程序解释为"形式立案"。之所以要构建"形式立案",一方面能够明确检察机关对监察机关移送的案件不再做实质性的过滤审查,仅是对移送的案卷材料是否齐备做形式审查。另一方面,确保案件受理程序能够承担立案的部分功能,特别是明确受案具有开启刑事诉讼起点的性质。进一步的理由如下:

首先,《刑事诉讼法》早有规定案件受理也是立案的一种形式。《刑事诉讼法》第114条就规定,"对于自诉案件,……人民法院应当依法受理。"该条虽然没有使用"立案"一词,但人们通常认为法院对自诉的"受理"也属于立案。而且,从体系解释的角度看,受案活动被规定在"立案"一章中[1],从条文的位置以及其与法律的章节关系

---

[1] 参见张建伟:《刑事诉讼法通义》(第二版),北京大学出版社2016年版,第405页。

看,本身也应当属于立案的一种形式。另外,根据《刑事诉讼法解释》第 320 条第 1 款的规定,"对自诉案件,人民法院应当在十五日以内审查完毕。经审查,符合受理条件的,应当决定立案,并书面通知自诉人或者代为告诉人。"可见,如果自诉案件符合受理条件就应当决定立案。司法解释显然也认为此处的"受理"和"立案"可以等约替换。其实,最早的《办理职务犯罪案件工作衔接办法》就规定了案件受理的条件和程序,"最高人民检察院案件管理部门认为具备受理条件的,应当及时进行登记,并立即将案卷材料移送公诉部门办理;认为不具备受理条件的,应当商国家监察委员会相关部门补送材料。"如果对"两法"衔接中"立案"程序进行改良性设计,将上述规定中的受理案件做"形式立案"解释,既不会触发检察机关对移送的监察案件再行立案审查的操作,同时还能明确此处的案件受理具有开启刑事诉讼程序,担当刑事诉讼起点的效果。这对于限制和正当化刑事强制措施,维护和保障当事人的诉讼权利,理顺和推进诉讼流程具有现实意义。

其次,构建监察机关移送案件的受理程序,确立诉讼起点,开启诉讼程序在国外早有先例。从世界其他国家来看,立案并不是刑事诉讼发动的起点和必经阶段,履行一定的程序,如案件受理,也意味着诉讼程序的开始,有学者将其称为刑事诉讼的"追诉启动模式"[1]。例如在意大利,警察和公诉人获取犯罪消息后即可开展初步侦查,同时《意大利刑事诉讼法典》第 335 条还规定了"犯罪信息的登记"程序:公诉人对一切向他提出的报案、报告或其主动获取的犯罪消息应当立即在保存在其办公室中的专门登记簿上记录。[2] 其

---

[1] 姚莉:《监察案件的立案转化与"法法衔接"》,载《法商研究》2019 年第 1 期。
[2] 参见《意大利刑事诉讼法典》,黄风译,中国政法大学出版社 1994 年版,第 119 页。

实,该条中的接受犯罪信息并履行登记程序就是本书所谈及的案件受理程序。与此类似,在德国,"审前程序没有正式的起点。在大多数案件中,侦查的启动及其理由记录在警察局的日志或案卷中"。[1]在日本、法国等国家规定的侦查之前进行的报告、批准或登记手续虽不是严格意义上的独立诉讼程序,但确是启动刑事诉讼的重要方式。[2]随着监察委的成立,我国出现了针对职务犯罪案件由监察调查和司法机关起诉、审判两个不同程序衔接递进的办案模式,传统刑事诉讼中的立案程序开始淡化,但借鉴国外的"追诉启动模式",在未来的司法解释或规范性文件中设置审查起诉阶段必要的案件受理程序,以"形式立案"划定监察与司法的程序界限,明确刑事诉讼开启节点确有现实必要。

二、留置与强制措施的衔接

《刑事诉讼法》第170条第2款规定,"对于监察机关移送起诉的已采取留置措施的案件,人民检察院应当对犯罪嫌疑人先行拘留,留置措施自动解除。人民检察院应当在拘留后的十日以内作出是否逮捕、取保候审或者监视居住的决定。"该条款规定了监察与司法在程序交替中留置措施与刑事强制措施之间的衔接模式:留置+先行拘留+强制措施。其中,先行拘留是留置与强制措施之间的过渡性措施,剥夺人身自由具有临时性,而逮捕、取保候审或监视居住才是对接留置措施的最终替代性措施。在对该条款理解的过程中,有如下

---

[1]〔德〕托马斯·魏根特:《德国刑事诉讼程序》,岳礼玲、温小洁译,中国政法大学出版社2004年版,第90页。
[2] 参见陈光中主编:《刑事诉讼法》(第六版),北京大学出版社、高等教育出版社2016年版,第275页。

几个问题需进一步分析。

(一) 留置与强制措施衔接模式的创设背景

早在监察体制改革试点期间,为做好监察机关调查职务犯罪案件与检察机关审查起诉工作的衔接,对监察机关已经采取留置措施的案件,检察机关如何在程序转换过程中处理好强制措施的衔接,不少试点地区总结地方经验创设出若干衔接模式,可归纳为三种:

(1) 提前介入模式。

该模式为,监察机关采取留置措施的案件,调查终结决定移送检察院审查起诉的,应当在留置期限届满10日前通知检察机关提前介入,检察机关利用这10日进行"初查",并在留置措施届满前决定对犯罪嫌疑人是否采取以及采取何种强制措施。

(2) 事前审批模式。

该模式为,对监察机关采取留置措施的案件,在移送审查起诉前,先向检察机关申请采取强制措施,如提请逮捕,在检察机关批准采取强制措施后,再移送审查起诉。

(3) 先行拘留模式。

该模式为,对监察机关移送的采取留置措施的案件,在受案后经对《移送审查起诉意见书》进行审查,于受案的当日或次日对犯罪嫌疑人采取先行拘留措施,然后在此期间决定是否采取逮捕或其他强制措施。

综合评判三种衔接模式。提前介入模式的缺陷是程序交叉,权责混淆。监察留置与强制措施是监察与司法两套不同程序中的具体行为。首先,检察机关提前介入,反客为主,在监察机关的留置场所讯问犯罪嫌疑人,导致了监察与司法两套程序的交叠,使提前介入行为的性质处于监察与司法的模糊地带。另外,检察机关提前介入的

10日是用来审查决定强制措施的,但又处于监察机关采取留置措施的监察程序环节,无形中挤占了监察机关正常的办案时间。同样的问题也出现在事前审批模式中,虽然该模式比照公安向检察院的报捕流程创设了一套类似的新程序,但因为对于逮捕的报请和批准本身是刑事诉讼强制措施的内容,却同时被包裹在监察留置期间,导致报捕和批捕行为有司法越界之嫌,其行为性质依旧混淆不明,同时还压缩了监察调查的时间。基于前两种模式无法调和的矛盾,立法者最终采纳了先行拘留的衔接模式,该模式既能保证两套程序的无缝对接,避免程序交叠,也不会导致某些行为在性质属性上的模糊混淆。而且,《刑事诉讼法》第170条第2款中"人民检察院决定采取强制措施的时间不计入审查起诉期限"的专门规定也保障了检察机关有较为充分的时间决定对犯罪嫌疑人采取适当的强制措施,避免占用审查起诉期限。

当然,先行拘留模式也带来了一些新的问题,如立法设置先行拘留的目的是将犯罪嫌疑人从监察调查程序转入刑事诉讼程序,其本身在诉讼程序中的体系定位及性质为何?先行拘留期间决定采用强制措施的标准是什么?选择适用的范围又是什么?这些问题都值得深入研究。

(二)衔接过程中有关强制措施的两个问题

1.先行拘留的体系定位和性质

先行拘留不是审查起诉之外的"独立阶段""特别程序",而是审查起诉阶段内的一个特殊环节。诚如上文所言,如果能够建立审查起诉阶段的案件受理程序,即通过"形式立案"明确刑事诉讼的起点,对于监察机关移送的案件,检察机关一旦受理,案件即进入审查起诉环节,作为对先前留置的犯罪嫌疑人的过渡性处置措施——先行拘留无疑是内含于审查起诉阶段的具体诉讼行为。支撑该观点的其他理由还有：其一，《刑事诉讼法》第170条第2款规定的先行拘留处于该法第二编第三章"提起公诉"内，从其在刑事诉讼法中所处的编章位置可以推断，先行拘留显然是刑事诉讼内提起公诉阶段中某一环节下的处置措施或诉讼行为。其二，不能因为第170条规定人民检察院在先行拘留期间决定采取强制措施的时间不计入审查起诉期限，就认为先行拘留是游离于审查起诉之外的"独立阶段"。一般而言，期间的不计入往往是因为有些诉讼行为本身带有不确定性，耗时长短不一，一概计入办案期间可能会挤占有限的办案资源，不利于办案的质量和效果。如果因为期间的不计入而否认某一诉讼行为内含于某个诉讼阶段显然属于对条文的误读。毕竟，不计入办案期限和不属于某一办案环节是两个截然不同的问题。例如，《刑事诉讼法》第149条规定，"对犯罪嫌疑人作精神病鉴定的期间不计入办案期限"，但不能据此否认鉴定本身属于一种具体的侦查行为，属于侦查阶段重要的取证和办案手段，需要遵循法定程序，并接受侦查监督。

明确了先行拘留内含于刑事诉讼审查起诉阶段的体系定位后，需要进一步厘清的是《刑事诉讼法》第170条的先行拘留与"强制措施"一章中第82条和"侦查"一章中第115条规定的公安机关对于现行犯或者重大嫌疑分子的先行拘留是否同一。本书认为，两者性质并不相同。首先，从适用对象上看，第170条的先行拘留仅仅针对先前被采取留置措施，后被监察机关移送审查起诉的涉嫌职务犯罪的犯罪嫌疑人，第82条和第115条的先行拘留则针对的是现行犯或重大嫌疑分子，涉嫌犯罪的案件范围并无任何限制；其次，从适用条件看，第170条先行拘留所针对的是犯罪嫌疑人在监察调查阶段被采取了留置措施的情形,第 82 条和第 115 条的先行拘留则是针对七种法定情形[1];再次,从先行拘留的适用阶段上看,第 170 条规定的先行拘留适用于审查起诉阶段,第 82 条和第 115 条的先行拘留则适用于侦查阶段;最后,从先行拘留的决定主体看,第 170 条规定的可先行拘留的决定主体是检察机关,第 82 条和第 115 条中可先行拘留的决定主体可能是检察机关,更多情形则是公安机关。综上,本书认为 2018 年新增的《刑事诉讼法》的第 170 条第 2 款其实创设了一种"先行拘留"的类型,其仍然属于强制措施中的拘留,但自身有独立的适用对象、条件、阶段和决定主体,本质上是对监察机关采取留置措施的对象在被转入刑事诉讼程序后所采取的一种临时、过渡性质的强制措施[2],不能将其与《刑事诉讼法》第 82 条和第 115 条规定的先行拘留相混淆。

除此以外,《刑事诉讼法》第 71 条和第 77 条也都规定了对于违反取保候审、监视居住规定,需要予以逮捕的,可以对犯罪嫌疑人、被告人先行拘留。两个条文之所以设置先行拘留主要是因为,从部分犯罪嫌疑人、被告人遵守取保候审、监视居住规定的实践情况看,两类强制措施已经不能保证刑事诉讼的顺利进行,只能采取更为严厉的强制措施。但逮捕要履行严格的审批手续,需要一定的时间,故 2012 年《刑事诉讼法》修改时增加了对违反取保候审、监视居住规定

---

[1]《刑事诉讼法》第 82 条规定:公安机关对于现行犯或者重大嫌疑分子,如果有下列情形之一的,可以先行拘留:(1)正在预备犯罪、实行犯罪或者在犯罪后即时被发觉的;(2)被害人或者在场亲眼看见的人指认他犯罪的;(3)在身边或者住处发现有犯罪证据的;(4)犯罪后企图自杀、逃跑或者在逃的;(5)有毁灭、伪造证据或者串供可能的;(6)不讲真实姓名、住址,身份不明的;(7)有流窜作案、多次作案、结伙作案重大嫌疑的。

[2] 参见李寿伟主编:《中华人民共和国刑事诉讼法解读》,中国法制出版社 2018 年版,第 402 页。

需要予以逮捕的犯罪嫌疑人、被告人可以先行拘留的规定。[1] 从当时立法的目的来看,两条文中的先行拘留就是先于逮捕而拘留,或者说是为办理逮捕手续,而在紧急情况下先行拘留。但《刑事诉讼法》第170条实质上创设了一种新型的先行拘留,这里的"先行"是先于逮捕、取保候审、监视居住而做的拘留,是对留置转强制措施的过渡,最终并非必然转向逮捕,其实还有其他强制措施的选择。至于如何适用强制措施,则是接下来要讨论的选择标准和适用依据的问题。

2. 先行拘留期间决定采取强制措施的标准

《刑事诉讼法》第170条规定,先行拘留后决定采取的强制措施有三种:逮捕、取保候审或者监视居住。从三种强制措施在立法条文上的排序看,逮捕处于首位,是先行拘留期间决定采取强制措施的第一选择。[2] 之所以如此设置,主要是因为关于留置措施的适用条件,《监察法》第22条第1款规定,"被调查人涉嫌贪污贿赂、失职渎职等严重职务违法或者职务犯罪,监察机关已经掌握其部分违法犯罪事实及证据,仍有重要问题需要进一步调查,并有下列情形之一的,经监察机关依法审批,可以将其留置在特定场所:(一)涉及案情重大、复杂的;(二)可能逃跑、自杀的;(三)可能串供或者伪造、隐匿、毁灭证据的;(四)可能有其他妨碍调查行为的"。依据该规定可以发现,监察机关已经采取留置措施的案件,要么是重大复杂的案件,要么是与逮捕的社会危险性条件相当[3]的案件。因此,检察机

---

[1] 参见郎胜主编:《中华人民共和国刑事诉讼法修改与适用》,新华出版社2012年版,第151页。
[2] 这恰如《刑法》第232条故意杀人罪的处刑刑罚的排序一样,故意杀人的首先考虑处死刑。
[3] 如《刑事诉讼法》第81条第1款第3项和第5项也规定了"可能毁灭、伪造证据,干扰证人作证或者串供"以及"企图自杀或者逃跑"的情形,与监察期间采取留置的适用条件相当。

关先行拘留后,针对先前被调查人留置的适用条件和情形,较为匹配的强制措施自然首选逮捕。实践中,对于监察期间一直被留置的被调查人,当转入刑事诉讼程序后,检察机关也大多予以逮捕。但不容否认的是,如果经审查,犯罪嫌疑人涉嫌的罪行较轻,或者患有严重疾病、生活不能自理,或是怀孕或正在哺乳自己婴儿的妇女,不逮捕不致发生社会危险的,也可以根据《刑事诉讼法》第 170 条第 2 款的规定采取取保候审或者监视居住措施。

需要注意的是,第 170 条第 2 款只设计了留置最终"转何种"强制措施的情形,并未有留置最终"是否"要转强制措施的规定。换言之,对于留置的被调查人转入刑事诉讼经先行拘留后可否最终不采取任何强制措施呢?从文义解释的角度看,目前只有逮捕、取保候审、监视居住三决一的选择,并无不采取任何强制措施的可能。故这一规定有失偏颇。刑事强制措施的基本功能包括程序保障和社会防卫两大方面。与程序保障相对应的主要是防止逃避侦查、起诉和审判,防止妨碍查明案情,以及防止自杀、逃跑或发生其他意外事件;与社会防卫相对应的,主要是防止犯罪嫌疑人、被告人继续犯罪。如果根据案情,不对犯罪嫌疑人、被告人的基本权进行任何干预,也能确保上述两大基本功能的实现,依据强制措施采用的必要性原则,办案人员完全可以不采取任何强制措施,这在监察留置与刑事强制措施的转换中是同样适用的。有同志曾提出可否根据第 170 条第 2 款中"人民检察院应当在拘留后的十日以内作出是否逮捕、取保候审或者监视居住的决定"的表述作如下解释:对先行拘留后能否采用逮捕、取保候审、监视居住都做"是否"判断,如果三种强制措施的适用都被否定,那么最终就可以不采取任何强制措施。该解释的目的是对由留置转刑事诉讼的犯罪嫌疑人不采取任何强制措施找寻正当化的法律依据。但这一解释较为牵强,因为紧接上述被解释的条文后还有一句"人民检察院决定采取强制措施的时间不计入审查起诉期限。"该规定明确指出人民检察院"决定采取强制措施的时间"而不是"决定'是否'采取强制措施的时间"。可见,立法似乎是有意采取一种将留置对象最终转为某一强制措施的思路。虽然,实践中根据案情全然不用任何强制措施的情形极少,即使可能出现也最终多以取保候审代替,但从立法的严肃性和实践的复杂性来看,未来还是应在相关的司法解释和规范性文件中明确,对先前留置的犯罪嫌疑人可以不进行任何基本权干预,最终不采取任何强制措施。这样不仅便于办案部门的人员适时把握、准确操作,也是对犯罪嫌疑人基本的人身自由权的最大保障。

三、未予留置案件强制措施的衔接

在监察机关立案调查的案件当中,符合《监察法》第 22 条规定的,可以对被调查人采取留置措施。当案件调查终结移送审查起诉后,检察机关按照《刑事诉讼法》第 170 条第 2 款规定对犯罪嫌疑人先行拘留。《刑事诉讼法》对于被留置的被调查人进入诉讼程序的强制措施衔接做出了明确的规定。但值得注意的是,如果被调查人在监察调查阶段未被留置的,案件进入刑事诉讼程序后,检察机关如何采取强制措施,这主要涉及两个方面的问题。

(一)未予留置案件不宜再先行拘留

根据前文分析,已采取留置的案件被移送审查起诉后,检察院对犯罪嫌疑人采取的先行拘留是临时的、过渡性强制措施,目的是通过对人身自由的控制为留置转强制措施提供一定的审查时间。故此处先行拘留的适用条件有严格限制:案件类型为监察机关办理的职务犯罪案件,适用阶段为审查起诉阶段,适用对象为此前被留置的被调查人(后为犯罪嫌疑人)。如果被调查人此前未被留置,则案件进入刑事诉讼程序后,检察机关就不能采用《刑事诉讼法》第170条第2款的"先行拘留"。问题是,检察机关可否决定采用其他类型的"先行拘留"? 这在实践中存有争议,有两种不同意见。[1]

一种意见认为:被调查人在调查阶段即使未被留置,在进入诉讼程序后仍需要有相应的强制措施足以使其到案并保障诉讼程序的顺利进行。受案之初,如犯罪嫌疑人在调查阶段并未被留置且符合取保候审或者监视居住的条件,检察机关当然可以依照刑事诉讼法作出取保候审或者监视居住的决定,但如果犯罪嫌疑人在此前未被留置,并具有"犯罪后企图自杀、逃跑或者在逃的,有毁灭、伪造证据或者串供可能"的情形,符合拘留的条件,且检察机关并无充分时间对犯罪嫌疑人是否符合逮捕条件作出准确判断的情况下,可以决定对犯罪嫌疑人采取拘留的强制措施,并在拘留后的10日以内作出是否逮捕、取保候审或者监视居住的决定(在特殊情况下,决定的时间可以延长1日至4日)。这样既可保证犯罪嫌疑人的权利,也能保证犯罪嫌疑人及时到案,顺利推进诉讼。

另一种意见认为:《刑事诉讼法》第82条、第115条赋予公安机关刑事拘留的权力。同时,第165条规定:"人民检察院直接受理的案件中符合本法第八十一条、第八十二条第四项、第五项规定情形,需要逮捕、拘留犯罪嫌疑人的,由人民检察院作出决定,由公安机关执行。"《刑事诉讼法》第170条第2款明确规定:"对于监察机关

---

[1] 参见陈国庆主编:《职务犯罪监察调查与审查起诉衔接工作指引》,中国检察出版社2019年版,第106、107页。

移送起诉的已采取留置措施的案件,人民检察院应当对犯罪嫌疑人先行拘留,留置措施自动解除。"结合上述三条可知,一般的刑事诉讼程序中,公安机关才是决定拘留的主体,例外存在于两种情况:一是检察机关直接受理的案件中;二是在监察机关移送起诉的已采取留置措施的案件中。只有在这两种情况下,检察机关才有权决定拘留。作为一种剥夺犯罪嫌疑人人身权利的严厉强制措施,在没有明确法律依据的条件下,检察机关无权对未被留置的人决定拘留。

本书原则上同意第二种意见,即未采取留置措施的案件,检察院不得对犯罪嫌疑人先行拘留。除了上述罗列的原因外更有力的理由还在于,虽然《刑事诉讼法》第165条规定了检察院对于《刑事诉讼法》第82条第4项、第5项规定的"犯罪后企图自杀、逃跑或者在逃的""有毁灭、伪造证据或者串供可能的"情形,可以决定拘留,但运用体系解释的方法,结合该条所在的章节看,第165条位列《刑事诉讼法》第二编第二章"侦查"的第十一节"人民检察院对直接受理的案件的侦查"。既然章节的目录中都规定了"侦查",这说明检察院根据上述两种情形采用的先行拘留措施仅限于侦查阶段。基于"法无授权不得行使"的公权运用原则,如果被调查人未被留置的案件被移送审查起诉,检察院就不能决定先行拘留,如有必要且符合条件的,检察院可以决定取保候审、监视居住或逮捕。

(二)未予留置案件强制措施的具体适用

未被留置的被调查人不能适用先行拘留的强制措施,但可以根据审查起诉阶段的案件情况以及犯罪嫌疑人自身的人身危险性、社会危害性,综合判断是否可以采取取保候审、监视居住、逮捕等其他强制措施,当然也可以根据实际情况,如犯罪嫌疑人认罪认罚、有自首或重大立功表现的,不采取任何强制措施。"监察机关对一些被调查人未进行留置,往往是根据案件实际情况,认为不符合留置的条件或者不具有留置的必要性,这类案件进入刑事诉讼程序后,一般也不具有羁押的必要性,因此,检察机关一般无须对其采取强制措施,但实践中也不排除案件进入审查起诉阶段后,根据实际情况有必要对犯罪嫌疑人采取强制措施。"[1] 为此,《人民检察院刑事诉讼规则》第146条规定:"对于监察机关移送起诉的未采取留置措施的案件,人民检察院受理后,在审查起诉过程中根据案件情况,可以依照本规则相关规定决定是否采取逮捕、取保候审或者监视居住措施。"当然,根据2021年9月出台实施的《监察法实施条例》第220条的规定,"监察机关一般应当在正式移送起诉十日前,向拟移送的人民检察院采取书面通知等方式预告移送事宜。……对于未采取留置措施的案件,可以根据案件具体情况,向人民检察院提出对被调查人采取刑事强制措施的建议。"据此,检察机关在决定采取强制措施时也须充分考虑监察机关的意见建议。另外,对于职务犯罪案件移送审查起诉后,检察机关根据情况采取了强制措施的案件,也可以根据后续的诉讼进程,如发现犯罪嫌疑人在采取取保候审、监视居住期间违反义务性规定且情节严重的,可以根据《刑事诉讼法》第71条、第77条转为逮捕,在转为逮捕前可以对犯罪嫌疑人先行拘留。

四、强制措施转留置的衔接问题

《刑事诉讼法》第170条第2款规定:"对于监察机关移送起诉的已采取留置措施的案件,人民检察院应当对犯罪嫌疑人先行拘留,留

---

[1] 童建明、万春主编:《〈人民检察院刑事诉讼规则〉条文释义》,中国检察出版社2020年版,第156、157页。

置措施自动解除。人民检察院应当在拘留后的十日以内作出是否逮捕、取保候审或者监视居住的决定。在特殊情况下,决定的时间可以延长一日至四日。人民检察院决定采取强制措施的期间不计入审查起诉期限。"据此,通常情况下,如果监察机关先行采取了留置措施,后再采取强制措施的案件,一般不会有对接问题。但是对于先采取了强制措施后采用留置的案件却存在一定争议。出现这种情况的原因在于:公安司法机关在办理刑事案件过程中发现犯罪嫌疑人还涉嫌贪污贿赂等职务犯罪的,此时如果以监察机关为主进行调查或全案交由监察机关办理的,就可能出现犯罪嫌疑人先被采取了强制措施而后又转为被调查人留置的情形。对于强制措施转留置的情形如何处理:

一种观点认为,需要解除逮捕等强制措施后采用留置措施,这可以称为不同办案措施的变更论。

第二种观点认为,留置措施不受刑事诉讼法的约束,留置措施与强制措施不同,即使采取了刑事强制措施也可以采取留置措施,这可以称为留置与刑事强制措施并用论。

对于上述不同观点,留置与刑事强制措施并用论显然不可取。众所周知,监察程序与刑事诉讼程序性质不同,两套程序闭环且自洽。留置与刑事强制措施恰恰分属这两套程序,且适用条件、适用对象、适用阶段并不相同。所以,对于同一名犯罪嫌疑人或被调查人不能同时适用两种限制或者剥夺人身自由的强制性措施。在犯罪嫌疑人、被告人被采取强制措施时,如果案件需要转由监察机关主办或全权办理,则司法机关应在移交犯罪嫌疑人时及时解除强制措施。被调查人进入监察程序后,监察机关可根据案件和被调查人的具体情况采取留置等相应的监察措施。而且,从羁押场所的实际情况看,当拘留、逮捕等强制措施被解除后,如果对被调查人采用留置的,羁押场所应当及时变更,从看守所转为留置场所。

另外,待监察机关办理终结相关职务犯罪案件后,应及时解除留置,将被调查人移送给公安司法机关继续侦查、审查起诉、审判其涉嫌的普通刑事案件。由于原强制措施已经被解除,公安司法机关可以根据案件情况决定采取相应的强制措施,需要逮捕的,应重新提请检察机关审查批准或由检察机关、法院自行决定逮捕。

五、退回补充调查的阶段定位与强制措施运用

检察院审查起诉监察机关移送的案件,认为需要补充调查核实的,退回监察机关补充调查的程序是 2018 年《刑事诉讼法》修订中较为关注的问题。关注的焦点在于如果审查起诉阶段犯罪嫌疑人已经被逮捕羁押,那么退回补充调查期间,对被调查对象如果还要剥夺人身自由,是继续适用刑事诉讼中的羁押,还是要采取监察留置。对此问题,可谓观点各异、莫衷一是。其实,争议的本质还是检察院将案件退回监察机关补充调查期间,案件究竟是倒流回监察调查环节,还是处于审查起诉阶段,仍然由检察院管控。如果是前者,那么自然应当采取留置措施,如果是后者则应继续沿用之前的强制措施,继续羁押。为了澄清这一问题,本书先以检察院在审查起诉阶段退回公安机关补充侦查为例,分析退补期间案件所处的诉讼阶段。然后在此基础上推论出检察院在审查起诉阶段将案件退回监察机关补充调查时,案件所处的应然阶段。

(一)公安机关补充侦查期间案件的诉讼状态

从以往的司法实践看,公安机关的侦查部门侦查终结,认为案件

需要提起公诉的,均是将案件移送检察院审查起诉。2020年修订的《公安机关办理刑事案件程序规定》第289条第1款的规定:"对侦查终结的案件,应当制作起诉意见书,经县级以上公安机关负责人批准后,连同全部案卷材料、证据,以及辩护律师提出的意见,一并移送同级人民检察院审查决定;同时将案件移送情况告知犯罪嫌疑人及其辩护律师。"对于公安机关移送的案件,检察院受理后即进入审查起诉阶段,期间如果发现案件需要补充侦查的,可以退回公安机关补充侦查。按照《人民检察院刑事诉讼规则》第342条的规定,检察院应当制作补充侦查提纲,连同案卷材料一并退回公安机关补充侦查。值得注意的是,对于退回公安机关补充侦查的,检察院退回的材料主要是案卷材料、补充侦查决定书、补充侦查提纲和换押证(未被羁押的除外),没有起诉意见书[1]。究其原因,当公安机关向检察院提出起诉意见,移送完起诉意见书后,案件即系属[2]于检察院,检察院只有作出起诉、不起诉的决定,或者允许公安机关将案件从审查起诉阶段撤回,上述系属关系才消灭。这就如同检察院向法院移送起诉书提起公诉,法院受理后案件即系属到法院,只有检察院撤诉或者法院

---

[1] 实践中,大多数起诉意见书都与案卷材料分开单独移送,但也有将起诉意见书装订到公安案卷中一并移送的情形。如果审查起诉阶段退回公安补充侦查的,单独移送的起诉意见书都不再退回公安机关,但装订到公安案卷中的起诉意见书有时会因为不便拆分一并退回公安机关,但一定会有其他备份的起诉意见书在检察院留档备存。

[2] 诉讼系属理论是指案件"系属"于法院,使受诉法院获得具体的案件管辖权并发动审判程序。诉讼系属理论主要解决两个问题:其一是起诉效力问题,即原告或检察院不得就已起诉之案件,于诉讼系属后再行起诉;其二是贯彻追诉原则,实行有控诉或告诉才有审判,有控诉必为裁判的诉讼程序,即不告不理、告即应理。本书套用这一表述,仿照传统诉讼系属理论来阐释案件进入检察院审查起诉阶段,补充侦查或补充调查期间,案件实质所处的诉讼阶段以及最终的处理方式。有关诉讼系属理论可参见,龙宗智:《论我国的公诉制度》,载《人民检察》2010年第19期;谢佑平、万毅:《刑事诉讼一事不再理原则重述》,载《国家检察官学院学报》2001年第2期;林钰雄:《刑事诉讼法(上册)》中国人民大学出版社2005年版,第37—45页。

为之裁判才能消灭系属关系一样。

沿着这一思路继续分析,审查起诉阶段的退回补充侦查,既不是检察院的起诉、不起诉决定,也不意味着公安机关从检察院撤回案件,虽然表面上看案卷材料等都退回了公安机关,但案件与检察院的系属关系实质上并未消灭,检察院只是要求公安机关为案件的起诉作"补充",而且还有两次退补且每次不超过一个月的时限要求,所以检察院并没有丧失对案件的处理决定权,起诉意见书自然无需退回。因此说,退回补充侦查期间,案件仍然系属在检察院,案件的最终决定仍然需要在审查起诉阶段由检察院作出。

对上述观点能够加以佐证的是:如果认为公安机关补充侦查期间,案件又重新回流到侦查阶段,在此期间,公安机关发现原认定的犯罪事实有重大变化,不应当追究犯罪嫌疑人刑事责任的,公安机关完全可以直接作出撤销案件的决定。但实际情况却并非如此。根据调研,实践中如果出现类似情况,公安机关会主动向检察院提出撤回审查起诉的函(盖公安局印),检察院在收到函后如果同意,会出具同意撤回案件的法律文书,并送达公安机关。只有从检察院撤回的案件,公安机关才能自行撤销刑事立案,并将处理结果通知检察院。[1]根据《公安机关办理刑事案件程序规定》第 296 条第 3 项的规定,退回补充侦查期间,公安机关发现原认定的犯罪事实有重大变化,不应当追究刑事责任的,应当撤销案件或者对犯罪嫌疑人终止侦查,并将有关情况通知退查的人民检察院。结合上述实践情况,此处公安机关"撤销案件或者对犯罪嫌疑人终止侦查"之前,其实是要先获得检

---

[1] 对于从检察院撤回的案件,公安机关也可以继续侦查。因为检察院所作的同意撤回移送审查起诉的文书,只具有允许公安撤回案件的效力,并不是撤销立案的决定。当然,如果检察院在审查公安机关撤案申请时,认为该案确属不够罪不应追究刑事责任的,诉讼监督部门可以做撤销立案的监督,要求公安撤销刑事立案。

察院的准许,撤回起诉意见书,再作出相应处理,经县级以上公安机关负责人批准后,将处理结果通知退查的人民检察院。[1] 换言之,只有公安机关从检察院撤回起诉意见书,才能将案件从检察院的系属关系中解锁,真正回转到侦查阶段,此时公安机关才有"案"可撤。对此可以形成印证的是,2020年3月,最高人民检察院、公安部共同制定并印发的《关于加强和规范补充侦查工作的指导意见》第18条规定:"案件补充侦查期限届满,公安机关认为原认定的犯罪事实有重大变化,不应当追究刑事责任而未将案件重新移送审查起诉的,应当以书面形式告知人民检察院,并说明理由。公安机关应当将案件重新移送审查起诉而未重新移送审查起诉的,人民检察院应当要求公安机关说明理由。人民检察院认为公安机关理由不成立的,应当要求公安机关重新移送审查起诉。人民检察院发现公安机关不应当撤案而撤案的,应当进行立案监督。公安机关未重新移送审查起诉,且未及时以书面形式告知并说明理由的,人民检察院应当提出纠正意见。"从该条规定也可以发现,公安机关在退回补充侦查期间如果认为案件没有必要再移送审查起诉的,必须通过说明理由获得检察院的许可,才可进一步作出撤销案件的决定。上述情形如同检察院将案件起诉到法院,庭审期间案件退回检察院补充侦查,"退回补充侦查之时,案件仍然系属于法院,诉讼法律关系并没有消灭,检察机关就案件提起的公诉仍然有效。不过,这里需要指出的是,此时诉讼活动虽恢复侦查状态,但这种侦查是在原有基础上的补充性的侦查,也不意味着诉讼就恢复到侦查阶段了"[2]。实务部门的同志也认为,"司法实践中,检察机关以补充侦查为由建议延期审

---

[1] 参见孙茂利主编:《公安机关办理刑事案件程序规定释义与实务指南》,中国人民公安大学出版社2020年版,第692页。
[2] 张建伟:《论公诉之撤回及其效力》,载《国家检察官学院学报》2012年第4期。

理的,案件通常仍在法院并未退回。因为,如果将案件退回,法院就要进行销案处理,补充侦查结束后,检察院再次起诉的,还要作为新收案件处理,程序极其繁琐且无必要"[1]。所以,即使在退回补充侦查期间,检察院只有向法院申请撤回起诉并获得法院许可后,案件才真正回到审查起诉阶段,检察院才能名正言顺地作出不起诉决定。[2] 两者的内在法理其实是相通的。

(二)退回补充调查:转为留置还是继续羁押

按照上述分析路径,本书认为对于检察院审查起诉的案件,需要退回监察机关补充调查的,虽然相关的案卷材料、补充调查决定书、补充调查提纲等退回监察机关,但由于起诉意见并未撤回,案件仍然系属于检察院,本质上还处于审查起诉阶段和刑事诉讼程序之中。诚如卞建林教授所言,"因为退回补充调查并未改变案件已进入审查起诉阶段的事实,且无论是从便利与效率方面考量,还是基于对被羁押人监管安全方面的考量,都无必要再重新恢复适用留置措施。"[3] 司法机关或监察机关限制犯罪嫌疑人或被调查人人身自由的目的,在于防止其逃脱司法程序或再次危害社会,因此在不同阶段都有着相对应的强制性措施。而且在退回补充调查的过程中,案件实质上已处于检察机关的管控之中,变更为留置措施反而会导致司法资源的重复和程序的混淆。综上,在退回监察机关补充调查期间,如果要剥夺或限制犯罪嫌疑人的人身自由,检察院还是应当沿用之前作

---

〔1〕 李少平主编:《最高人民法院关于适用〈中华人民共和国刑事诉讼法〉的解释理解与适用》,人民法院出版社 2021 年版,第 347 页。
〔2〕 参见《人民检察院刑事诉讼规则》第 421 条第 1 款,"法庭宣布延期审理后,人民检察院应当在补充侦查期限内提请人民法院恢复法庭审理或者撤回起诉。"《人民检察院刑事诉讼规则》第 424 条第 2 款,"对于撤回起诉的案件,人民检察院应当在撤回起诉后三十日以内作出不起诉决定"。
〔3〕 卞建林:《配合与制约:监察调查与刑事诉讼的衔接》,载《法商研究》2019 年第 1 期。

出的强制措施。如果之前犯罪嫌疑人被决定逮捕,检察院应当在继续羁押犯罪嫌疑人的同时,将退回补充调查的情况书面通知看守所,以便监察机关的办案人员需要讯问犯罪嫌疑人时,检察院做好协调工作。

(三)监察调查期间继续羁押所衍生的问题

借助案件系属理论可以回应监察调查期间对犯罪嫌疑人要剥夺或限制人身自由究竟是留置还是继续沿用强制措施的问题。但在理论推演中也衍生出三个新问题。

其一,补充调查期间,案件虽然系属检察院并已实质进入刑事诉讼程序,但所用的方法手段仍属于监察机关的调查行为,这会不会再次引发监察与司法两套程序的交叉重叠?本书认为这一隐忧并不存在。首先,补充调查有单独的一个月办案期限,并不会侵占审查起诉阶段的办案时间;其次,在监察机关补充调查期间,案件虽然系属于检察院,检察院对案件的最终走向有决定权,但并不会直接干涉补充调查期间具体手段方法的采用和如何实施,两者的界限仍然明朗;再次,有学者指出,"中国的刑事诉讼中,检察机关的补充侦查权并不依附于侦查权,而是公诉权所派生出来的应有权力"[1]。套用这一认识,监察机关的补充调查权也不可简单等同于纯粹的监察调查权,其更亲缘于检察机关的自行补充侦查权,是在原有基础上的补充性调查。

其二,既然补充调查期间案件仍然被认为是处于刑事诉讼程序中,那么该期间辩护人可否继续行使辩护权呢?本书认为应当继续赋予和保障犯罪嫌疑人及其辩护人相应的诉讼权利。首先,退回补充调查期间,案件仍系属于检察院,已经实质进入刑事诉讼的审查起诉阶段,犯罪嫌疑人当然可以委托辩护人,获得相应的诉讼权利。其

---

[1] 陈卫东:《职务犯罪监察调查程序若干问题研究》,载《政治与法律》2018年第1期。

次，由于监察程序中的立案并不区分违法、违纪还是涉嫌犯罪的案件，如果在监察程序中姑且还可以因案件性质不明为由拒绝律师介入，但案件移送审查起诉后，已经明确该案件的涉罪属性，即使退回监察机关补充调查，该案的涉罪性质并未发生变化，此时再次限制犯罪嫌疑人及其辩护人的诉讼权利缺乏程序正当性。再次，从实践层面看，当案件已经移送检察院审查起诉，基本意味着证据已收集完毕，犯罪嫌疑人委托的辩护人涉及的相关会见、阅卷等诉讼权利也大多完成，此时案件退回补充调查期间再以妨害取证、防止串供、干扰办案为由拒绝辩护律师介入，限制犯罪嫌疑人诉讼权利的行使意义也不大。

其三，检察机关与监察机关在退回补充调查期间发现新情况，如何变更强制措施？司法实践中，检察机关在审查起诉时决定对犯罪嫌疑人采取取保候审或监视居住，同时将案件退回监察机关补充调查的，监察机关在补充调查期间发现犯罪嫌疑人有帮助同案人员藏匿、逃跑，毁灭、伪造证据或与同案人员串供的现象，或犯罪嫌疑人另有重要罪行，采取取保候审或监视居住不足以防止其社会危险性的，此时为了保障诉讼的顺利进行，需要对犯罪嫌疑人变更强制措施。根据《办理职务犯罪案件工作衔接办法》第38条的规定，退回补充调查期间，对犯罪嫌疑人继续沿用检察机关作出的强制措施。但此时案件退回监察调查程序后对犯罪嫌疑人要变更强制措施的，监察机关能否自行变更强制措施或是能否直接采取留置措施？本书认为，既然案件移送到审查起诉阶段，说明案件已经实质进入刑事诉讼程序，虽然案件被暂时退回监察机关补充调查，但发生上述情况，监察机关不应自行采取强制措施或直接将犯罪嫌疑人留置，而是应当通知检察机关，由检察机关变更强制措施，如逮捕，而后监察机关"继续沿用检察机关的强制措施"。这样处理符合前述论及的案件系属法理，也没有违反既有的法律规范，还进一步强化了监察机关与检察机关的协作配合关系。

六、本章结语

《刑事诉讼法》第170条就人民检察院审查起诉监察机关移送的案件、留置措施与刑事强制措施之间的衔接机制等作了具体规定,这对于理顺《监察法》与《刑事诉讼法》的衔接具有重要的规范意义。但其中仍有不少问题值得进一步研究。本章认为,在监察调查与刑事诉讼的程序衔接上,仍应发挥立案在程序转换节点、诉讼发动起点的标志性功能,这对于强制措施启动的正当性,当事人诉讼权利保障的及时性,以及诉讼程序运转的自洽性都有重要作用。为此,应在司法解释或相关规范性文件中确立"形式立案",即以案件受理代替刑事立案,对监察机关移送的犯罪案件不再进行立案前的实质审查,但须明确受案具有开启刑事诉讼程序的功能。在留置与强制措施的衔接上,为了确保监察与刑事诉讼两套程序的无缝对接,避免程序交叉,立法采用了"留置+先行拘留+强制措施"的模式,其中先行拘留具有过渡性,逮捕、取保候审或监视居住才是对接留置的最终措施。但立法对于留置转先行拘留后最终可否不采取任何强制措施缺乏周延规定,未来应明确先前留置的犯罪嫌疑人如果不妨碍诉讼推进,也无继续犯罪可能的,经过先行拘留期间的审查可最终不采取强制措施。另外,依据案件系属理论,对于审查起诉阶段退回补充调查的情形,由于案件已经移送检察院并未撤回,系属关系并未消灭,案件仍是系属于检察院,处于审查起诉阶段。既然案件已实质进入刑事诉讼程序,对犯罪嫌疑人应当继续沿用之前的强制措施,并继续保障其辩护人的相关诉讼权利。

第四章
认罪认罚从宽制度在监察与司法衔接中的适用

本章导读：

《监察法》与《刑事诉讼法》对认罪认罚从宽制度的规定存在差异。《刑事诉讼法》对"认罪"设定的"自愿消极承认指控"的情形未纳入《监察法》规定的"认罪"范畴；《监察法》中的"从宽"除了要求被调查人认罪认罚外还要具备自首、立功、退赃等特殊情形；《监察法》中的"从宽"仅包括实体上的从宽处罚，不包括程序性从宽处理。上述差异导致认罪认罚从宽制度在监察与司法的衔接中存在抵牾，表现为认罪认罚的认定标准不一致，从宽幅度不统一，程序适用有缺位，影响了认罪认罚从宽制度在办理职务犯罪案件中积极作用的发挥。未来应不断强化监察机关对认罪认罚从宽制度内涵外延和价值功能的认识，通过立法就"两法"衔接中"认罪""认罚""从宽"等同一用语确立统一含义和认定标准，出台更为详尽的衔接机制意见、职务犯罪案件量刑标准以及指导性、典型性案例，不断完善制度衔接中针对被调查人各项基本权益保障的规定。

党的十八届四中全会通过的《关于全面推进依法治国若干重大

问题的决定》明确要求"完善刑事诉讼中认罪认罚从宽制度"。2016年9月,全国人大常委会作出授权最高人民法院、最高人民检察院在部分地区开展刑事案件认罪认罚从宽制度试点工作的决定。经过两年的试点总结,2018年10月,认罪认罚从宽制度正式在刑事诉讼法中得以确立。虽然该制度在2016年改革伊始即被贯于"刑事诉讼中"的适用场域,但在当时,国家监察体制改革尚未开启,职务犯罪案件的侦查职能并未"转隶"。随着监察机关对"纪法罪"三位一体办案模式的形成,监察机关被赋予了党纪检查、行政监察、犯罪调查三种重要职能,其中就包括对职务犯罪案件的调查权和处置权。按照2019年10月最高人民法院、最高人民检察院、公安部、国家安全部、司法部联合发布的《关于适用认罪认罚从宽制度的指导意见》(简称《指导意见》)第5条第2款的规定:"认罪认罚从宽制度没有适用罪名和可能判处刑罚的限定,所有刑事案件都可以适用,不能因罪轻、罪重或者罪名特殊等原因而剥夺犯罪嫌疑人、被告人自愿认罪认罚获得从宽处理的机会。"职务犯罪案件作为刑事犯罪中的类案,当然可以适用认罪认罚从宽这一基本制度。而且,其适用场域不仅有刑事诉讼程序,还可向前延伸至监察调查程序。[1] 于是,如何完善认罪认罚从宽制度在监察与司法两套程序间的衔接机制、统一适用标准等需深入研究。

一、监察程序中适用认罪认罚从宽制度的规范解读

2018年3月通过的《监察法》第31条规定:"涉嫌职务犯罪的被

---

[1] 参见《准确把握监察法和刑事诉讼法规定的认罪认罚从宽制度》,载《中国纪检监察报》2018年11月23日,第2版。

调查人主动认罪认罚,有下列情形之一的,监察机关经领导人员集体研究,并报上一级监察机关批准,可以在移送人民检察院时提出从宽处罚的建议:(一)自动投案,真诚悔罪悔过的;(二)积极配合调查工作,如实供述监察机关还未掌握的违法犯罪行为的;(三)积极退赃,减少损失的;(四)具有重大立功表现或者案件涉及国家重大利益等情形的。"作为《监察法》中明确提及"认罪认罚"的唯一条文,其具体内容有三个方面值得关注:

一是《监察法》对认罪认罚从宽制度的规定非常简略。《监察法》将"认罪认罚"一词直接置于法条中,并未对认罪认罚从宽作出概念界定,对其制度功能和原则定位也没有明确规定。如何准确地理解和把握"认罪""认罚"和"从宽"的具体内涵和外延边界,如何科学规范地适用相关的程序规则,《监察法》都没有提供明确的法律依据和方向性指引。

二是监察程序中的认罪认罚并非独立的从宽处罚情节。根据《监察法》第31条的规定,涉嫌职务犯罪的被调查人认罪认罚的,还要有"自动投案,真诚悔罪悔过""积极配合调查工作,如实供述监察机关还未掌握的违法犯罪行为""积极退赃,减少损失"或者"具有重大立功表现或者案件涉及国家重大利益等"四种情形之一的,才可由监察机关在移送检察院时提出从宽处罚的建议。换言之,"《监察法》第31条确实提及了'认罪认罚',但其混杂于自首、立功、退赃等从宽情节之中,并没有单独作为认罪认罚运行机制予以对待。"[1]

三是《监察法》对认罪认罚从宽的认定采用了集体决策和上级审批的程序设计。按照第31条的规定,监察机关对于认罪认罚的被调查人拟向检察院提出从宽处罚建议的,不仅需要单位领导的集体讨

---

[1] 陈伟:《监察法与刑法的衔接协调与规范运行》,载《中外法学》2019年第2期。

论研究,还必须获得上一级监察机关的批准,具体承办案件的监察人员没有独立的决定权。之所以如此设计,"是为了确保决策程序公开公正,防止随意性,有利于给予与被调查人罪责轻重相适应的法律制裁,也有利于体现对悔过自新的被调查人宽大处理的政策意图。"[1]简言之,聚合集体的智慧,再由上一级监察机关审核把关,可以避免个人权力滥用的风险,同时确保案件的质量。

通过上述初步分析可以明显感受到,《监察法》对于认罪认罚从宽制度的规定较为原则。究其原因:一是《监察法》在较短的时间内将有关监察机关的组织体系、职责权限、行为程序等含有组织法和程序法元素的内容统一打包规定[2],宜粗不宜细的立法特点较为明显,作为程序性规定的"认罪认罚从宽"只能是更为粗线条的"一笔带过"。二是《监察法》在制定过程中,国家将监察体制改革的目标定位为"整合反腐败资源力量,加强党对反腐败工作的集中统一领导,构建集中统一、权威高效的中国特色国家监察体制,实现对所有行使公权力的公职人员监察全覆盖"。[3] 有学者就此指出:"为实现高效反腐的目的,被调查人的权利必然会在一定程度上作出'退让',如《监察法》没有规定被调查人有获得律师帮助或者辩护的权利,留置措施中通知家属设置'有碍调查除外'的规定等。"[4]在监察程序强职权色彩的背景下,认罪认罚从宽作为被追诉人的一项重要权利,在监察调查中也会受到一定程度的限制,较为明显的表现就

---

[1] 中共中央纪律检查委员会法规室、中华人民共和国国家监察委员会法规室编写:《〈中华人民共和国监察法〉释义》,中国方正出版社2018年版,第163页。
[2] 参见秦前红、刘怡达:《国家监察体制改革的法学关照:回顾与展望》,载《比较法研究》2019年第3期。
[3] 李建国:《关于〈中华人民共和国监察法(草案)〉的说明》,2018年3月13日在第十三届全国人民代表大会第一次会议上,载中国人大网(http://www.npc.gov.cn/zgrdw/npc/xinwen/2018-03/14/content_2048551.htm),访问日期:2021年9月24日。
[4] 汪海燕:《职务犯罪案件认罪认罚从宽制度研究》,载《环球法律评论》2020年第2期。

是《监察法》没有就涉及被调查人"认罪""认罚"等权利性的行为作出概念性的细化规定,对认罪认罚从宽的知情权、提出意见权等也没有在立法中明确,这在某种程度上与《监察法》的目标导向以及强职权色彩紧密相关。总之,《监察法》对于认罪认罚从宽制度规定得较为原则,甚至有些"粗糙",导致其与《刑事诉讼法》在该项制度的衔接上存在着某些程序性操作上的"空档"以及差异化认识。

二、认罪认罚从宽制度在"两法"衔接中的认识差异和程序抵牾

《监察法》第31条将认罪认罚与自首、立功、退赃等情形"打包"在一起作为监察机关移送检察院时提起"从宽处罚的建议"的情节,此种立法方式可能导致对"被调查人在监察程序中单纯认罪认罚的"能否从宽产生争议,而且将各种从宽情节打包式的列举还导致对《监察法》中"认罪""认罚"以及"从宽"的理解与《刑事诉讼法》中对应概念的认识产生一定差异,进而引发不同程序衔接中的各种抵牾。

(一)《监察法》与《刑事诉讼法》对认罪认罚从宽的差异化理解

虽然《监察法》没有对"认罪""认罚"与"从宽"作出明确的内涵阐释,但是,《监察法》第31条将"认罪认罚"与"自动投案,真诚悔罪悔过""如实供述监察机关还未掌握的违法犯罪行为""积极退赃"以及"有重大立功表现或者案件涉及国家重大利益"等情形并列适用,至少表明立法者认为这几种特殊情形与认罪认罚并不存在外延上的直接交叉或重叠。但从《刑事诉讼法》及相关规范文件对"认罪""认罚"概念的界定来看,其与《监察法》中"认罪认罚"以及上述几种特殊情形的规定仍然存在着认识上的分歧和操作上的差异。

1."自愿消极"地承认指控未纳入《监察法》中认罪的范畴

《监察法》第31条开头便提及涉嫌职务犯罪的被调查人要"主动"认罪认罚,并在该条的第1项、第2项以及第3项分别用"自动投案""积极配合调查""积极退赃"等语词申明被调查人的认罪认罚应当具有"自动性""积极性"的特点。简言之,《监察法》认为认罪认罚中的"认"应有内心的自觉和外在的积极行动,于是在立法时专门增加"主动"二字,在规定特殊情形时还增加"自动""积极"等词以呼应认罪认罚"主动性"的外在标准。但从《刑事诉讼法》对"认罪认罚"的规定来看,此处的"认"既可以是主动为之,也可以是消极被动的认可。具言之,《刑事诉讼法》第15条规定:"犯罪嫌疑人、被告人自愿如实供述自己的罪行,承认指控的犯罪事实,愿意接受处罚的,可以依法从宽处理。"其中,"认罪"有两种表现情形:一种是"犯罪嫌疑人、被告人自愿如实供述自己的罪行",包括(1)自首,即被追诉人主动将自己置于有关机关的控制之下,并自愿如实供述自己的罪行;(2)坦白,即虽未自动投案,但能如实供述自己的罪行。这两者都具有认罪"自动性"的特点,自首更是有"自动投案"的明确表述。另一种则是"承认指控的犯罪事实",这是指犯罪嫌疑人、被告人没有自动投案,也未主动坦白,但在接受讯问时能够(自愿但消极地)"承认指控的犯罪事实"[1]。例如,实践中,存在大量的经多次讯问都不作有罪供述,但在补充侦查、补充调查,或者经过反复启发、出示部分证据之后在检察机关提起公诉前"承认指控的犯罪事实"的情形。如果这些情形出现在监察程序中,被调查人同时又表示愿意接受处罚的,监察机关能否提出从宽处罚的建议? 从《监察法》的立法意图看,恐怕答案会是否定的。可见,《监察法》中的认罪认罚强调"认"

---

[1] 参见周光权:《论刑法与认罪认罚从宽制度的衔接》,载《清华法学》2019年第3期。

的"主动性""自动性"和"积极性",排斥《刑事诉讼法》中提出的自愿消极地承认指控犯罪的情形,这无形中会缩小认罪认罚从宽制度在监察程序中的适用范围。

2.《监察法》中的"特定情形"是认罪认罚之外可以从宽的必备要素

《监察法》第 31 条采用了"认罪+认罚+特殊情形=从宽"的立法模式,诸如自动投案,真诚悔罪悔过的;积极配合调查工作,如实供述监察机关还未掌握的违法犯罪行为的;积极退赃,减少损失的;具有重大立功表现或者案件涉及国家重大利益等情形,都属于认罪认罚之外从宽的特殊情形和必备要件。这意味着《监察法》中被调查人认罪认罚并非从宽的独立法定情节。但实际情况是,上述的四种特殊情形,其实在《刑法》中大多属于独立的"从宽情节"。例如,"自动投案,真诚悔罪悔过"类似于《刑法》中关于自首的规定。因为《刑法》第 67 条第 1 款明文规定:"犯罪以后自动投案,如实供述自己的罪行的,是自首。对于自首的犯罪分子,可以从轻或者减轻处罚。其中,犯罪较轻的,可以免除处罚。"二是"积极配合调查工作,如实供述监察机关还未掌握的违法犯罪行为的"情形与《刑法》第 67 条第 2 款和第 3 款[1]规定的特殊自首以及坦白的情节相近。例如,被调查人如实供述的监察机关还未掌握的犯罪事实与已掌握的犯罪事实是同种类型的犯罪属于坦白;若是不同种类型的犯罪则属于特殊自首;如果被调查人供述监察机关还未掌握的他人的犯罪事实,还可能符合立功的条件。三是"积极退赃,减少损失"的情形与《刑法》第 383 条

---

[1]《刑法》第 67 条第 2 款和第 3 款规定:被采取强制措施的犯罪嫌疑人、被告人和正在服刑的罪犯,如实供述司法机关还未掌握的本人其他罪行的,以自首论。犯罪嫌疑人虽不具有前两款规定的自首情节,但是如实供述自己罪行的,可以从轻处罚;因其如实供述自己罪行,避免特别严重后果发生的,可以减轻处罚。

第 3 款和第 386 条中的犯贪污受贿罪中的规定,即"在提起公诉前如实供述自己罪行、真诚悔罪、积极退赃,避免、减少损害结果的发生,根据犯罪数额和犯罪情节,可以从轻、减轻、免除处罚"基本相同。四是"重大立功表现"情形与《刑法》第 68 条中"有重大立功表现的,可以减轻或者免除处罚"的规定基本相同。2021 年 9 月 20 日出台并施行的《监察法实施条例》第 214 条[1]、第 215 条[2]、第 216 条[3]和

---

[1] 《监察法实施条例》第 214 条:涉嫌职务犯罪的被调查人有下列情形之一,如实交代自己主要犯罪事实的,可以认定为监察法第三十一条第一项规定的自动投案,真诚悔罪悔过:(一)职务犯罪问题未被监察机关掌握,向监察机关投案的;(二)在监察机关谈话、函询过程中,如实交代监察机关未掌握的涉嫌职务犯罪问题的;(三)在初步核实阶段,尚未受到监察机关谈话时投案的;(四)职务犯罪问题虽被监察机关立案,但尚未受到讯问或者采取留置措施,向监察机关投案的;(五)因伤病等客观原因无法前往投案,先委托他人代为表达投案意愿,或者以书信、网络、电话、传真等方式表达投案意愿,后到监察机关接受处理的;(六)涉嫌职务犯罪潜逃后又投案,包括在被通缉、抓捕过程中投案的;(七)经查实确已准备去投案,或者正在投案途中被有关机关抓获的;(八)经他人规劝或者在他人陪同下投案的;(九)虽未向监察机关投案,但向其所在党组织、单位或者有关负责人员投案,向有关巡视巡察机构投案,以及向公安机关、人民检察院、人民法院投案的;(十)具有其他应当视为自动投案的情形。被调查人自动投案后不能如实交代自己的主要犯罪事实,或者自动投案并如实供述自己的罪行后又翻供的,不能适用前款规定。

[2] 《监察法实施条例》第 215 条:涉嫌职务犯罪的被调查人有下列情形之一的,可以认定为监察法第三十一条第二项规定的积极配合调查工作,如实供述监察机关还未掌握的违法犯罪行为:(一)监察机关所掌握线索针对的犯罪事实不成立,在此范围外被调查人主动交代其他罪行的;(二)主动交代监察机关尚未掌握的犯罪事实,与监察机关已掌握的犯罪事实属不同种罪行的;(三)主动交代监察机关尚未掌握的犯罪事实,与监察机关已掌握的犯罪事实属同种罪行的;(四)监察机关掌握的证据不充分,被调查人如实交代有助于收集定案证据的。前款所称同种罪行和不同种罪行,一般以罪名区分。被调查人如供述其他罪行的罪名与监察机关已掌握犯罪的罪名不同,但属选择性罪名或者在法律、事实上密切关联的,应当认定为同种罪行。

[3] 《监察法实施条例》第 216 条:涉嫌职务犯罪的被调查人有下列情形之一的,可以认定为监察法第三十一条第三项规定的积极退赃,减少损失:(一)全额退赃的;(二)退赃能力不足,但被调查人及其亲友在监察机关追缴赃款赃物过程中积极配合,且大部分已追缴到位的;(三)犯罪后主动采取措施避免损失发生,或者积极采取有效措施减少、挽回大部分损失的。

第217条〔1〕的规定恰好印证了上述分析。可见,《监察法》中给予涉嫌职务犯罪的被调查人从宽处理的条件已超出《刑事诉讼法》认罪认罚从宽制度的要求,其实质是《刑事诉讼法》中认罪认罚的要求与《刑法》中的自首、立功、贪污受贿中的退赃等相关规定的糅合。〔2〕这种立法模式将监察程序中被调查人认罪认罚的"从宽"人为限定在更小的范围。

3.《监察法》中的从宽不包括"程序性从宽"

根据《监察法》的规定,如果被调查人认罪认罚,且有第31条规定的四种特殊情形的,监察机关可以在移送人民检察院时提出"从宽处罚的建议"。按照参与立法的同志对条文的释义,"从宽处罚的建议包括从轻处罚、减轻处罚和免除处罚。"〔3〕此种理解将"从宽"解释为实体上的从宽。《监察法实施条例》第213条第1款也规定的是监察机关在移送检察机关审查起诉时仅能依法提出从轻、减轻或者免除处罚等从宽处罚建议。但从《刑事诉讼法》第15条的规定来看,如果犯罪嫌疑人、被告人认罪认罚的,"可以依法从宽处理"。

---

〔1〕《监察法实施条例》第217条:涉嫌职务犯罪的被调查人有下列情形之一的,可以认定为监察法第三十一条第四项规定的具有重大立功表现:(一)检举揭发他人重大犯罪行为且经查证属实的;(二)提供其他重大案件的重要线索且经查证属实的;(三)阻止他人重大犯罪活动的;(四)协助抓捕其他重大职务犯罪案件被调查人、重大犯罪嫌疑人(包括同案犯)的;(五)为国家挽回重大损失等对国家和社会有其他重大贡献的。前款所称重大犯罪一般是指依法可能被判处无期徒刑以上刑罚的犯罪行为;重大案件一般是指在本省、自治区、直辖市或者全国范围内有较大影响的案件;查证属实一般是指有关案件已被监察机关或者司法机关立案调查、侦查,被调查人、犯罪嫌疑人被监察机关采取留置措施或者被司法机关采取强制措施,或者被告人被人民法院作出有罪判决,并结合案件事实、证据进行判断。监察法第三十一条第四项规定的案件涉及国家重大利益,是指案件涉及国家主权和领土完整、国家安全、外交、社会稳定、经济发展等情形。

〔2〕参见詹建红:《认罪认罚从宽制度在职务犯罪案件中的适用困境及其化解》,载《四川大学学报(哲学社会科学版)》2019年第2期。

〔3〕中共中央纪律检查委员会法规室、中华人民共和国国家监察委员会法规室编写:《〈中华人民共和国监察法〉释义》,中国方正出版社2018年版,第163页。

一般来说，"处理"比"处罚"的类型和范围更广，"从宽处理"不同于"从宽处罚"，其外延不仅包括实体从宽，还可扩展至程序从宽。程序上的从宽处理主要表现为三个方面：一是对于被告人认罪认罚的可以程序从简，如在审判中适用简易程序或速裁程序，具体规定在《刑事诉讼法》第三编第二章第三节和第四节的相关条文中；二是对于犯罪嫌疑人、被告人认罪认罚的尽可能适用轻缓化的强制措施，具体规定在《刑事诉讼法》第 81 条第 2 款，犯罪嫌疑人认罪认罚的情形可以作为不具有社会危险性，不予逮捕的重要考量因素[1]；三是犯罪嫌疑人认罪认罚的可以在诉讼程序上提前终止[2]，例如，《刑事诉讼法》第 182 条第 1 款规定："犯罪嫌疑人自愿如实供述涉嫌犯罪的事实，有重大立功或者案件涉及国家重大利益的，经最高人民检察院核准，公安机关可以撤销案件，人民检察院可以作出不起诉决定，也可以对涉嫌数罪中的一项或者多项不起诉。"由于《监察法》对于被调查人认罪认罚的情形仅表述为可以"提出从宽处罚的建议"，不能涵盖程序上的从宽处理，导致《监察法》较之《刑事诉讼法》对认罪认罚后"从宽"的手段和方式更为狭窄，这在一定程度上可能会降低或减损认罪认罚从宽制度在反腐败犯罪工作中的激励作用和效率价值。有监察机关的同志就指出："在《监察法》中职务犯罪有具有重大立功表现或者案件涉及国家重大利益等情形的，监察机关向检察机关提出从宽处罚的建议，但监察机关不能启动撤案程序，只有从宽建议权"。[3]

---

[1]《人民检察院刑事诉讼规则》第 140 条规定："犯罪嫌疑人涉嫌的罪行较轻，且没有其他重大犯罪嫌疑，具有下列情形之一的，可以作出不批准逮捕或者不予逮捕的决定：……(五)犯罪嫌疑人认罪认罚的；……"

[2] 参见胡云腾主编：《认罪认罚从宽制度的理解与适用》，人民法院出版社 2018 年版，第 3 页。

[3] 熊小刚：《〈监察法〉中认罪认罚从宽制度的适用》，载《人民法治》2019 年 10 期。

综上,《监察法》与《刑事诉讼法》对认罪认罚从宽制度的规定存在内涵界定上的差异,外延适用上的错位。首先,《监察法》将"主动性""自动性"纳入认罪认罚中"认"的外延,无形中将自愿但消极地"承认指控的犯罪事实"的情形排除出"可以从宽"的情形,缩小了监察程序中适用认罪认罚从宽制度的范围。其次,《监察法》规定的对被调查人可以提出从宽处罚的建议,除了认罪认罚外,还要满足一些额外的情形或要素,如自首、退赃、立功等。这些情形本身就是量刑裁量时须考虑的从宽因素,与认罪认罚可叠加运用,但《监察法》将这些要素与认罪认罚"打包""杂糅"在一起,一定程度上否定了被调查人仅有认罪认罚的情形也能够被从宽处罚的可能。最后,《监察法》将"从宽"限定在实体法的从宽处罚层面,没有规定程序从简、强制措施的宽缓适用以及程序的提前终止等程序法上从宽处理的情形,无形中也限制了认罪认罚的被调查人可以在后续司法程序中被"从宽"处理的多种可能。

总之,《监察法》中给予涉嫌职务犯罪的被调查人从宽处理的门槛较高,适用条件已超出《刑事诉讼法》中犯罪嫌疑人、被告人单纯认罪认罚可以从宽的要求,这在一定程度上会降低认罪认罚从宽制度在职务犯罪案件中的适用率,也不利于认罪认罚在后续刑事诉讼中的确认和制度适用。

(二)"两法"衔接中的制度适用与程序抵牾

由于立法表述上的"差异"和立法技术上的"错位",被调查人或被追诉人在监察调查程序或刑事诉讼程序中认罪认罚的,其获得从宽处理的认定标准并不统一,由此产生了认罪认罚从宽制度在"两法"衔接中有关适用规则和具体程序上的抵牾。

1. 认定从宽的标准不一致

如前所述,由于《监察法》中给予涉嫌职务犯罪的被调查人从宽处罚的门槛较高,适用条件已超出《刑事诉讼法》中犯罪嫌疑人、被告人单纯认罪认罚可以从宽的情形,即便检察院和法院在刑事诉讼中认为犯罪嫌疑人、被告人有认罪认罚情形的,由于他们在监察调查阶段没有自首、立功或者退赃等其他特殊情形,监察机关一般不会提出从宽处罚建议。而且,《监察法》也没有规定被调查人在监察程序中认罪,愿意接受处罚的,应当记录在案,随案移送,并在起诉意见书中写明有关情况。虽然,新近出台的《监察法实施条例》第219条第2款规定了被调查人在调查阶段有认罪认罚情形,但不符合《监察法》规定的提出从宽处罚建议条件的,监察机关也应当将该种情形写入《起诉意见书》。但是,如果案件进入刑事诉讼程序,检察院或法院认为犯罪嫌疑人、被告人在监察调查环节有认罪认罚的事实和情节,能否直接向监察机关查阅、调取相应的材料?能否向监察办案人员调查核实相关案情?能否将案件退回监察机关补充调查或者让监察机关补充提供材料?这些在《监察法》和《监察法实施条例》中都没有规定,程序上存在空白。上述原因使得检察院和法院不能及时准确地查明被调查人在监察调查环节是否有认罪认罚的情节,仅能在案件进入刑事诉讼程序后进行认定,由此给予的从宽幅度也会因认定时间、认定阶段的后移而"打折扣",不利于认罪认罚从宽制度在职务犯罪案件中的彻底贯彻。

2. 认定从宽的幅度不统一

即使被调查人在监察调查阶段认罪认罚,同时又有自首、立功、退赃等特殊情形,监察机关在移送检察院时也提出了从宽处理的建议,但是在从宽幅度的把握上可能与后续检察院或法院的认定尺度存在差异。如前所述,在刑事诉讼中,认罪认罚本身就是独立的量刑从宽情节[1],自首、立功以及贪污受贿案件中的退赃也是法定的从宽情节,多种量刑情节叠加在一起,从宽幅度一般要"折上折"。"两高三部"《指导意见》第9条第2款就规定:"对犯罪嫌疑人、被告人具有自首、坦白情节,同时认罪认罚的,应当在法定刑幅度内给予相对更大的从宽幅度。认罪认罚与自首、坦白不作重复评价。"但是,从《监察法》第31条的规定看,监察机关是在被调查人"认罪+认罚+特殊情形"时才会提出从宽处罚建议,特殊情形中的"自首""立功""退赃"等情形很可能会直接吞并既有的"认罪""认罚"。参与立法的同志在有关《监察法》的释义书中就认为,被调查人的认罪认罚,在主观上表现为能够认识到自己的行为违反了法律的规定,愿意接受法律的制裁,并对自己的所作所为感到后悔;在客观上则是表现为"自动投案、真诚悔罪悔过、积极配合调查工作、如实供述监察机关还未掌握的违法犯罪行为,积极退赃、减少损失"[2]。这不免让人怀疑,《监察法》视域中的认罪认罚与自首、立功、退赃等情节其实是"一体两面"下的主客观统一。倘真如此,《监察法》中被调查人认罪认罚,同时又有自首、立功、退赃的,就不会有"从宽"的叠加计算,也不会有所谓的"折上折"。那么,当案件进入刑事诉讼程序,检察院或法院就可能上调监察机关建议的从宽处罚的幅度,给予犯罪嫌疑人、被告人更大的从宽优惠。但因为监察机关在我国的特殊地位,监察机关与纪委合署,是强大的纪检监察力量,处于我国集中型权力构造的重要位

---

[1] 参见樊崇义:《认罪认罚从宽与自首坦白》,载《人民法治》2019年第1期。又见陈国庆:《量刑建议的若干问题》,载《中国刑事法杂志》2019年第5期。
[2] 中共中央纪律检查委员会法规室、中华人民共和国国家监察委员会法规室编写:《〈中华人民共和国监察法〉释义》,中国方正出版社2018年版,第161页。

置[1],考虑到我国目前的政治结构和法律关系,监察全覆盖,检察官和法官都是被监察的对象[2],加之监察机关提出的从宽处罚建议经过了集体研究,且有上一级监察机关的批准同意,上述从宽幅度的调整是否需要事先与监察机关沟通或通知监察机关,甚至是否要征得监察机关的同意,如果监察机关对此有异议应如何处理,都存在程序设定和衔接上的问题。

3. 从宽的认定程序模糊不清

根据《刑事诉讼法》和《指导意见》的规定,认罪认罚从宽是刑事诉讼的一项基本原则,适用于诉讼的各个重要阶段,即使是在侦查阶段,侦查机关也有落实认罪认罚从宽制度的诸多职责和义务。首先,权利告知义务和听取意见的职责。《指导意见》第22条第1款规定:"公安机关在侦查过程中,应当告知犯罪嫌疑人享有的诉讼权利、如实供述罪行可以从宽处理和认罪认罚的法律规定,听取犯罪嫌疑人及其辩护人或者值班律师的意见,记录在案并随案移送。"其次,认罪教育的职责,《指导意见》第23条规定:"公安机关在侦查阶段应当同步开展认罪教育工作,但不得强迫犯罪嫌疑人认罪,不得作出具体的从宽承诺。犯罪嫌疑人自愿认罪,愿意接受司法机关处罚的,应当记录在案并附卷。"此外,《指导意见》第24条还规定了制作起诉意见书时需要写明的相关内容,即"对移送审查起诉的案件,公安机关应当在起诉意见书中写明犯罪嫌疑人自愿认罪认罚情况。认为案件符合速裁程序适用条件的,可以在起诉意见书中建议人民检察院适用速裁程序办理,并简要说明理由"。由于职务犯罪案件的监察调查属

---

[1] 参见龙宗智:《监察与司法协调衔接的法规范分析》,载《政治与法律》2018年第1期。
[2] 参见龙宗智:《新〈人民检察院刑事诉讼规则〉若干问题评析》,载《法学杂志》2020年第5期。

于司法程序的前程序,在检察机关审查起诉的前端,比照侦查机关的相关职责和义务,为了使监察与司法在认罪认罚从宽制度上的衔接能有效运行,监察机关在调查办案中也有必要履行相应的权利告知、听取意见、认罪教育等职责,同时担负制作完整的起诉意见书等工作。但就目前来看,《监察法》及相应的规范性文件对上述内容的规定都失之阙如,这不免使认罪认罚从宽制度在监察调查环节的程序性适用上模糊不清,办案人员有时也无所适从。

除此以外,有监察部门的同志还认为对于认罪认罚的案件要精准提出从宽处罚建议。"监察机关作为职务犯罪案件的调查机关,在案件移送审查起诉时提出认罪认罚从宽建议,不仅要确保移送案件事实清楚,证据确实、充分,还要注重从宽处罚建议的精准把握,做到有理、有据、有效。"[1]如何理解从宽处罚建议的精准化?是提出概括性的量刑处罚建议,还是幅度刑或确定刑的量刑处罚建议?而且,精准化的处罚建议如何有效影响裁判机关的量刑?这些也都涉及监察调查环节认罪认罚的相关程序性问题,但《监察法》《监察法实施条例》以及相关规范都没有规定。上述问题不仅反映出《监察法》和《刑事诉讼法》在认罪认罚从宽制度的适用范围、适用条件、适用标准上认识并不统一,而且在程序衔接中也有抵牾、脱节等问题,不利于充分发挥认罪认罚从宽制度在惩治职务犯罪中的积极作用。

三、认罪认罚从宽制度在监察与司法有效衔接中的完善建议

随着国家监察体制改革的深入推进以及《刑事诉讼法》的修改完

---

[1] 蒋莉:《依法规范精准提出从宽处罚建议》,载《中国纪检监察报》2020年5月6日,第6版。

善,职务犯罪案件适用认罪认罚从宽制度在《监察法》和《刑事诉讼法》中都有了直接或间接的规定。为了提升认罪认罚从宽制度在职务犯罪案件中的适用比例和积极效果,进一步完善监察调查程序与刑事诉讼程序的衔接机制,有必要从提升认识、完善规范、保障权益等多个方面作出努力。

(一)提升监察机关对认罪认罚从宽制度重大意义的认识

在当前的监察调查工作中,一些监察人员在实践办案中对于何谓"认罪""认罚",如何提出"从宽处罚的建议"并不清楚,不会适用认罪认罚从宽制度。还有一些监察人员认为调查环节的主要任务在于取证"突破"案件,落实认罪认罚从宽制度是后期检察院和法院在刑事诉讼中的主要工作,从而忽略适用认罪认罚从宽制度。还有一些监察人员认为即使自身在办案过程中不对调查对象告知、宣讲认罪认罚从宽的刑事政策意义和制度红利,该调查对象在后续的审查起诉、审判阶段仍然有获得从宽处理的机会,因而怠于适用认罪认罚从宽制度。还有部分监察人员存在不当行使从宽处罚权的错误做法,如滥用"四种形态"处置权,将一些构成犯罪的情形认定为其他非犯罪形态,作出非罪化处理,抑或其建议的从宽处罚幅度超出了应有的"优惠"范围,导致后续检察院和法院无法兑现从宽承诺,对司法公信力产生一定的负面影响。

产生上述问题的原因是多方面的,其中最为重要的原因还在于一些地方的监察机关对认罪认罚从宽制度在职务犯罪中的适用重视程度不够,加之该项制度在全国范围内的推行时间不长,制度实施中出现的一些新情况、新问题还处于探索、磨合阶段,由此出现监察人员在办案中不会、漠视、懈怠、不当适用认罪认罚从宽制度等现实情况。为此,各级监察机关以及监察人员应当进一步提高政治站位,站在历史和全局的高度,深入学习认罪认罚从宽制度的精神内涵,深刻理解认罪认罚从宽制度在落实宽严相济刑事政策,有效惩治犯罪,强化人权保障,优化资源配置,提升办案质效等方面的价值目标和重要意义,充分认识认罪认罚从宽制度对减少社会对抗,修复社会关系,维护社会稳定,促进社会和谐,提升国家治理体系和治理能力现代化的深远影响。只有这样,才能统一思想,坚定信心,确保符合标准和条件的职务犯罪案件在监察调查环节能够被适用、尽用认罪认罚从宽制度,使该项制度在"两法"衔接中平稳、有序运行。

(二)法律规范的补充与完善

鉴于《监察法》对认罪认罚从宽制度规定得过于粗糙和模糊,与《刑事诉讼法》的相关规定还存在脱节、抵牾之处,建议由《刑法》统一将认罪认罚作为独立的从宽量刑情节予以规定。同时,借鉴《指导意见》的相关规定,在《刑法》或司法解释中将认罪、认罚以及从宽的概念予以明确,在界定"认罪""认罚"概念的同时还有必要将其与"自首""坦白""立功"之间的联系和区别加以厘定。在界定"从宽"的概念时,明确认罪认罚中的"从宽"既包括实体上的从宽处罚,还包括程序上的从宽处理。这样可以首先从实体层面统一《监察法》与《刑事诉讼法》在认罪认罚从宽制度适用上的范围、条件和标准,消弭分歧争议。其次,监察机关应与检察院、法院共同会签有关"两法"衔接中涉及认罪认罚从宽制度的相关程序性规定,明确监察机关在贯彻落实认罪认罚从宽制度时应履行的职责和义务。其实此类会签文件在一些地方已经有所实践,例如,2019年8月,广西壮族自治区检察院就与自治区监委召开办理职务犯罪案件有关问题的协商会,就认罪认罚等工作深入研讨交流、达成共识,由该自治区检察院联合自治区监委、自治区高级人民法院印发《移送职务犯罪案件工作流程

（试行）》，从监察调查、检察起诉、法院判决等环节提出明确的工作要求，制定适用"认罪""认罚""从宽"的具体规定，进一步规范认罪认罚从宽制度的适用条件。[1] 再如，2019年7月，山西省临汾市监委、临汾市检察院、临汾市中级人民法院联合出台《关于在办理职务犯罪案件中适用认罪认罚从宽制度的具体意见》，明确指出监察机关在调查阶段应告知被调查人认罪认罚的法律规定，并由被调查人签字，被调查人自愿认罪的，应当记录在案并将记录随案移送；移送审查起诉意见书时，应当载明被调查人认罪认罚的情况。[2] 类似的地方性经验完全可以通过总结提炼以国家监委与最高人民法院、最高人民检察院共同会签文件的形式出台制度实施规则，细化办案标准和工作流程，完善"两法"衔接中认罪认罚从宽制度的适用。值得注意的是，2020年12月，由国家监委、最高人民法院、最高人民检察院、公安部联合印发的《关于加强和完善监察执法与刑事司法衔接机制的意见（试行）》中专门就被调查人认罪认罚的，监察机关提出从宽处罚建议的问题进行规定，但就规定的系统性和内容的完整性而言仍有进一步完善的空间。再次，深化共识，尽快建立和完善"职务犯罪的量刑指导意见"。众所周知，2017年5月，最高人民法院出台《关于常见犯罪的量刑指导意见（二）（试行）》，2021年7月，"两高"联合下发实施《关于常见犯罪的量刑指导意见（试行）》，两个"意见"共规定了31种常见犯罪的量刑标准，但并未涉及职务犯罪的量刑标准。国家监委与最高人民法院、最高人民检察院有必要深化共识，借助大数据、人工智能等辅助系统，梳理职务犯罪案件中各种法定和酌

---

[1] 参见邓铁军、郑燕：《检察+监察+法院：1+1+1>3——广西：三方合力推动职务犯罪领域适用认罪认罚从宽制度》，载《检察日报》2020年10月17日，第3版。
[2] 参见白洁：《临汾市检察院与市监委、市中院联合出台意见》，载临汾新闻网（http://www.lfxww.com/linfen/fzsh/2611882.html），访问日期：2020年12月15日。

定的量刑情节,明确职务犯罪的量刑标准,形成统一的量刑尺度和规范。最后,国家监委和"两高"还有必要进一步探索出台职务犯罪案件适用认罪认罚从宽制度的指导性案例或典型案例,针对"两法"衔接在实践中出现的新情况、新问题及时作出总结和回应。

(三)保障被调查人的各项权益,确保认罪认罚的自愿性和真实性

落实监察调查程序中的认罪认罚从宽制度,其中非常重要的一点是要确保被调查人真诚悔罪,自愿认罪认罚。这样在实体和程序上给予的从宽"优惠"才能发挥制度应有的价值功能。而要确保被调查人认罪认罚的自愿性和真实性,则须在制度推行中努力保障被调查人的各项权益。从《监察法》的规定看,这方面的权益保障规定不足,实践操作处于空白,有必要填补并逐步强化。

一是保障被调查人的知情权。监察机关认为被调查人涉嫌职务犯罪的,在谈话或讯问时要履行应尽的告知义务。虽然 2021 年 9 月出台的《监察法实施条例》第 83 条规定了监察机关要向被调查人告知认罪认罚的法律规定,但就具体的告知内容,如被调查人涉嫌的罪名、享有的各项权利以及如实供述罪行、愿意接受处罚可以从宽处理的法律规定、认罪认罚的性质和法律后果等规定得还较为分散或尚未明确。未来应进一步细化告知内容和告知方式,须知只有在被调查人充分了解上述情况信息的基础上,其作出的认罪认罚才会具有明智性、自愿性和真实性。

二是要保障被调查人的参与权。监察机关在办案过程中可开展对被调查人的认罪教育工作,但不得以非法手段强迫被调查人认罪。同时,对于认罪认罚的职务犯罪案件,监察机关要听取被调查人对有关涉嫌罪名、罪数、刑罚处罚建议乃至后续诉讼程序适用等各方面的

意见建议,以融入更多的协商因素,提升职务犯罪案件适用认罪认罚从宽制度中被调查人的参与度。

　　三是保障被调查人获得必要的法律帮助权。目前,办理职务犯罪案件在监察调查环节,辩护律师不能介入。和其他犯罪案件的侦查阶段相比,涉嫌犯罪的被调查人难以获得有效辩护,其对于认罪认罚从宽制度的认识、理解以及制度的意义和性质等都可能存在一定程度的认知障碍。为了有效保障认罪认罚从宽制度的推行,建议增加规定:在监察调查程序终结,准备移送审查起诉前,由值班律师介入,对被调查人的认罪认罚提供必要的法律帮助,并提出意见。这样规定是因为法律援助值班律师并不具有辩护人的身份,其更接近于公职律师,为被调查人提供法律帮助并不会与《监察法》产生直接的"硬冲突"。[1] 另外,监察机关也可以邀请检察院提前介入,对被调查人认罪认罚的明智性、自愿性,对相关证据、案卷材料的完整性、真实性等进行审查,必要时还可对被调查人开展案件调查终结前的询问,对相关录音录像材料进行查阅。

　　除此以外,监察机关与检察院、法院在认罪认罚的认定以及从宽幅度的适用等标准上也应进一步完善沟通协商机制。对于认罪认罚从宽制度适用上的分歧,材料的补充移送等都应由具体部门负责对接,必要时由上级党委对各机关之间的衔接工作予以协调,确保案件办理的政治效果、法律效果和社会效果的有机统一。

---

[1] 参见孔令勇:《新监察制度与认罪认罚从宽制度的错位及衔接》,载《安徽大学学报(哲学社会科学版)》2020年第4期。

四、本章结语

在全面从严治党和深化司法体制、监察体制改革的时代背景下,以职务犯罪为切入点,构建认罪认罚从宽语境下的协商机制具有理论与实践、实体与程序的双重意义。由于我国司法制度改革和国家监察体制改革的相对独立,加之不同法律文本的制定和修改先后有序,导致监察与司法对认罪认罚从宽制度的认识与理解存有较大差异,在相应的认定标准、从宽幅度和操作程序上也并不协调。为此,需要从制度共识、规范细化和权利保障等多个方面及时作出调适与完善,不断优化认罪认罚从宽制度在监察与司法两套程序间的过渡衔接机制,确保职务犯罪案件中认罪认罚从宽制度的适用能落实到位,真正实现国家反腐败工作的法治化和科学化,把制度优势转化为治理效能。期望本章内容的分析讨论能够引起理论界和实务界更多的同仁一起关注职务犯罪案件中认罪认罚从宽制度的适用和在不同程序之间的有效衔接,持续推动认罪认罚从宽制度的发展与成熟。

第五章
检察提前介入机制在监察与司法衔接中的适用

本章导读：

　　检察提前介入侦查脱胎于 20 世纪饱受诟病的"一长代三长""联合办案"方式，后经司法实践的不断探索和改造，逐渐发展完善，其功能为提升办案质效、强化侦查监督，理论基础为"公诉准备说"和"法律监督论"。随着国家监察体制改革的深入，检察提前介入监察在规范与实践中逐渐被提及运用。与检察提前介入侦查不同，监察机关的宪法定位和职权配置，以及监察程序的完整性、闭合性和自洽性，使"监察独立说"成为检察提前介入监察的基本理论依据。在这一理论引领下，检察机关提前介入主要是为了配合协助监察机关，提升其在反腐工作中办理职务犯罪案件的质量和效率，破除"两法"衔接中的程序障碍。检察提前介入监察的相关机制构建，如提前介入的启动方式、时点节点、案件适用范围、提前介入后的基本流程安排等也都由此衍生。

　　为了做好职务犯罪案件监察与司法的有序衔接，国家监察委员会与最高人民检察院《办理职务犯罪案件工作衔接办法》（以下简称《衔接办法》)和《监察机关监督执法工作规定》(以下简称《工作规定》)都规定了检察提前介入监察工作机制。由于监察权在国家权力体系中的特殊地位和性质,监察调查不同于刑事侦查,监察办案与刑事诉讼亦属不同程序,简单援引检察提前介入侦查的相关理论并不能准确阐释检察提前介入监察的本质特征和运行规律,亦无法合理构建检察提前介入监察的相关机制。为此,有必要回溯检察提前介入机制的由来和发展,理清其基本功能,并在此基础上通过比较检察提前介入侦查与检察提前介入监察之间的异同,特别是介入过程中不同机关的相互关系与运行逻辑,探究检察提前介入监察的法理依据,构建完善提前介入的相关适用条件和程序规范,以落实监察机关与司法机关、执法部门互相配合、互相制约原则,健全权威高效、衔接顺畅的监检协作机制,推动国家反腐败工作的高质量发展。

一、检察提前介入的历史谱系梳理:由来发展与功能演变

回溯历史,检察提前介入机制从司法实践中孕育萌芽、产生确立,后经摸索发展,不断完善,最终在规范层面得以确立。

(一)检察提前介入机制的由来

20世纪50年代末,为了适应对敌斗争的需要,公检法三机关曾实行过"一竿子插到底","一员代三员,一长代三长,下去一把抓,回来再分家"的办案方式。所谓"一长代三长",是指公安局局长、检察长、法院院长可以相互替代。如公安局局长负责办案,他不仅可以代替检察长行使检察权,而且可以代替法院院长行使审判权。所谓"一员代三员"则是"一长代三长"的演绎类推。在当时法制不完备

的条件下,这种办案方式对于惩罚犯罪,保护人民,维护社会治安秩序,巩固人民民主专政,保卫社会主义革命和建设成果起到了积极作用。但是,其历史局限性和内在弊端也十分明显。山东威海地方日志记载道:"1958年,实行公安、检察、法院三机构合署办公。其做法是:'三长下去一把抓,回来再分家'和'三员顶一员'等。在'左'的思想指导下,采用'大鸣、大放、大辩论、大字报'的形式处理各类案件,大搞破案战役,错案多出于此。"[1]很快,上述做法开始被纠正。然而,"纠偏"还未全面铺开,"文化大革命"即爆发,公检法被砸烂,法制遭受严重破坏。

经过十年动乱,法制恢复重建。但20世纪80年代初,受十年动乱和长期"左"的思潮的影响,新的社会规范和秩序结构还未形成,各种矛盾累积多发,社会治安形势异常严峻。"为了搞好社会治安,推动社会风气的根本好转,巩固和发展安定团结的政治局面,保障社会主义建设的顺利进行,中共中央于1983年8月25日发出《关于严厉打击刑事犯罪活动的决定》。决定指出,从现在起,在3年内组织3个战役,按照依法'从重从快,一网打尽'的精神,对刑事犯罪分子予以坚决打击。"[2]实践中,不少地方为了对严重刑事犯罪分子一网打尽,从重从快惩处,纷纷开始了公检法三机关"联合办案"[3],检察院和法院的办案人员"提前介入"的探索。"联合办案"是对旧有"一员代三员"的改造,虽然废除了"三合一"的办案方式,但"三员"

---

[1] 威海市地方史志编纂委员会编:《威海市志》,山东人民出版社1986年版,第497页。
[2] 邢贲思主编:《〈邓小平文选〉大辞典》,中共中央党校出版社1994年版,第932页。
[3] 例如湖北省钟祥市志记载:"1983—1986年,全县开展严厉打击严重刑事犯罪(以下简称'严打')斗争。县检察院于1983年打破办案常规,在时间紧、任务重、要求高的情况下,与公安、法院配合,联合办案,完成了'严打'第一战役的审查批捕任务。"参见钟祥市地方志编纂委员会编:《钟祥市志(1979—2005)》,长江出版社2013年版,第704页。

还是从头到尾"一竿子插到底"共同办案,即由"侦查员、检察员、审判员组成办案小组,共同承办某个案件"。"从侦查、移送批捕、审查起诉和审判,都由三员共同进行;批准逮捕、起诉、判处刑罚,均由三长共同一锤定音。"[1]而"提前介入"机制,"相对于检察院而言,是指检察院在依照刑事诉讼法的规定正式受理公安机关移送的刑事案件之前,派员参与公安机关对刑事案件的侦查、预审活动;相对于法院而言,是指一审法院在依照刑事诉讼法的规定正式受理检察院公诉的刑事案件之前,派员参与检察院对刑事案件的侦查及审查起诉活动,甚而参与公安机关的侦查、预审活动"[2]。经过三年三个战役,严重刑事犯罪分子得以严惩,社会治安得到好转,政治、经济和社会秩序恢复平稳。但是"联合办案"和"提前介入"也暴露出相当大的问题。一是检察人员和审判人员都可以侦查取证,公检法三机关分工不明、职能混淆;二是侦诉审三阶段的层层审查把关形同虚设,案件在侦查阶段即被定性、定调,后续诉讼难以再纠偏纠错;三是法院控审不分,独立性无从谈起,审判徒具形式。

1987年,党中央提出社会治安综合治理要坚持"打防并举,标本兼治","对各种严重刑事犯罪分子要继续贯彻'从重从快'方针,并提出在贯彻'双从'方针中,公检法三机关要'互相配合,对大要案件要提前介入'"[3]。"联合办案"逐渐被摒弃,"提前介入"机制被保留且限定了介入范围,这其实暗含着对公检法三机关"分工负责"宪法原则的确认。因为如果是"联合办案",三机关在办案中可以相互替代,就不存在检法再"提前"到侦查中"介入"了。随着理论界对

---

[1] 胡宗银:《"提前介入"之我见》,载《政法论坛》1992年第3期。
[2] 樊崇义主编:《刑事诉讼法学研究综述与评价》,中国政法大学出版社1991年版,第359页。
[3] 胡宗银:《"提前介入"之我见》,载《政法论坛》1992年第3期。

"提前介入"的广泛讨论,一些研究者提出人民检察院提前介入是必要的,法院应保持客观中立,不宜提前介入。[1]"检察机关可以直接对公安机关办案进行指导,除极少数罪大恶极、社会影响大,不得不提前介入的外要尽量限制法院对案件提前介入的范围,提前介入不宜介入到侦查环节中去,介入的目的是了解案情,绝不能搞公、检、法'联合办案'。"[2]这一提法逐渐被实务部门接受。一些一线办案的同志还指出,即使是检察机关提前介入侦查,也应划清公安与检察的职能界限。例如,"划清参与现场勘验与代替公安侦查取证的界限。在实践中认真做到按检察职能办案,不混淆职责互相代替。要求参与现场勘验的检察干部做到'三不',即参与不代替,协助不包干,办案不越权"[3]。之后,随着司法实践的不断发展和法学理论研究的逐步深入,提前介入机制被保留、改进和完善,涉及提前介入的规范性文件也在各地纷纷出台。[4] 彼时为了"严打"需要,作为一种检察与公安间非常规联系机制的提前介入,与现在实践办案中的提前介入,在介入的方式、时间、范围以及介入后的权责分工等方面已不可同日而语。

(二)检察提前介入机制的功能发展

从初创到完善,检察提前介入机制的功能在实践中不断发展演化,可归纳为三个主要方面。

---

[1] 参见龙宗智:《"提前介入"必须具体分析》,载《法学》1989年第12期。又见李秋贞:《法院提前介入不合法》,载《法学杂志》1987年第4期。
[2] 邹伟:《行成于思——邹伟法律文集》,中国法制出版社2016年版,第191页。
[3] 杨卓生:《检察留墨》,花城出版社2003年版,第42页。
[4] 在百度上搜索"检察""公安""提前介入"的关键词,就可以找到不同层级的地方检察院与公安会签的关于"提前介入某某刑事案件的侦查规定"等规范性文件。例如,2015年安徽省人民检察院、安徽省公安厅会签的《关于提前介入重大刑事案件侦查活动的工作规定》,2016年贵州省检察院联合该省公安厅出台的《贵州省人民检察院、贵州省公安厅关于检察机关提前介入刑事案件侦查工作规定(试行)》等。

1. 提高办案效率，贯彻"从快"方针

创设提前介入机制的目的，与建立"一长代三长""联合办案"的初衷相似，都是为了落实当时"严打"期间"从快"办案的方针。1983年8月，中共中央发出《关于严厉打击刑事犯罪活动的决定》后，9月2日，全国人大常委会即通过了《关于迅速审判严重危害社会治安的犯罪分子的程序的决定》，规定："对杀人、强奸、抢劫、爆炸和其他严重危害公共安全应当判处死刑的犯罪分子，主要犯罪事实清楚，证据确凿，民愤极大的，应当迅速及时审判，可以不受刑事诉讼法第110条[1]规定的关于起诉书副本送达被告人期限以及各项传票、通知书送达期限的限制。"同时，这些案件中的被告人的上诉期限和检察院的抗诉期限均由刑事诉讼法规定的10日改为3日。为了满足这种"过于急速"的判案要求，实践中，检察人员不得不"提前介入"侦查程序，一审法院的法官需"提前介入"刑事审前程序，二审法院的法官则"提前介入"到一审程序甚至更早的审前程序。[2] 1989年最高人民检察院下发的《关于坚决依法从重从快打击严重刑事犯罪分子的通知》肯定了检察院的上述作法。"为了充分发挥依法从重从快严厉打击严重刑事犯罪分子的方针的威力，要积极克服侦查技术、交通工具等困难，提前介入公安机关对重大案件的侦审活动，加快审查批捕、审查起诉、出庭公诉等各个环节的工作，以取得更大的社会效果。"可见，提前介入机制创设之初，为了贯彻"从快方针"，"效率"是

---

[1] 1979年《刑事诉讼法》第110条规定："人民法院决定开庭审判后，应当进行下列工作：……（二）将人民检察院的起诉书副本至迟在开庭七日以前送达被告人，并且告知被告人可以委托辩护人，或者在必要时为被告人指定辩护人；（三）将开庭的时间、地点在开庭三日以前通知人民检察院；（四）传唤当事人，通知辩护人、证人、鉴定人和翻译人员，传票和通知书至迟在开庭三日以前送达。"

[2] 参见周宝峰：《刑事被告人权利宪法化研究》，内蒙古大学出版社2007年版，第287、288页。

其追求的根本目标,而且这一传统功能和目标追求一直延续到当下。

2. 确保案件质量,因应侦审合一

除了提高效率,确保办案质量也是提前介入的一项重要功能。1988年最高人民检察院、公安部联合发布的《关于加强检察公安机关相互联系的通知》规定,凡发生特别重大案件和公安机关认为影响大、危害严重的重大案件,在进行现场勘查时,或者公安机关对特别重大案件、重大集团案件、影响大的涉外案件和复杂的重大案件进行预审时,检察机关可以提前介入;而且,"检察机关参加现场勘查和介入预审活动的任务主要是了解案情,研究证据,准确及时打击犯罪分子,保证办案质量"。该通知明确将"保证办案质量"列为提前介入的目的和任务之一。

1997年6月,全国公安机关开始刑侦体制改革,取消预审,实行侦审合一,每个办案民警既是侦查员又是预审员。改革后,侦查机关提请检察机关批准逮捕的案件数量大幅攀升,但由于缺少了预审部门的把关,许多案件中应当提取的证据没有提取,取证程序多有瑕疵,证据形式不规范,导致报捕案件的质量下降,直接影响到后续的审查起诉工作。另一方面,随着1996年《刑事诉讼法》对当事人主义的引入,控辩式的庭审改革逐步推行,检察官在庭审中面临的对抗压力和败诉风险增强。但是,公诉检察官并未获得侦查机关比庭审改革前更强有力的证据支持。归根到底,侦查并没有进行与庭审相配套的改革,仅是从侦查角度出发进行了侦审一体化改革,虽然提高了破案效率但由于取消了预审部门的把关,在证据的收集、固定、审查等方面的工作质量有所下降,达不到庭审要求,所以检察官经常处于较为尴尬的境地:控诉犯罪,对证据信心不足,要承担败诉的风险;不控诉犯罪,又要面临指控犯罪不力,放纵犯罪的追责。为此,提前介入机制成为化解上述矛盾的"救命稻草"。随着"严打"的结束以及对该项工作的反思,提升办案质量逐渐成为提前介入机制重要乃至核心的功能。

3. 监督侦查办案,履行宪法职权

1982年宪法正式规定检察机关是国家的法律监督机关。检察机关开展法律监督在刑事诉讼中主要表现为全流程式的诉讼监督,即对立案、侦查、审判和执行都可进行监督。由于我国刑事诉讼曾长期存有超职权主义的浓重色彩,公安一家独大,侦查办案缺乏制约,实践中刑讯逼供等非法取证情形屡见报端,滥用强制措施侵犯人权的情形也多有发生。所以,侦查监督一直是诉讼监督工作的重点。然而,我国不同于大陆法系检警一体、检察指挥侦查的办案模式。在我国"阶段论"[1]的诉讼结构下,公检法三机关在侦查、起诉、审判三个阶段各管一段、分工负责,检警关系在程序上相互分离,在组织上又互不隶属,导致侦查相对封闭,检察机关不能直接参与或介入其中,仅能以程序的"旁观者"或曰"第三者"的立场和身份对侦查进行监督,监督的"外在式""事后型"特点明显,很大程度上虚化了检察机关法律监督者的角色,弱化了监督效果,引发实践中侦查监督难的现状。[2] 为此,"事中监督""参与式监督"的模式和思路被提及。

---

[1] 苏联的刑事诉讼曾提出"阶段论"理论。"刑事案件从其开端的时候起直到判决的执行为止是向前运动的,是逐渐发展的。"这个过程中循序进行、相互连接而又各自相对独立的各个部分,称为"刑事诉讼阶段"。"每一个诉讼阶段都是完整的、有其本身的任务和形式的一个整体。只有完成了前一阶段的任务,才能将案件移送至下一个阶段,如对这种任务执行不当的时候,就会将案件发还原阶段重行处理。"阶段论的提出强调每个阶段的独立性、自洽性,同时后一阶段对前一阶段还有过滤和修正的作用。参见〔苏联〕M.A.切里佐夫:《苏维埃刑事诉讼》,中国人民大学刑法教研室译,法律出版社1955年版,第56页;又见张建伟:《审判中心主义的实质内涵与实现途径》,载《中外法学》2015年第4期。

[2] 参见万毅:《论检察监督模式之转型》,载《法学论坛》2010年第1期。

按照这一模式和思路,检察机关提前介入侦查阶段,能够更早和近距离地监督侦查,及时发现侦查中的违法取证和不当行为,提出纠正意见,提升监督效果。有研究者就指出:"历史上最高人民检察院曾经将'提前介入'的内容扩大化,要求其承担公诉和监督等多重职能,大部分时间诉讼监督职能还处于优位。"[1]可见,随着检察机关法律监督职能的宪法确立和不断发展,检察机关提前介入机制开始被赋予监督侦查,保障权利的新功能。

二、检察提前介入监察:两种形态对比分析中的法理探寻

通过对检察提前介入机制的历史性谱系梳理,可以发现,该机制虽脱胎于20世纪曾饱受诟病的"一长代三长""联合办案"模式,但经由司法实践的不断探索和改造,逐渐发展成符合诉讼规律,契合宪法原则的重要举措。其功能也从最初的提高办案效率,向确保案件质量,提升侦查监督效果,保障当事人权利等领域扩展,在演进中不断被赋予新的内涵。一个更深层次的问题随之显现出来,支持检察提前介入机制功能发挥的理论基础是什么?尤其是随着国家监察体制改革的深入推进,职务犯罪案件的办理由检察院转隶至监察委员会,新的犯罪追诉结构和权力配置模式开始出现。检察提前介入监察屡屡在文件中被提及,在实践中被运用。相较于检察提前介入侦查,检察提前介入监察背后的法理支撑是否有新的变化,提前介入机制的功能作用是否又有新的发展,又或者由于被提前介入的机关不同,该项机制的多重功能在发挥上是否会主次有别、抑扬不一。回答

---

[1] 崔凯、彭魏倬加、魏建文:《检察机关"介入侦查引导取证"的理论重塑——兼论制度的可行性》,载《湘潭大学学报(哲学社会科学版)》2017年第2期。

上述问题,有必要将检察提前介入分为两种形态:检察提前介入侦查与检察提前介入监察。通过比较分析介入方与被介入方的内在逻辑关系,理清不同形态中提前介入机制的法理依据。

(一)侦检关系中的检察提前介入侦查

按照前文分析,检察提前介入侦查是传统的提前介入形态,其目的功能主要是:提高办案效率、提升办案质量、强化侦查监督。而支撑这些功能运转的法理基础,本书归纳为"公诉准备说"和"法律监督论"的有机结合。

"公诉准备说"是从程序法上对侦检关系的一种理论归纳。通说认为,侦查机关收集犯罪证据,查明案件事实,抓获犯罪嫌疑人是为检察机关成功起诉、指控犯罪作准备的。"公诉准备说"是现代控辩式诉讼模式下的产物,在中古时期盛行于欧陆刑事诉讼的纠问制模式,法官集追诉、审判于一身,独揽司法大权,缺乏监督制约,而且侦查中的先入为主也早已将犯罪嫌疑人视为有罪之人,严重影响审判结果。[1] 后纠问式诉讼改制为控辩式诉讼,诉讼职能分离,检察官从法官群体独立出来履职控诉,法官则专司审判。在控审分离原则下,没有起诉就没有审判,检察官成为控制法官裁判入口的把关者,法官成为消极被动的裁判方,受到检察官控诉职能的节制,法官裁判案件更具客观性和公正性。由于控审分离后法官专司审判,作为控诉职能的一部分——侦查职能也从纠问制法官那里转移出来交由检察官或警察行使,与公诉一道成为"大控方"。从"大控方"的内在关系看:其一,侦查与公诉在程序上前后相继,侦查作为公诉的前程序,客观上具有推进公诉的效果。而且,"检察官对于公诉案件起

---

[1] 参见林钰雄:《刑事诉讼法(上册)》(第九版),新学林出版股份有限公司2019年版,第50页。

诉与否拥有绝对的决定权,法院对于未经检察官起诉之案件(自诉案件例外),不得加以审判(不告不理原则)。"[1]换言之,检察官对提起公诉的案件有权筛选过滤,左右侦查进程和结局。侦查必须为满足公诉要求而努力。所以,侦查的目的是,查明是否存在犯罪嫌疑,决定是否提起公诉。侦查在程序上被当然地认为是为了提起公诉而做准备。[2] 有研究者也作出相似的判断:"检察机关提前介入侦查活动,本质属于刑事诉讼程序内部诉讼主体间的互动,从侦查到起诉,刑事案件的性质不变,其过渡是自然而然、顺理成章的。在刑事诉讼程序中,侦查与起诉环节具有内在一致性,共同服务于指控犯罪、规范公权力运行的目标。"[3]其二,以大陆法系国家为代表,在职权配置上,侦查与公诉有着明显的主从关系。承担公诉职能的检察官,也是法定的侦查主体,可以领导指挥警察侦查。警察机关虽然是实践中的侦查主力,但法律上仍是检察机关的辅助机关。在这些国家,侦查与公诉被紧密捆绑在一起,成为追诉犯罪的统一体,提起公诉是侦查工作追求的结果,侦查的根本任务是保障公诉程序的启动,对公诉有较强的依附性,是公诉的准备阶段。[4] 在我国,侦查人员与检察人员在组织上互不隶属,程序上没有检主警辅的关系,侦查并未沦为检察的附属,检察对侦查的控制力也并不像大陆法系国家那样强大。但一系列的程序设计还是受到"公诉准备说"的影响,最为典型的是退回补充侦查制度;《刑事诉讼法》第87条还规定,公安机关提请检察院批准逮捕,必要的时候,检察院可以派人参加公安机

---

[1] 黄朝义:《犯罪侦查论》,汉兴书局有限公司2004年版,第7页。
[2] 参见[日]田口守一:《刑事诉讼法(第七版)》,张凌、于秀峰译,法律出版社2019年版,第47页。
[3] 周新:《论检察机关提前介入职务犯罪案件调查活动》,载《法学》2021年第9期。
[4] 参见张丽霞:《侦查目的之辩》,载《湖北警官学院学报》2018年第5期。

关对于重大案件的讨论。除此以外,就是检察提前介入侦查机制。众所周知,司法实践中,侦查机关是"行动官署",擅长抓人破案,而检察机关是"书桌官署",专司证据定案、法律适用。[1] 在某些专业技术强、组织严密、案情复杂的案件中,证据收集难度大,单靠公安机关自行侦办案件可能会出现取证滞后且不全面的弊端。如果检察机关不及时介入,提供取证引导和法律支持,对于办案质效必然会产生较大影响。所以,2012年最高人民检察院修订的《人民检察院刑事诉讼规则(试行)》在第十一章"审查起诉"第一节"审查"中增加了检察提前介入侦查的条文,从条文所处的章节看,检察提前介入侦查具有服务公诉的效果和作用,这正是"公诉准备说"的理论实践。

"法律监督论"是检察机关提前介入侦查的又一法理依据。检察机关是国家的法律监督机关,这一宪法规定具体到刑事诉讼中,表现之一就是检察机关对侦查活动是否合法进行监督。如前所述,为了提高监督的效果,检察机关对侦查的监督已经从"事后监督""外在式监督"转向"事中监督""参与式监督",而落实这种监督模式转型的举措就是检察提前介入侦查机制。诚如有研究者所言,"检察机关介入到侦查机关中去的根据是有权进行监督,……而不是仅为公安机关增加了一个侦查人员。……在介入过程当中,如果在侦查中发现了违法违纪情况,就不再是提建议,而是行使监督的职责。"[2] 值得注意的是,恰恰是在"法律监督论"的引领下,检察系统已有意将检

---

[1] 参见龙宗智:《评"检警一体化"兼论我国的检警关系》,载《法学研究》2000年第2期。
[2] 周口市人民检察院:《"检察指导侦查"研讨会观点摘编》,载《国家检察官学院学报》2002年第5期。

察"提前介入侦查"改为"介入侦查"[1]。因为,如果介入是为了监督,则根本不须用"提前"二字,这是检察机关对诉讼活动应尽的职责。特别是在1996年《刑事诉讼法》修改后,检察机关将监督关口向前延伸至立案阶段,对立案后侦查的监督自然也是于法有据,无须再"提前"介入。

(二) 监检关系中的检察提前介入监察

检察机关提前介入监察办案最早出现在2018年中纪委、国家监委与最高人民检察院联合发布的《衔接办法》中。其在第二章专门规定了"最高人民检察院提前介入工作",并指出检察院派员提前介入的主要工作是对证据标准、事实认定、案件定性以及法律适用提出书面意见,对是否需要采取强制措施进行审查。支撑这一工作机制的法理依据是什么,是否和检察提前介入侦查相同,需要结合监察与检察的内在逻辑关系,并比照检察提前介入侦查的运行机理展开分析。

1. "监察独立说"代替"公诉准备说"

十八大以来,党中央审时度势,在全国范围内开展强有力的反腐工作,"打虎""拍蝇""猎狐"等一系列举措成效显著,国家政治生态

---

[1] 2002年全国刑事检察工作会议提出要"坚持、巩固和完善'适时介入侦查、引导侦查取证、强化侦查监督'工作机制。"2012年《人民检察院刑事诉讼规则(试行)》第361条:"对于重大、疑难、复杂的案件,人民检察院认为确有必要时,可以派员适时介入侦查活动,对收集证据、适用法律提出意见,监督侦查活动是否合法。"2019年《人民检察院刑事诉讼规则》第256条第1款:"经公安机关商请或者人民检察院认为确有必要时,可以派员适时介入重大、疑难、复杂案件的侦查活动,参加公安机关对于重大案件的讨论,对案件性质、收集证据、适用法律等提出意见,监督侦查活动是否合法。"可见,检察机关在一些规范性文件的制定中已经有意回避"提前介入",转用"介入侦查""介入某某案件的侦查活动"的表述。只是这一"用意"还未形成绝对的统一,如果检察机关介入办案活动没有履行一些侦查监督的职责,则"提前介入"的提法仍有必要。

明显改善。但不容否认,当前反腐败斗争形势依然严峻复杂,反腐仍在路上。为了巩固反腐成果,总结反腐经验,将长期的反腐败工作推向制度化、法治化,党中央作出了深化国家监察体制改革的重大部署。经过部分地区试点以及全国性试点,改革成果最终上升为立法规范。2018年3月,全国人大通过的《中华人民共和国监察法》使得新成立的监察机关能够广泛集合反腐资源,整合反腐力量,容党纪检查、行政监察、犯罪调查于一身,实现纪法罪的一体化贯通。通过改革,新的监察机关有了一套完整自洽的反腐模式。《监察法》第11条规定:"监察委员会依照本法和有关法律规定履行监督、调查、处置职责。"这使得监察程序也自成体系,独立自洽。特别是在案件办理的终端,已形成了处理违纪、违法、犯罪人员的"四种形态"〔1〕,实现了多元化的监察处置方案。监察机关对办理的案件如何处置,是否涉嫌犯罪,是否需要移送检察机关开展追诉,都有一定的裁量权。〔2〕作为职务犯罪案件办理程序的"上游"主体,监察俨然成为掌控职务犯罪案件进入司法程序的"流量阀门"。

通过上述分析可以发现,监察办案自主性强,程序运行具有较高的闭合性,即使是在职务犯罪案件的处置上对检察公诉也没有依附性。

---

〔1〕 2016年10月27日通过的《中国共产党党内监督条例》第7条对"四种形态"作出明确规定:经常开展批评和自我批评、约谈函询,让"红红脸、出出汗"成为常态;党纪轻处分、组织调整成为违纪处理的大多数;党纪重处分、重大职务调整的成为少数;严重违纪涉嫌违法立案审查的成为极少数。

〔2〕 有研究者通过横向和纵向比较,发现监察机关办理的职务犯罪案件移送检察机关审查起诉的案件数量较之以往或未试点地区的检察机关侦查职务犯罪案件移送审查起诉数量有较大幅度的下降。通过分析指出,监察机关在办案过程中对职务犯罪案件进行了分流,导致职务犯罪案件移送数量锐减。一些本应进入司法程序的职务犯罪案件通过会议决策和领导审批被消释在监察机关的调查程序中,转为"四种形态"中的其他非227化处置方式,如通过用较轻的政务处分代替刑事处罚,以控制职务犯罪案件的移送数量。这在一定程度上体现了监察机关办案的自主性,以及运行程序的独立性。参见詹建红、崔玮:《职务犯罪案件监察分流机制探究——现状、问题及前瞻》,载《中国法律评论》2019年第6期。

"公诉准备说"无法涵盖监察调查的全部目的,也无法准确描述提前介入中的监检关系。鉴于监察办案与检察公诉分属不同程序,两者各成体系,相互独立。"监察独立说"对监检关系的描述和归纳更具解释力。在这一理论指引下,检察机关提前介入监察更多的是在涉罪职务案件中,助推监察程序与诉讼程序在管辖对接、证据移送、强制措施适用等方面的衔接更为顺畅。另外,在以审判为中心的诉讼制度改革背景下,监察取证也要向刑事审判关于证据的要求和标准看齐,确保监察程序认定的事实经得起审判的检验,这对监察调查人员的法律素养、证据意识提出了更高的要求,但是囿于专业背景、思维习惯、工作方式等方面的差异,来源于纪委和行政监察机关的调查人员在一定时期内恐难完全适应,从检察机关转隶的调查人员数量又较为有限。故当前在处理某些重大、疑难、复杂的职务犯罪案件时,检察提前介入监察就案件中的证据标准、事实认定、案件定性以及法律适用等方面的问题提出意见,协助配合监察机关妥当、准确处断案件就更具意义。

总之,"监察独立说"明确了监检关系中监察机关的独立地位,监察办案自洽的运作逻辑并非为公诉作准备。检察机关的提前介入主要是为了配合协助监察机关,提升反腐败工作中办理职务犯罪案件的质量和效率,破除"两法"衔接中的程序障碍。遵循"监察独立说"可以较为妥当地解释检察提前介入监察的规范设计。例如,既有规范规定,唯有案件进入监察的审理阶段,被调查人已被认定涉嫌犯罪的,才会由监察机关书面商请检察机关派员介入。[1] 这与检察提前介入侦查工作的发动既可以依侦查机关商请又可以依检察职权适时

---

[1] 例如2018年《办理职务犯罪案件工作衔接办法》第12条规定:"国家监察委员会办理的重大、疑难、复杂案件在进入案件审理阶段后,可以书面商请最高人民检察院派员介入。"又如2019年《人民检察院刑事诉讼规则》第256条第2款规定:"经监察机关商请,人民检察院可以派员介入监察机关办理的职务犯罪案件。"

介入的规定明显不同。[1] 其根本原因还在于"公诉准备说"中的检侦主从关系在"监察独立说"中不复存在,监察的独立性排斥了检察机关的主动介入和适时介入。

2. "法律监督论"不是检察提前介入监察的法理依据

检察机关是国家的法律监督机关,其能否对监察办案展开监督？有观点认为检察机关仍然可以行使对监察委员会调查的法律监督权。[2] 但如果对现有法律规定作出解释,答案是否定的。如《刑事诉讼法》第19条第2款规定,检察机关在对诉讼活动实行法律监督中发现司法工作人员涉嫌职务犯罪的,可以立案侦查。"诉讼活动""司法工作人员"的立法用语都排斥了检察机关对监察人员涉嫌职务犯罪的侦查,这在一定程度上昭示着检察机关不能对监察办案开展法律监督。如果这一论断成立,是否意味着检察提前介入监察的法理依据不包含"法律监督论"。本书持肯定态度。

首先,在本次国家监察体制改革过程中,纪委与监察委合署办公,在实践中高度融合密不可分。从监察机关领导任职情况看,监察委的领导多由纪委领导兼任。如各省级监察委主任和副主任分别由各省(区、市)纪委书记、纪委副书记兼任,监察委委员也主要由纪委常委兼任。从内设机构设置看,纪委监察委的机构设置与之前纪委的机构设置大同小异,监察委和纪委的职能工作都由各个内设机构具体承担,在问题线索的处理过程中监察权力和纪委权力相互交织。从案件办理的工作流程看,纪委的工作要求同样适用于各级监察委。[3] "四种形

---

[1] 2019年《人民检察院刑事诉讼规则》第256条第1款规定:"经公安机关商请或者人民检察院认为确有必要时,可以派员适时介入重大、疑难、复杂案件的侦查活动……"
[2] 参见江国华、彭超:《国家监察立法的六个基本问题》,载《江汉论坛》2017年第2期。
[3] 参见詹建红、崔玮:《职务犯罪案件监察分流机制探究——现状、问题及前瞻》,载《中国法律评论》2019年第6期。

态"的处置就兼顾违纪、违法和犯罪多个层面。众所周知,纪委是党的机构,监察机关则是国家机构,但由于二者合署办公,工作又相互交融。如果检察机关对监察办案展开监督,必然会牵涉到对党的机构——纪委的工作进行监督。这显然超越了检察机关在"国家"层面作为法律监督机关的行权边界。而且,《宪法》第136条规定:"人民检察院依照法律规定独立行使检察权,不受行政机关、社会团体和个人的干涉。"依照对该规定的理解,检察机关在独立行使检察权,履行法律监督职责时还要接受党的领导,没有反向监督党的机构之说。

其次,深化国家监察体制改革是党中央作出的事关全局的重大政治体制改革。《监察法》的出台使得反腐败这项重要的政治工作法治化,作为政治机关的监察机关也被法定化。但不容否认的是,监察办案在法律逻辑的运行实践中仍然要遵循政治逻辑。而我国的检察机关行使的是法律监督权。"法律监督是指专门的国家机关根据法律的授权,运用法律规定的手段对法律实施情况进行监察、督促并能产生法定效力的专门工作。"[1]如果检察机关对监察办案开展法律监督,除了对法律的实施开展监察、督促,也不得忽视监察办案中对多重政治性因素的考量和决断,这显然也超出了检察机关"法律"监督的职责范围和能力边界。

可见,无论是从党的领导还是从监察机关是政治机关的特殊论断展开分析,检察机关对于监察机关的办案活动都不宜进行法律监督。《宪法》第127条规定,监察机关办理职务犯罪案件,需要与检察机关互相配合、互相制约。这里的制约并不是检察机关法律监督层面的制约,而是一种办案程序上的制约。考虑到前文提及的监检关系中监察的独立性,检察对监察的制约目前更多地体现在案件进入

---

[1] 张智辉:《法律监督三辨析》,载《中国法学》2003年第5期。

刑事诉讼程序后的"事后制约",如排除非法证据,退回补充调查,作出不起诉决定等。综上,检察提前介入监察并无"法律监督论"的理论支撑,也不是两机关互相制约关系的具体实践。

(三)小结:"监察独立说"的提出

通过检察提前介入侦查与检察提前介入监察的比较分析(表五),可以得出如下结论:

其一,"监察独立说"是检察机关提前介入监察办案的理论基础。基于监察机关的宪法定位和职权配置,监察办案与监察程序具有相当的完整性、闭合性和自洽性。在检察提前介入监察的形态中,监察机关独立性强,自主性高,检察机关不再因为是公诉机关而具有主导或引导地位。相反,由于监察机关是政治机关的论断,监察机关的地位更为特殊,一定程度上出现了"监察调查为主,检察建议为辅"[1]的检察配合协助监察的介入格局,这完全不同于检察提前介入侦查形态中的主从关系或服务准备关系。故"公诉准备说"不是检察提前介入监察的法理基础,"监察独立说"恰恰能够准确描述和诠释两机关在两套程序中各自的独立地位和相互关系,成为支撑检察提前介入监察的法理依据。

其二,"法律监督论"不是检察提前介入监察的正当性基础。"对于普通案件,检察机关刑事检察部门提前介入的一个目的是履行对侦查活动的监督职能。而对于监察委员会办理的案件,则不再履行监督职能。"[2]检察对监察的提前介入可以说是一种宪法层面上的配合活动,强调的是检察机关与监察机关之间的协作互动,与监督

---

[1] 虞浔:《职务犯罪案件中监检衔接的主要障碍及其疏解》,载《政治与法律》2021年第2期。

[2] 陈国庆主编:《职务犯罪监察调查与审查起诉衔接工作指引》,中国检察出版社2019年版,第41页。

所具有的上下位阶差异截然不同。因此,不能以检察监督作为提前介入监察调查的正当性基础。[1]"法律监督论"不是检察机关提前介入监察的法理依据和运行逻辑。

其三,"监察独立说"为检察提前介入监察提供了具体的实操方向。在其引领下,检察机关的提前介入主要是为了配合协助监察机关,提升其在反腐败工作中办理职务犯罪案件的质量和效率,破除"两法"衔接中的程序障碍。其具体、直接的表现是对监察机关在证据收集、案件定性、法律适用等方面提出意见,就管辖对接、证据移送、强制措施适用等方面作好衔接配合。

表五 检察提前介入侦查与检察提前介入监察的比较分析

	检察提前介入侦查	检察提前介入监察
关系	侦检关系	监检关系
被介入机关的性质	侦查机关、国家机关	监察机关(国家机关、政治机关),与纪委合署办公
理论基础	公诉准备说与法律监督论	监察独立说
功能作用	提升案件质效,强化侦查监督	作好"两法"衔接,提升案件质效

三、检察提前介入监察的机制构建

根据前文分析,检察提前介入监察与检察提前介入侦查在理论基础、功能效用以及不同机关的内在关系方面均有不同。因此,检察提前介入监察的机制构建不能简单援引检察提前介入侦查的实践经验和具体规范,而需要从检察提前介入监察的法理依

---

[1] 参见吕晓刚:《监察调查提前介入实践完善研究》,载《法学杂志》2020年第1期。

据中分析延展,就介入的启动方式、时间节点、案件范围、程序规范等作出规划。

(一)提前介入的启动方式

对于提前介入监察调查的启动方式,理论界和实务部门存在两种观点:一种观点认为,检察机关的提前介入有两种启动方式,既可以依监察机关商请启动,也可以依职权主动为之,即主动介入与被动介入并重。[1] 另一种观点则认为,检察机关对于监察机关办理的职务犯罪案件只能依监察机关的商请介入,不能主动介入。

现有的法律规范采纳了第二种观点,本书表示赞同。首先,依据检察机关提前介入监察的法理依据——"监察独立说",检察机关的提前介入不是为了让监察更好地配合公诉,也不是在履行法律监督职能,而是为了理顺"两法"衔接中的各种程序关系,落实两机关互相配合的宪法规定,更好地协助监察机关办理好职务犯罪案件,凝聚反腐合力。因此,检察机关的提前介入具有被动性。所谓的依职权主动介入,其所依的"职权"并没有法理基础和规范依据。其次,监察机关是调查职务犯罪案件的主体,对于所办案件是否属于重大、疑难、复杂的情形,以及在案件定性、法律适用等问题上是否存在较大分歧和争议也最为清楚。因此,检察机关是否有必要提前介入,何时介入以及如何介入,监察机关最有发言权。如果赋予检察机关提前介入的主动权,可能会出现监检在介入案件的必要性以及介入时点上的争议,一旦形成"内耗"反而不利于职务犯罪案件办理的顺利推进,掣肘办案效率。最后,职务犯罪案件本身具有特殊性,对于被调查人的控制、案件的保密、涉案财物的处置等都有着更为严格的标准,如果

---

[1] 参见袁曙光、李戈:《监察调查与刑事诉讼的衔接与协调》,载《济南大学学报(社会科学版)》2019年第6期。

不经监察机关的商请,检察机关主动介入职务犯罪案件的调查活动可能会扩大案件的知情面,引发不必要的信息外泄。综上,检察机关不宜积极主动地介入监察调查活动,而应尊重监察机关的决定,根据职务犯罪案件的办理需要,应监察机关的书面商请启动提前介入程序。

(二)提前介入的时间节点

如何判断检察机关提前介入监察办案的时间节点,何时介入才算是"提前"而非"超前"抑或"延后",这其实是一个很重要的实操问题。根据《监察法》第36条第1款的规定:"监察机关应当严格按照程序开展工作,建立问题线索处置、调查、审理各部门相互协调、相互制约的工作机制。"据此,监察机关对于职务犯罪案件的办理大体要经过问题线索处置程序、调查程序和审理程序三大阶段,在此期间,如何把握好检察机关提前介入的阶段或节点,有几种不同的意见。

第一种意见认为,应将提前介入的时间设在监察调查环节。根据监察办案的基本流程,在监察调查环节,遇有重大、疑难、复杂问题时,调查部门只能沟通审理部门"提前介入审理"[1]。对介入阶段限制过严,将导致提前介入所具有的协助功能无法得到充分发挥。对于时效性要求极高的调查活动,如果不在调查实施阶段就提出证据补充和完善意见,有可能导致证据灭失或被污染。因此,监察机关调

---

[1] 所谓提前介入审理,是监察机关内部办案的一种工作机制,是指对于重大、复杂、疑难案件,案件承办部门,如调查部门已查清主要违纪事实,提出倾向性意见或对违纪行为性质认定分歧较大的,可提前介入审理。需要提前介入的,承办部门应事先与案件审理室进行沟通,由承办部门起草《关于提请审理提前介入的请示》,写明被审查(调查)人基本情况、涉嫌违纪事实、初步意见或分歧情况,以及提前介入审理的理由,呈报纪委监委主要负责人批准后,通知审理室提前介入开展工作。

查部门在调查过程中,认为在证据标准以及法律适用等方面存在疑问的,应当协调审理部门介入,审理部门介入后,认为需要检察机关提前介入的,可以商请检察机关在调查实施阶段提前介入。[1]

第二种意见认为,应将提前介入的时间规定在监察机关就调查阶段采用留置措施之时。因为,"留置措施本身就是一种限制人身自由的新机制。……但凡涉及人身自由权的规制时,都应该有相应的监督,以保障宪法中的'积极规范'对'消极规范'接触是始终处于法律红线内的。因此,检察机关应当在留置程序启动之时就以合适的方式介入,本着监督者'以静制动'的原理,在不干扰监察机关正常行使调查权的前提下充分保障被调查者的基本公民权利"[2]。

第三种意见认为,只有在案件进入审理环节方能由案件审理部门商请检察机关提前介入,具体要把握好提前介入起止的两个时间节点:一是"案件移送审理之后",这是检察机关提前介入的开始节点。《衔接办法》就规定,检察机关提前介入是在案件移送监委案件审理部门审理之后,由该部门商请检察机关提前介入;二是在案件"移送审查起诉"前,这是检察机关提前介入的最后节点。[3]

本书倾向于采纳第三种意见。诚如前文分析,检察机关提前介入监察办案的主要目的是协助提高监察办案的质量和效率,在监察机关办理重大案件或对案件处理存在较大分歧的情况下给出规范、合理、有价值的意见或建议。一般来说,监察机关在(立案)调查阶

---

[1] 参见吕晓刚:《监察调查提前介入实践完善研究》,载《法学杂志》2020年第1期。另见袁曙光、李戈:《监察调查与刑事诉讼的衔接与协调》,载《济南大学学报(社会科学版)》2019年第6期。

[2] 李复达、文亚运:《〈国家监察法〉留置措施探讨——以检察机关提前介入为切入点》,载《西南石油大学学报(社会科学版)》2018年第2期。

[3] 参见朱全宝:《论检察机关的提前介入:法理、限度与程序》,载《法学杂志》2019年第9期。

段,主要目的是收集证据,查明案件事实,为案件后续的处理作好准备。由于调查阶段的周期较长,调查伊始,证据收集并不充分,案情掌握也不全面,案件是否涉嫌犯罪,是否需要从犯罪的角度考虑证据收集、事实认定和法律适用等问题其实并不明朗。检察机关此时提前介入,并不能充分发挥自身的法律专长和经验优势,提出较为准确、妥当的意见,反而会因为过早地介入导致监察调查思路被影响干扰,背离"监察独立说"的介入法理。同时,在调查阶段是否会产生真正的争议问题也值得考虑,因为根据认识论的基本原理,人就一开始思考的问题会随着实践的深入寻求自我解答。监察办案伊始出现的一些争议和分歧可能会随着调查的深入,办案程序的推进,监察机关自行逐步解决。即使出现个别重大、复杂、疑难的案件,调查部门在已查清主要事实的基础上,提出了倾向性意见或对行为性质认定分歧较大,根据监察机关的内部工作机制,案件审理部门也可提前介入审理,给予调查部门一定的支持和协助。

综上,本书倾向于原则上按照《衔接办法》的规定在案件进入正式审理阶段、拟移送人民检察院审查起诉前,以监察机关名义书面商请人民检察院派员提前介入。考虑到检察机关介入监察后还要阅卷、了解情况以及对案情作出分析判断并提出意见,为了保证上述工作的开展有较为充裕的时间,检察机关提前介入的最后节点在监察机关移送审查起诉前十五日为宜。[1] 另外,在一些特殊情况下,如调查阶段采用的留置措施期限即将届满,案件本身又重大、疑难、复杂,其中的一些关键性问题存在较大分歧,需尽快作出决断。作为例外,此时可由调查部门协调案件审理部门,经案件审理部门报监察机

---

[1] 参见郭竹梅:《完善程序机制 做好提前介入工作——检察机关提前介入监察委员会办理职务犯罪案件需重点把握的七个方面》,载《检察日报》2020年2月16日,第3版。

关主要负责人审批同意,在提前介入审理时书面商请检察机关提前介入。

(三)提前介入的人员

司法责任制改革后,办案责任制成为该项改革的核心,检察官成为司法办案和司法责任制的主体。因此,检察机关提前介入监察机关办理的职务犯罪案件应经检察长批准由检察官办案组或者检察官进行。一般来说,同级检察机关在收到监察机关商请提前介入的书面材料后,应及时指派检察官办案组或者检察官介入。对于某些重大、复杂、疑难案件,根据工作需要,上级检察院可以对具体承办案件的检察院派员介入情况进行指导,也可以与承办案件的检察院共同派员介入。[1] 如果是上下级检察院共同派员介入的,两级检察院应加强沟通,统一意见。

(四)提前介入的案件范围

一般而言,提前介入的案件范围适当不仅可以有针对性地解决监察机关在办理职务犯罪案件过程中遇到的特殊情况、疑难问题,而且可以使有限的司法资源得到最大化的利用。由于案件千差万别,需要协助配合的内容也不尽相同,是否需要检察机关提前介入,监察机关可根据自身情况裁量决定,这本身也符合"监察独立说"的介入法理。既然如此,为何还要讨论检察提前介入监察的案件范围。其实,讨论的基本落脚点是监察机关认为所办理的案件符合提前介入的要求和范围的,检察机关应当积极配合、协助监察机关,不得推诿、拖延。所以,界定提前介入的案件范围其实应理解为是划定检察机关提前介入监察办案的"义务范畴"。

---

[1] 参见陈国庆主编:《职务犯罪监察调查与审查起诉衔接工作指引》,中国检察出版社2019年版,第64页。

就提前介入的范围而言,重大、疑难、复杂的案件适用标准已在理论界和实务部门达成共识。但何为"重大""疑难""复杂",进一步的解释方向和具体标准则莫衷一是。

目前,司法解释或规范性文件对"重大案件""重大犯罪案件"的规定标准不尽一致。有的强调案件的影响范围和程度[1],有的还要求兼顾被告人可能判处的刑罚的严厉性[2]。考虑监察机关办理的职务犯罪案件的特殊性,如被调查人多有一定职务,常常涉嫌一定的贪腐金额,如果涉案官员级别较高,犯罪数额巨大,所犯罪行在当地多会产生不小的影响,监察办案自然也会成为社会关注的焦点,所以这类案件的办理要更为谨慎,也更需要检察机关的协助配合。有鉴于此,重大案件的标准应当从案件在当地的关注度、影响力来判断,具体的判断要素包括:涉案被调查人是否身份特殊、官阶较高,案件是否涉及腐败犯罪且已在当地引发普遍关注,被调查人是否可能被判处十年有期徒刑以上刑罚等。

如何理解案件的"疑难""复杂"?这两个词其实具有一定的共生关系,因为案件复杂所以处理起来就会棘手,视为"疑难"案件。所以案件疑难可能就是因为案件复杂,属于"大案""要案"。但"大案"

---

[1] 例如,2017年1月5日施行的最高人民法院、最高人民检察院《关于适用犯罪嫌疑人、被告人逃匿、死亡案件违法所得没收程序若干问题的规定》第2条规定:在省、自治区、直辖市或者全国范围内具有较大影响,或者犯罪嫌疑人、被告人逃匿境外的,应当认定为刑事诉讼法第二百八十条第一款规定的"重大"。
[2] 例如,1998年最高人民法院《关于处理自首和立功具体应用法律若干问题的解释》第7条第2款规定,"重大案件"的标准,一般是指犯罪嫌疑人、被告人可能被判处无期徒刑以上刑罚或者案件在本省、自治区、直辖市或者全国范围内有较大影响等情形。再如2016年4月18日起施行的最高人民法院、最高人民检察院《关于办理贪污贿赂刑事案件适用法律若干问题的解释》第14条第2款的规定,根据犯罪的事实、情节,已经或者可能被判处十年有期徒刑以上刑罚的,或者案件在本省、自治区、直辖市或者全国范围内有较大影响的,可以认定为《刑法》第390条第2款规定的"重大案件"。

"要案"并非一定就是"难案"。有时"小案"也可能因为属于新类型、证据疑难,处理起来会成为"疑案""难案"。综上,判断案件"疑难""复杂"可考虑如下几种情形:其一,案情本身千头万绪,多个事实叠加共存,如犯罪时间长达十年以上,牵涉罪名较多,导致对事实的分析、认定难以理清;其二,在案证据模糊存疑,与案件事实的关联度有多重可能,如何判断、认定存在争议;其三,对于案件定性、罪名适用、刑罚幅度等法律适用问题存在较大分歧,难有定论。总之,监察办案对事实认定、证据采信、法律适用几个方面存在困难或分歧,难有共识,难以决断的都可视为案件"疑难""复杂",至于是否要由检察机关提前介入,提供支持和帮助,可由监察机关参考上述标准依情而定。

(五)提前介入后的检察意见

从实践来看,检察机关提前介入监察的具体程序主要涉及三个阶段:了解案情[1],提出意见,监察机关的反馈。其中,提出意见是提前介入的核心工作和关键环节。按照前文分析,在"监察独立说"的理论指引下,检察提前介入监察的主要目的和功能就是配合协助监察办案,做好"两法"衔接,那么检察机关提出的意见也应服务于监察办案质效和程序衔接,主要涉及四个方面:

一是证据问题。主要包括对调查部门已经获取的证据材料进行初步审查,按照刑事审判关于证据的标准和要求提出进一步补充、固定、完善证据的工作方向和具体建议,确保证据收集的全面性和客观性。另外,对于在案件审核中发现的瑕疵证据提出完善补正或作出

---

[1] 检察机关了解案情的主要方式包括三个方面:一是听取监察办案人员的案情介绍;二是查阅案件材料,如监察文书和证据材料等;三是提请调看录音录像等材料。除了上述工作外,检察机关还可以根据案件情况,经与监察机关沟通协商,采取其他必要的方式了解案情,开展工作。

合理解释的意见,确保证据材料收集的规范性与合法性,避免"带病"证据进入刑事诉讼程序。

二是事实认定和法律适用问题。一般来说,事实难以认定往往是证据的短缺或存疑所致,而法律适用上的困惑又与事实的模糊有关。通过证据的补充与完善,待证事实大多能够被查清,但在证据确实不足或仍有疑问的情况下,就需要检察机关依据证据规则、经验逻辑对事实的认定提出意见,并在此基础上通过对法律的解释,相关规范文件的应用,就案件定性、罪名确认、程序选择、涉案财物处理等法律问题提出意见。

三是管辖对接的问题。在办理职务犯罪案件的过程中,监察机关是以干部管理权限来确定级别管辖,为了避免办案中受到地方因素的影响,还常常运用指定管辖的方式确定异地管辖。但是,刑事诉讼中的级别管辖是以案件的性质和可能判处的刑罚轻重为标准,地区管辖也是以法定的犯罪地管辖为原则,指定管辖作为裁定管辖仅是例外。由于监察与司法在管辖问题上的标准不同,衔接上可能会出现错位。检察机关在提前介入过程中可以就案件移送中的管辖衔接问题,如须异地起诉、审判的,就指定管辖、事前协商等提出意见和建议,确保案件顺利移送。

四是强制措施的事前审查和适用问题。根据《监察法》第47条第1款的规定,对监察机关移送的案件,检察机关要依照刑事诉讼法的规定对被调查人采取强制措施。2018年修改的《刑事诉讼法》对此作出衔接规定。第170条规定对于被采取留置措施的案件,检察机关需要对犯罪嫌疑人先行拘留,而后决定是否采取逮捕、取保候审、监视居住的强制措施。按照法律的规定,检察机关对被留置的犯罪嫌疑人在先行拘留后只有10天或最长14天的时间对犯罪嫌疑人是否采取强制措施以及采取何种强制措施进行审查。为了确保留置与强制措施的有序衔接,检察机关介入监察办案后可以就此项工作做好事前审查。

除了上述几种情形外,根据监察办案的个案实际以及监察与司法衔接的需要,检察机关还可根据案件的具体情况,如案卷材料是否齐备完整,是否需要补充;能否适用认罪认罚从宽制度,提出何等从宽处罚建议等提出意见。

四、本章代结语:检察提前介入监察的相关问题思考

随着国家监察体制改革的深入推进以及监察法的全面实施,实践证明,检察机关的提前介入对于提升职务犯罪办案质效,凝聚反腐合力已经产生了积极的效果。但其中仍有一些深层次的问题值得思考:

一是检察机关的提前介入可能出现检察人员角色混同、职能混淆的情形。有研究者就指出:"如果检察机关介入监察调查,同时承担起调查职能,审查起诉阶段的制约势必流于形式。果真如此的话,监检又将重走侦检的老路,陷入'配合有余,制约不足'的窠臼。更为严重的是,'如果处于中间环节的审查起诉流于形式的话,随后的审判怕也难逃跟着流于形式的命运'。"[1]从作者收集掌握的资料看,在司法实践中,案件移送审查起诉后,除特殊情况需另行安排办案人员外,检察机关一般会将案件交由提前介入监察的检察官办

---

[1] 何静:《检察介入监察调查:依据探寻与壁垒消解》,载《安徽师范大学学报(人文社会科学版)》2020年第6期。

理。[1]所以,如何避免监察调查结论通过提前介入的检察人员传导至审查起诉阶段,对办案人员的中立性以及案件的诉讼走向产生不当影响,确实值得警惕。对此,本书提出坚守检察官客观义务;细化办案流程,作好流程管控;压实办案责任制三项对策。但在当下监察办案独立性高,强职权色彩浓重的情境下,这三项对策能否在实践中奏效,能否消除因检察人员提前介入监察而带来的负面效应,还需拭目以待。

其次,根据前文分析,检察机关提前介入监察过程中提出的一些意见和建议都是从助力监察办案,提升监察办案的质量和效率角度展开的。那么从规范监察办案的角度,检察机关能否提出一些带有制约性的建议呢,如针对介入过程中发现的非法证据提出依法排除或重新收集的意见。但从前文提到的"监察独立说"以及检察机关配合协助的身份定位看,这种介入过程中的"事前制约"有些不合时宜,但《宪法》中监察机关在办理职务犯罪案件过程中与检察机关"互相制约"的规定似乎为上述构想提供了延展解释的空间。诚如开头所言,检察机关的提前介入机制是在实践发展中不断被赋予新的内涵的,未来的发展是否能从单纯的配合走向适度的"靠前制约"也值得思考。

检察机关提前介入监察仅仅是监察与司法两套程序在相互衔接中所衍生出的一项重要机制,但对机制运行背后的法理探寻却近乎引发了对整个监察与司法相互关系的深度思考。在这一过程中,长期依赖移植改良模式发展起来的刑事诉讼理论已经暴露出解释力的匮乏,只能借助中国监察体制改革的政治逻辑和法律逻辑,从本土语

---

[1] 参见陈国庆:《刑事诉讼法修改与刑事检察工作的新发展》,载《国家检察官学院学报》2019年第1期。

境和经验智识中去挖掘、提炼相关的理论,划定解释的方向。例如,本章对检察提前介入监察的分析就不仅要跳脱出传统检察提前介入侦查的理论窠臼,而且要从国家监察体制改革的目标任务、监察机关的性质定位、监察办案的运行机理,以及监察与司法的程序关系等展开多维度的分析,最终得出"监察独立说"的论理思考。这近乎是对传统理论的解构与重塑。伴随着国家监察体制改革的深入推进,国家反腐败治理能力和治理体系的现代化发展,相信未来会有更多的问题出现,但本书希望以此为契机能够进一步推动中国刑事诉讼法学理论研究的自我发展,为我国监察与司法的衔接提供更多的中国智慧和中国方案。

第六章
特殊不起诉在监察与司法衔接中的适用

本章导读：

《监察法》第 31 条规定被调查人主动认罪认罚并有自首、立功、退赃等情形的，监察机关可以提出从宽处罚的建议。其中就包括"涉嫌职务犯罪的被调查人主动认罪认罚，具有重大立功表现或者案件涉及国家重大利益等情形的，监察机关经领导人员集体研究，并报上一级监察机关批准，可以在移送人民检察院时提出从宽处罚的建议"的情形。与此情形相衔接，2018 年《刑事诉讼法》增设了特殊不起诉的司法处理方式。其适用条件之一"重大立功"应比照酌定不起诉中作为免除刑罚情节的"重大立功"作限缩解释，限定为特别重大立功。这种情形下的不起诉在理论上可视为基于利益权衡原理对域外追诉协助型污点证人制度的引入。特殊不起诉的另一适用条件"案件涉及国家重大利益"则是对我国起诉便宜实践的扩展，可比照《刑法》第 63 条第 2 款"案件的特殊情况"的规定厘清其内涵。特殊不起诉的核准机关是最高人民检察院。最高的审批层级、极少的案件量以及审慎的决定程序，限制了特殊不起诉的事后救济渠道和制约路径。值得注意的是，特殊不起诉中选择性起诉的规定折射出协商性司法中"罪数协商"、以刑事案件为刑事诉讼客体在我国立法和司法中的发展和深化。

2018年新修改的《刑事诉讼法》在总结以往试点工作经验的基础上,将认罪认罚从宽制度纳入立法规范。同年全国人大通过的《监察法》第31条也明确规定了被调查人主动认罪认罚并有自首、立功、退赃等情形的,监察机关可以提出从宽处罚的建议。其中就包括"涉嫌职务犯罪的被调查人主动认罪认罚,具有重大立功表现或者案件涉及国家重大利益等情形的,监察机关经领导人员集体研究,并报上一级监察机关批准,可以在移送人民检察院时提出从宽处罚的建议"的情形。与该条款对应,《刑事诉讼法》第182条第1款规定:"犯罪嫌疑人自愿如实供述涉嫌犯罪的事实,有重大立功或者案件涉及国家重大利益的,经最高人民检察院核准,公安机关可以撤销案件,人民检察院可以作出不起诉决定,也可以对涉嫌数罪中的一项或者多项不起诉。"[1] 该条被认为是立法在审前程序中对特殊案件贯彻认罪认罚从宽原则的特别规定,同时也创设了一种新类型的不起诉:特殊不起诉。[2] 作为一项新的不起诉制度,如何做好监察与司法的有序衔接,确保在监察调查环节被调查人认罪认罚并有重大立功表现或案件涉及国家重大利益的特殊情形时能获得最大从宽力度,即特殊不起诉的"红利",需要从立法条文出发,从特殊不起诉的适用条

---

[1] 该条款实际创设了两种新制度:一是特殊案件的撤销制度;二是特殊案件的不起诉制度。囿于篇幅,本部分内容仅讨论第二种,即特殊不起诉的适用条件、审批程序及理论上的延伸意义等。目的是在监察与司法程序衔接中更为妥当地适用特殊不起诉制度。但这些问题的讨论,对于特殊案件撤销制度仍具有适用价值。

[2] 作为一种新型的不起诉,目前学界和实务界关注不够、涉猎较少,研究未成体系,以致在称谓上还未统一。有的将该类不起诉称为特殊不起诉,有的称为特别不起诉,还有的称为核准不起诉。就有权作出该类不起诉决定的检察系统看,称特殊不起诉的较多,故本文将该类不起诉称为特殊不起诉。

件、审批程序以及对数种罪行选择性不诉的理论意涵出发,运用解释学和比较法学的研究进路展开深度剖析。考虑到《监察法》第 31 条与《刑事诉讼法》第 182 条第 1 款在具体司法应用的情境上基本一致,均为"有重大立功或者案件涉及国家重大利益的",故本部分内容主要从《刑事诉讼法》视角展开,就《监察法》中的相关概念作出诠释和解读。

一、特殊不起诉的适用条件一:重大立功

通过对我国既有规范性文件的梳理和总结,不难发现,《监察法》和《刑事诉讼法》中重大立功的内涵其实是有据可循的。1998 年最高人民法院《关于处理自首和立功具体应用法律若干问题的解释》第 7 条就规定:"重大立功"是指犯罪分子有检举、揭发他人重大犯罪行为,经查证属实;提供侦破其他重大案件的重要线索,经查证属实;阻止他人重大犯罪活动;协助司法机关抓捕其他重大犯罪嫌疑人(包括同案犯);对国家和社会有其他重大贡献等表现,这四种情形。上述所称"重大犯罪""重大案件""重大犯罪嫌疑人"的标准,一般是指犯罪嫌疑人、被告人可能被判处无期徒刑以上刑罚或者案件在本省、自治区、直辖市或者全国范围内有较大影响等情形。

2021 年 9 月国家监察委员会发布实施的《监察法实施条例》第 217 条第 1 款和第 2 款比照上述解释作了基本相同的规定,即"涉嫌职务犯罪的被调查人有下列情形之一的,可以认定为监察法第三十一条第四项规定的具有重大立功表现:(一)检举揭发他人重大犯罪行为且经查证属实的;(二)提供其他重大案件的重要线索且经查

证属实的;(三)阻止他人重大犯罪活动的;(四)协助抓捕其他重大职务犯罪案件被调查人、重大犯罪嫌疑人(包括同案犯)的;(五)为国家挽回重大损失等对国家和社会有其他重大贡献的。""前款所称重大犯罪一般是指依法可能被判处无期徒刑以上刑罚的犯罪行为;重大案件一般是指在本省、自治区、直辖市或者全国范围内有较大影响的案件;查证属实一般是指有关案件已被监察机关或者司法机关立案调查、侦查,被调查人、犯罪嫌疑人被监察机关采取留置措施或者被司法机关采取强制措施,或者被告人被人民法院作出有罪判决,并结合案件事实、证据进行判断。"

可以看出,《监察法》的相关规范体系已关注到了重大立功的司法适用需求,也以列举示例的方式对其作出了规定。无论是其内涵,还是表现形式,都基本上遵照先前的法律规范体系,并在此基础上进行优化吸收和适时调整,以实现监察和司法、新法与旧法的有机对接。

然而,考量新的立法语境以及法体系内的协调统一关系,仅参照上述司法解释和规范性文件来把握特殊不起诉中的"重大立功"尚显不足。结合解释学的研究进路以及对国外污点证人制度的比较考查,有必要对特殊不起诉中的"重大立功"作出新的诠释,同时对其背后的理论逻辑作出清晰归纳。

(一)限缩解释后的"特别重大立功"

运用法解释学的研究方法可以发现,特殊不起诉中的"重大立功"较之《刑法》第68条"有重大立功表现"的规定,适用的边界范围并不相同。首先,每年司法机关在诉讼过程中适用《刑法》第68条认定犯罪嫌疑人、被告人有重大立功表现的情形不在少数。[1] 这些案件基本都符合了特殊不起诉的适用条件,但如果都报请最高人民检察院核准,拟作不起诉处理并不现实。毕竟特殊不起诉往往是极个别的情形。[2] 因而,实践操作中对特殊不起诉中的"重大立功"需要从严把握,"拔高"处理。其次,从条文结构看,立法将"重大立功"与"案件涉及国家重大利益"作为特殊不起诉的两种适用情形,并列排序,说明两者在某种程度上具有相当性或同质性,可作同类解释。一般来说,案件涉及国家重大利益往往与一国的政治、外交、国防、科技、经济等领域息息相关。这往往是在一般的出罪条款、免责事由无法适用时,司法最终求诸豁免[3]或赦免的情形,属于非常情境下的特别规定。[4] 按照同类解释规则,"两高"的同志均认为,特殊不起诉中的"重大立功"与通常意义上的重大立功在含义上并非处于同一层面,其价值应当高于《刑法》第68条规定的"有重大立功表现"的价值,而与"案件涉及国家重大利益"的重要程度基本相当。[5] 再次,其他国家也有类似特殊不起诉的规定。《德国刑事诉讼法》第

---

[1] 以2018年为例,截至2019年9月19日,本书作者通过在"聚法案例库"中选择裁判文书的"本院认为"字段,抽取"重大立功""刑事""判决"以及"一审""2018年"关键字段,发现2018年法院一审涉及被告人重大立功认定的案件是546件。通过人工逐一筛选,确认法院一审认定被告人构成重大立功的案件为250件。考虑到裁判文书每年60%到70%的公开上网率,2018年又是最近的一年,裁判文书上网率可能更低。故推测,2018年一审法院认定被告人构成重大立功的案件应该在400件以上。

[2] 截至2019年10月底,司法实践中还未出现一例经最高人民检察院核准,检察机关作出特殊不起诉决定的案件。

[3] 有研究者提出豁免可以分为实体性豁免和程序性豁免。程序性豁免不能完全消除行为的刑法意义,而只是阻却诉讼的进行。参见〔意〕杜里奥·帕多瓦尼:《意大利刑法学原理(注评版)》,陈忠林译评,中国人民大学出版社2004年版,第66页。

[4] 参见赵秉志、阴建峰:《和谐社会呼唤现代赦免制度》,载《法学》2006年第2期。

[5] 参见孙谦主编:《认罪认罚从宽制度实务指南》,中国检察出版社2019年版,第158、161页。又见胡云腾主编:《认罪认罚从宽制度的理解与适用》,人民法院出版社2018年版,第41页。

153e 条第 1 项规定:程序标的为《德国法院组织法》第 74a 条第 1 款第 2 项至第 4 项、第 120 条第 1 款第 2 项至第 7 项所称类型犯罪行为时[1],如果犯罪行为人在行为后至其得知行为被发觉前,为避免针对联邦德国的存在或安全的危险,或者为避免针对宪法秩序的危险,有所贡献,经依照《德国法院组织法》第 120 条有管辖权的州高等法院同意,联邦总检察长可以对该犯罪行为不追诉。如果犯罪行为人在行为后向职务机关披露与犯罪行为有关的内乱、危害民主法治国家、叛国和外患罪方面的知悉情况,从而作出前述贡献,亦适用此规定。[2] 可见,在德国,犯罪嫌疑人只有作出国家利益层面上的重大立功,联邦检察总长才可能会作出不起诉的决定。普通的重大立功并不在其列。综合上述分析,本书认为特殊不起诉中的"重大立功"虽然仍属《刑法》第 68 条中的"重大立功"的情形,但外延范围更

---

[1] 《德国法院组织法》第 74a 条第 1 款规定:"州高等法院所在地的州法院的刑事庭管辖州高等法院所在辖区的下列刑事案件的初审:(1)《刑法典》第 80a 条情形下的危害和平罪行;(2)《刑法典》第 84—86 条、第 87—90 条、第 90a 条第 3 款以及第 90b 条情形下的危害民主法治国家罪行;(3)《刑法典》第 109d—109g 条情形下的危害国防罪行;(4)违反《刑法典》第 129 条规定的禁止建立犯罪组织,及结合《刑法典》第 129b 条第 1 款和《社团法》第 20 条第 1 款第 1 句第 1—4 项;该行为为《麻醉药品法》规定的犯罪行为的除外;(5)绑架(《刑法典》第 234a 条);(6)政治嫌疑(《刑法典》第 241a 条)。"《德国法院组织法》第 120 条第 1 款规定:"下列情形,州政府所在地位于其辖区的州高等法院,就该州的刑事案件一审的审理和裁决有管辖权:(1)《刑法典》第 80 条情形下的危害和平;(2)叛乱(《刑法典》第 81—83 条);(3)叛国和外患(《刑法典》第 94—100a 条),以及《专利法》第 52 条第 2 款规定的犯罪行为,《实用新型专利法》第 9 条第 2 款结合《专利法》第 52 条第 2 款规定的犯罪行为,或者《集成电路布图设计保护法》第 4 条第 4 款结合《实用新型专利法》第 9 条第 2 款和《专利法》第 52 条第 2 款规定的犯罪行为;(4)对外国机关及其代表的攻击(《刑法典》第 102 条);(5)《刑法典》第 105 条和第 106 条情形下,对宪法机关的犯罪行为;(6)违背《刑法典》第 129a 条以及该条结合第 129b 条第 1 款规定的禁止建立恐怖组织的规定;(7)《刑法典》第 138 条规定的知情不举,如果该知情不举的犯罪行为为州高等法院管辖;(8)《国际刑法典》规定的犯罪行为。"参见《世界各国刑事诉讼法》编辑委员会编译:《世界各国刑事诉讼法·欧洲卷(上)》,中国检察出版社 2016 年版,第 339、344 页。

[2] 参见《德国刑事诉讼法典》,宗玉琨译注,知识产权出版社 2013 年版,第 151 页。

为狭窄,在立功的效果和作用上较之一般意义上的"重大立功"程度更高,可被视为"重大立功"中的顶格部分——"特别重大立功"。

在厘清了特殊不起诉中有关重大立功的外延范围后,需要进一步追问的是,对于犯罪嫌疑人因重大立功被特殊不起诉的,其本身的罪行是否还有情节轻重的要求?之所以提出这一问题,是为了划清特殊不起诉与酌定不起诉各自的适用范围,增强对重大立功特殊不起诉适用条件的全面认识。根据《刑事诉讼法》第177条第2款的规定,检察机关可以酌定不起诉的情形包括两种:一是犯罪情节轻微,依照刑法规定不需要判处刑罚;二是犯罪情节轻微,依照刑法规定免除刑罚。对于后者而言,《刑法》对免除刑罚,即免除处罚的规定大多散见于有关自首、重大立功、犯罪预备、犯罪中止、防卫过当、避险过当、从犯或胁从犯等条文中。如果犯罪嫌疑人犯罪情节轻微,且符合《刑法》第68条规定的因重大立功而免除处罚的情形,检察机关即可酌定不起诉。但需要注意的是,与特殊不起诉相比,酌定不起诉的适用情形中也包含犯罪嫌疑人有重大立功的情形,但不同的是,酌定不起诉的适用条件中还有行为人"犯罪情节轻微"的硬性规定。但立法对特殊不起诉的适用条件却在此做了"留白"。为了准确区分酌定不起诉与特殊不起诉两者的适用范围,犯罪嫌疑人所犯罪行的轻重遂成为重大立功特殊不起诉中一个需要回应的问题,这本身也是周延特殊不起诉适用情形的应然要求。

我国《刑法》第5条规定,"刑罚的轻重,应当与犯罪分子所犯罪行和承担的刑事责任相适应"。这是量刑的基本原则——罪刑相适应原则。该原则的基本内容可分解为两个方面:第一,刑罚与所犯罪行相适应。罪行是指犯罪分子已经实施的危害行为的性质、情节以及行为所造成的社会危害后果大小等。第二,刑罚与所承担的刑事责任相适应。在刑法理论上,"刑事责任"一语具有多种意思,这里的"刑事责任"是指犯罪人的人身危险性。[1] 人身危险性是指不直接反映罪行本身的轻重但可以表明犯罪人改造的难易程度、能否实现犯罪预防等情形,具体包括罪前和罪后的情况,如有无前科、自首、立功、退赃等。[2] 一般认为,(重大)立功是为鼓励犯罪分子改过自新,戴罪立功而设立的制度,学界多将其划归到行为人人身危险性的范畴。[3] 姑且不论该认识是否准确,但通过对罪刑相适应原则的上述分析可以发现,(重大)立功仅是量刑时考虑的重要方面之一,其与行为人的罪行犯罪情节是相互独立,互不包容的。犯罪嫌疑人有重大立功并不意味着其犯罪本身情节轻微。换言之,即使犯罪嫌疑人有重大立功表现,如果本身罪行严重,情节恶劣,最终的刑罚也不会轻缓。所以,如果检察机关拟作出酌定不起诉的决定,除了犯罪嫌疑人有重大立功外,其罪行和犯罪情节也必须轻微,才能最终达到免除处罚的要求,符合酌定不起诉的条件。反之,对于罪行较为严重的犯罪嫌疑人,即使有重大立功,综合考量也达不到在量刑上免除处罚的程度,自然不能适用酌定不起诉。但是,如果行为人所立之功特别重大,以致其产生的价值明显高于对行为人追诉的利益,此时便有必要采用"将功折罪"的思路,抵消甚至忽略行为人本身较重的罪行,启用特殊不起诉,在审查起诉阶段即行终结诉讼程序。

行文至此,对于特殊不起诉中重大立功的内涵诠释可以总结为两个方面:犯罪嫌疑人罪行较为严重,但立功特别重大。首先,有重

---

[1] 参见黎宏:《刑法学》,法律出版社2012年版,第28页。
[2] 参见初炳东:《罪、功、刑相适应——对犯罪后重大立功的认定与处罚问题的思考》,载《烟台大学学报(哲学社会科学版)》2007年第2期。
[3] 参见高铭暄、马克昌主编:《刑法学》(第八版),北京大学出版社、高等教育出版社2017年版,第31页。周光权:《刑法总论》(第二版),中国人民大学出版社2011年版,第41页。

大立功的犯罪嫌疑人本身所犯罪行较为严重,遵循一般的量刑规则最多从轻或减轻处罚,不能免除处罚。这是特殊不起诉与酌定不起诉在适用条件上能够区隔的前提和基础。其次,犯罪嫌疑人所立之功已经超越了一般重大立功的程度,在立功的效果、作用和意义上非同一般,具有特殊性。这是其能够与"案件涉及国家重大利益"并列作为特殊不起诉适用条件的实质和关键。上述两方面的解释也应当成为《监察法》第 31 条中"重大立功"同一个层面的重要内涵。

至于如何具体把握特殊不起诉中"重大立功"的特别程度,本书认为,在规范层面,可以参照最高人民法院《关于处理自首和立功具体应用法律若干问题的解释》以及《监察法实施条例》第 217 条中有关重大立功较之普通立功在判断标准上的各种考量因素。以重大立功中的一种常见情形——揭发他人重大犯罪行为为例,对于其中"他人重大犯罪行为"的解释,就可以从犯罪嫌疑人人数较多,涉嫌的犯罪可能判处死刑,所揭发的重大犯罪行为在全国范围内有重大影响等方面进行程度上的严格把握,综合分析。监察机关在办理职务犯罪案件过程中,对于被调查人重大立功表现的认定也应照此处理。

另外,有必要再从理论层面思考的是,对于特殊不起诉中"重大立功"的程度把握其实还要结合犯罪嫌疑人所犯罪行的严重程度作动态考量。从"(重大)立功"作为量刑情节的性质来看,立功本身其实与犯罪嫌疑人再犯可能性以及人身危险性的大小并无必然联系。虽然立功在一定程度上可能会反映部分犯罪分子改过自新的态度,但从本质上来说,立功或重大立功之所以能够作为量刑情节,更多是源自刑罚层面对功利性的刑事政策考量。在适用特殊不起诉时,对重大立功的把握实质上正是借助了罪刑相适应原则背后的功利主义进路,通过罪与功的反复比较、权衡,逐渐拓清重大立功在实践中的程度范围,最终落实"将功折罪"的特殊不起诉制度。《刑法》中的这种功利主义思想在刑事诉讼层面即体现为域外的污点证人制度。有学者就指出,我国的特殊不起诉制度其实与域外的污点证人制度具有内在相通性。[1] 追根溯源,为了对我国重大立功特殊不起诉制度有更为全面、深刻的认识,有必要借鉴域外污点证人制度及其背后的理论逻辑再行分析。

(二)制度归宿:中国化的污点证人

作为西方的舶来之品,污点证人制度,又称污点证人刑事豁免制度(Immunity of Witness),是指国家为取得某些重要的证据或较为重大案件的证据,或者为追究首恶分子的严重罪行,对共犯或其他犯罪行为者作出承诺,如果他们放弃拒证权而提供某些关键的证据,将不再对其进行刑事追究。[2]《联合国反腐败公约》第 37 条第 3 款规定:"对于在根据本公约确立的犯罪的侦查或者起诉中提供实质性配合的人,各缔约国均应当考虑根据本国法律的基本原则就允许不予起诉的可能性作出规定。"《联合国打击跨国有组织犯罪公约》第 26 条第 3 款也规定:"对于本公约所涵盖的犯罪的侦查或起诉中予以实质性配合者,各缔约国均应考虑根据其本国法律基本原则规定允许不予起诉的可能性。"实际上,两个公约中规定的,对在侦查或者起诉中提供实质性配合的被指控人可以不起诉的处理体现的正是对污点证人审前不诉、刑事豁免的优待。除此以外,不少国家和地区都设有类似污点证人的制度。在英国和我国香港地区,污点证人被称为"边缘被告人",是指当某项指控牵涉数名疑犯,检控罪行远较主犯轻微

---

[1] 参见陈光中:《认罪认罚从宽制度实施问题研究》,载《法律适用》2016 年第 11 期。
[2] 参见王以真主编:《外国刑事诉讼法学参考资料》,北京大学出版社 1995 年版,第 430 页。

的边缘疑犯,根据公共利益对于"边缘被告人"可以不提出检控。[1]日本在2016年修改刑事诉讼法时,在第350条之2和之3中增设了"侦查、审判协助型协议合意制度"。该制度是指犯罪嫌疑人、被告人就"他人的案件"对侦查、审判提供如下协助的:"1.检察官、检察事务官或司法警察职员之讯问之际为真实之供述;2.作为证人受询问时为真实之供述;3.关于由检察官、检察事务官或司法警察职员所为之证据搜集,为提出证据或其他必要之协助",检察官可作出如下一项或者多项从宽处分:"1.不提起公诉;2.撤回公诉之提起等。"[2]其中,犯罪嫌疑人就他人罪行作出供述,检察官可不提起公诉,即可视为日本污点证人的罪行豁免。我国台湾地区将污点证人称为"窝里反证人",其"证人保护法"第14条第2项也做了类似日本污点证人的规定:"被告或犯罪嫌疑人虽非前项案件[3]之正犯或共犯,但于侦查中供述其犯罪之前手、后手或相关犯罪之网络,因而使检察官得以追诉与该犯罪相关之第二条所列刑事案件之被告者"的,可以"参酌其犯罪情节之轻重、被害人所受之损害、防止重大犯罪危害社会治安之重要性及公共利益等事项,以其所供述他人之犯罪情节或法定刑较重于其本身所涉之罪且经检察官事先同意者为限,就其因供述

---

[1] 参见《香港检控署检控政策及常规(2002年)》,载樊崇义主编:《中国诉讼法判解(第一卷)》,中国检察出版社2003年版,第155页。

[2] 〔日〕田口守一:《刑事诉讼法(第七版)》,张凌、于秀峰译,法律出版社2019年版,第215、217页。又见黄士轩:《日本最近刑事程序立法动向概观——以刑事协商制度及刑事免责制度的引进为中心》,载《月旦刑事法评论》2018年总第11期。

[3] "证人保护法"第14条第1项规定了该法第2条主要列举的16大类犯罪,除了第2条第1项是以刑罚的程度进行规定外,其余都是从犯罪的种类进行规定。第2条第1项规定的是最轻本刑为三年以上有期徒刑之罪,除此之外,其他犯罪种类主要包括贪污、走私,以及选举法、证券交易法、洗钱防制法等规定的特定犯罪。

所涉之犯罪,得为不起诉处分"。[1]

  综观域外的污点证人制度,都存在污点证人本身背负污点罪行,但因揭发他人犯罪而最终不被不起诉的规定。这些规定并未要求污点证人本身必须罪行轻微。而且,实践中通过检举或者作证,将首要分子、罪魁祸首绳之以法的污点证人往往是犯罪集团中较重要的成员。[2]可见,在域外即使污点证人所犯之罪较为严重,如果给予了办案机关实质性配合,如揭发他人重大罪行,便可能获得不起诉处分。如何理解这一现象,本书认为,污点证人制度的理论基础是刑事诉讼中的利益权衡原则,与刑法中的功利主义理念具有内在的一致性。"所谓刑事程序中的权衡原则,是指在刑事诉讼立法与司法活动中,当两种以上的利益不能兼得或相对立的价值发生冲突时,国家及其代表官员根据一定原则和标准,确定某一方或某些方面更为优越而放弃另外的方面。"[3]刑事诉讼法作为刑法实施的保障法,为犯罪的追究设定程序和步骤。依循形式三段论逻辑,刑法中罪与刑的法律规定为大前提,案件事实为小前提。判断小前提是否符合大前提即为罪与刑的认定过程。作为小前提自身,案件事实的发现和认定本质上是证明活动,需要办案机关收集证据,同时遵循一系列的诉讼程序和证明规则来完成。如果证据不充分,则事实不清、小前提不明,定罪及量刑只能是水中月、镜中花。在当前的司法实践中,贪污贿赂犯罪、恐怖活动犯罪、黑社会性质组织犯罪以及毒品犯罪等案件常常存在着隐蔽性强、取证难度大的现实问题。不少案件最终因

---

[1] 林钰雄、王士帆主编:《刑事诉讼法》,新学林出版股份有限公司2018年版,第C-421页。
[2] 参见李寿伟:《中华人民共和国刑事诉讼法解读》,中国法制出版社2018年版,第445页。
[3] 宋英辉:《刑事诉讼原理导读》,法律出版社2003年版,第118页。

证据不足、事实难以查清而面临严重罪行无法追究的现实困境。对此,一些国家和地区在诉讼前端、取证环节引入利益权衡法则适时作出理性抉择:与其因取证乏力导致证据不足而放纵犯罪,不如退而求其次,放弃对某些罪行并非特别严重的犯罪嫌疑人的追诉以换取关键证据,实现对更为严重罪行的指控和追究,突破国家取证能力不足的现实瓶颈。质言之,国外对于污点证人的不起诉处分实质上是利益权衡法则下以国家部分追诉权的放弃换取对更为严重犯罪的有力打击,是国家在侦办某些犯罪出现取证能力不足时不得已而作出的妥协和退让,本质上是国家与污点证人交易下的制度产物。审视我国《刑事诉讼法》第 182 条第 1 款中"重大立功"的特殊不起诉制度,会发现其与国外污点证人制度中的审前不诉、无罪豁免殊途同归,背后的理论基础实则同为利益权衡法则。在这一法则下,犯罪嫌疑人本身较为严重的罪行与其特别重大立功不再是共生关系,不再并合成为刑罚的考量因素,而是作为两项竞争性利益分别置于天平两端,在轻重权衡后作"二选一"的取舍。在此,立法最终选择了淡化、忽略犯罪嫌疑人本身的罪行,去追求价值更高的犯罪嫌疑人"特别重大立功"的收益。可以说,重大立功的特殊不起诉制度是利益权衡法则下功利主义最大化的产物,其已经跳脱出传统的刑罚逻辑。然而,将罪行完全忽略毕竟只是极其个别的"例外",必须要严格限制,因此,也就出现了该类不起诉要报最高人民检察院核准的要求。

当然,本书认为上述分析中的特殊"例外"有其存在的必然性,引入我国也确有重要意义。既往我国立法没有明确规定污点证人制度,但《刑法》《刑事诉讼法》《监察法》中规定了,对于自首或有重大立功可能免除处罚的被调查人、犯罪嫌疑人,检察机关可在审前不诉,这似乎也达到了与污点证人罪行豁免的相同效果,但本质上仍有较大差异。首先，成立自首一般要求行为人主动投案。虽然《刑法》第67条第2款的准自首可以是被动归案，但要求交待的罪行是司法机关还未掌握的本人的其他罪行。而污点证人制度的适用阶段往往是在立案侦查后，控诉方苦于证据不足以及再行取证的困难，与已经到案的犯罪嫌疑人达成交易豁免。实践中作证的污点证人更多的是被动归案。一言以蔽之，自首要求行为人主动投案并如实交待罪行；而污点证人制度本质上是犯罪嫌疑人与司法机关在刑事审判前的合作，它并不强求时间上的主动投案。我国《刑法》第67条第3款规定了犯罪嫌疑人被动到案后如实供述罪行的，可以认定为坦白，从轻处罚；如果因如实供述自己和同案犯罪行，避免特别严重后果发生的，可以减轻处罚。但即便如此，仍然不能达到《刑事诉讼法》酌定不起诉中"免除刑罚"的要求。因此，犯罪嫌疑人如果是被动归案仅供述同案犯罪行，想作为污点证人在审前获得不起诉的处理在我国立法上并没有操作空间。其次，如果行为人被动投案，供述其他罪行，虽然可以获得从宽处理，有被酌定不起诉的可能。但是酌定不起诉有两个必备条件，除了依照刑法规定不需要判处刑罚或免除刑罚的，还必须是犯罪情节轻微。然而，实践中被作出不起诉处理的污点证人的犯罪情节往往并不轻微。这导致对于罪行较重的犯罪嫌疑人缺乏足够的激励。司法实务中曾有突破立功的从宽底线直接不诉的案件，比如当年的重庆綦江虹桥案[1]，但由于缺乏直接不起诉的法

---

[1] 由于影响恶劣，后果特别严重，重庆綦江虹桥案被告人林世元不仅被判受贿罪，而且被判处死刑。但作为行贿人的费上利，其行为尽管符合刑法关于行贿罪的犯罪构成，但检察院考虑到费上利在林世元受贿一案中积极出庭作证，对其行贿行为以费上利作为"污点证人"提供了关键证据为由未提起公诉。一般而言，贿赂犯罪属于对向犯，受贿人情节严重被判死刑也意味着行贿人的犯罪行为严重，此案中，尽管费上利有重大立功，但按照我国当时的立功制度，直接从宽到免除处罚，酌定不诉，在法律适用上还是有争议的。参见梁玉霞：《论污点证人作证的交易豁免——由綦江虹桥案引发的法律思考》，载《中国刑事法杂志》2000年第6期。

律依据,在当时引发了学界广泛的讨论和争议。

可见,长期以来我国并未实质确立污点证人的类似制度。然而,我国已经加入了《联合国反腐败公约》和《联合国打击跨国有组织犯罪公约》,对于公约中的各项制度规定有履行的义务、落实的责任。而且,随着我国《刑事诉讼法》的修改,我国引入污点证人制度的法治条件也渐趋成熟:一是以审判为中心的刑事诉讼制度改革,加强了庭审对直接言词原则的贯彻,复杂案件证人出庭成为常态,普通案件关键证人出庭成为必要。二是增加了任何人不被强迫证实自己有罪的规定,国家不能强迫任何人提供对自己不利的证言和其他信息。污点证人本身有犯罪污点,作证往往会自陷其罪,如果不能审前豁免,很难有足够的激励措施促使其作证指控犯罪。应当说,任何人不被强迫证实自己有罪条款的入法,使污点证人作证制度的确立具有紧迫性。三是2012年《刑事诉讼法》修改后,一系列证人出庭作证保护制度的建立也为污点证人的人身安全提供了法律保障。

鉴于司法的现实需求以及相关配套措施的完善,2018年修改后的《刑事诉讼法》第182条新设的特殊不起诉条文,加大了坦白从宽、立功有奖等宽严相济刑事政策对污点证人的吸引力。在一些重大复杂、取证困难的案件中,对于那些积极配合追诉机关打击犯罪的犯罪嫌疑人,如果能悔过自新,主动认罪,有重大立功情形的,即使犯罪情节较为严重,也可作不起诉处理。这在一定程度上将污点证人制度纳入了我国的立法轨道,具有相当的进步性。而且,《刑事诉讼法》第182条还规定,对重大立功的污点证人的不起诉要经过最高人民检察院的核准,这更是为污点证人豁免提供了程序保障,避免了制度滥用的可能。另外,通过对重大立功特殊不起诉与污点证人豁免制度的比较来看,我国似乎在某些方面走得更远。例如,我国的重大立功还包括对国家和社会有重大贡献等表现情形,如重大的发明创造等。这就使得我国的污点证人制度有了新的内涵。但在某些方面,重大立功特殊不起诉的规定也限制了污点证人制度在我国的全面发展。参照日本和我国台湾地区的相关理论,按照陈述内容的不同,本书将污点证人分为"追诉协助型"和"自己负罪型"两种。所谓"追诉协助型"的污点证人是指就"他人的案件"向追诉机关提供实质性协助。而"自己负罪型"污点证人则是就自己和同案犯的罪行向办案机关作出交待。就我国而言,"追诉协助型"的污点证人可视为有立功表现的人;"自己负罪型"的污点证人可视为有坦白或自首情节的人。我国新出台的《监察法》和修订的《刑事诉讼法》主要吸纳了"追诉协助型"污点证人制度,将其转化为立法条文中的"坦白(或自首)+重大立功"这一表述。纯粹的检举揭发同案犯罪行的重要的"坦白或自首",即"自己负罪型"的污点证人制度并未被立法吸纳。其中的缘由,可能是在共同犯罪中同案犯之间往往有更直接的利害关系和利益冲突,为了得到罪行豁免可能会按照控方要求违背事实制造虚假证言、指控他人,这对于实体真实的追求是相当有害的。诚如日本学者田口守一教授所言,污点证人的刑事免责制度是合理的制度,"但另一方面直接涉及犯罪关系人的利害关系,是影响刑事程序中许多重要事项的制度,是否采用这种制度应当在慎重考虑有无引入的必要性、从刑事诉讼公正的角度是否得当、从国民的法律感情是否符合公正感等情况后才能决定。"[1]也许正是基于此,我国立法对污点证人制度的引入采取了渐进、稳妥、谨慎的态度。

---

[1] 〔日〕田口守一:《刑事诉讼法(第七版)》,张凌、于秀峰译,法律出版社2019年版,第221、222页。

二、特殊不起诉的适用条件二：国家重大利益

特殊不起诉能够启用的另一实质要件是"案件涉及国家重大利益"。通过与国外相关制度规定的比较分析会发现，将"案件涉及国家重大利益"作为我国特殊不起诉的适用条件在理论上进一步拓展了我国起诉裁量的范围。以此为基础，结合对我国《刑法》中相关语词的文义解释，可以对"国家重大利益"的内涵作出较为全面的认识。

（一）起诉裁量的扩展：从微罪不举到对国家利益的维护

我国刑事诉讼的公诉制度奉行起诉法定主义兼采起诉便宜主义，在犯罪嫌疑人的行为具备起诉条件时，检察机关仍握有一定的起诉裁量权。但是，在起诉便宜主义下，我国检察机关起诉裁量的情形仅限于"微罪不检举"，并未扩及可以因"国家重大利益""公共利益"等需要对并非轻微的犯罪作出不起诉的情形。[1] 同时，在我国刑法理论中，"案件涉及国家重大利益"既不是出罪事由，也不是决定刑罚轻重或者免除刑罚处罚的法定量刑情节。故而，在我国既往的司法实践中，即使案件涉及国家重大利益，涉案人员也多被起诉追责。然而，同样是根据价值权衡原理，国家重大利益原则上应当高于对具体犯罪的追诉利益。如果对某一犯罪的追诉可能危及国家重大利益，公权机关便可放弃对犯罪的追诉，维护更重要的国家利益。"检察官执行刑事追诉，一方面是在保护国家利益，然若因其执行刑事诉追造成国家利益的损失，亦将与刑事诉追的本旨有所违背。所谓实行刑事诉追，造成国家保护的不利益，乃是指该项诉追之执行将导致

---

[1] 参见龙宗智：《检察官客观义务论》，法律出版社2014年版，第215页。

对于国家严重的不利益的危险。此时,基于政治之理由,得为诉追之放弃。"[1]《德国刑事诉讼法》第153d条第1项就在起诉便宜原则中引入了对国家安全事宜的裁量因素,规定:"如果诉讼之进行将予德意志联邦共和国带来重大不利之危险,或其追诉将危及其他重大利益时,则得不对该类犯罪行为进行追诉。"[2]《英国皇家检察官准则》(Code for Crown Prosecutors)也规定,皇家检察院在决定是否起诉时,有两个明确的阶段:第一个阶段是检验证据,以便确信有充分的证据可以形成有罪判决;第二个阶段则是检验公共利益,如果阻止起诉的公共利益因素明显压倒支持起诉的因素,则起诉不会被提起。其中,阻止起诉的一个重要公共利益因素就是,起诉所公开的细节可能会危害信息来源、国际关系或国家安全。[3] 另外,荷兰最高检察院发布的《国家起诉条例》中也规定,如果起诉可能危害国家利益,如为了安全、和平和秩序或者适用新的立法,检察官可以放弃起诉。[4] 可见,在世界不少国家,当国家利益、公共利益高于追诉犯罪的利益时,法律在某些特定的犯罪中也赋予了检察官起诉与否的裁量权。2018年修改的《刑事诉讼法》将起诉裁量的范围从以往的"微罪"扩展到"案件涉及国家重大利益"的情形,是对我国起诉便宜主义理念的创新发展,也是与世界其他国家或地区司法并轨的重要举措。

---

[1] 张丽卿:《起诉便宜原则的比较研究》,载《台大法学论丛》1996年第3期。
[2] 〔德〕克劳思·罗科信:《刑事诉讼法(第24版)》,吴丽琪译,法律出版社2003年版,第106页。
[3] 参见〔英〕罗布·艾伦:《起诉的替代措施》,载〔英〕麦高伟、〔英〕杰弗里·威尔逊主编:《英国刑事司法程序》,姚永吉等译,何家弘审校,法律出版社2003年版,第167、168页。又见〔英〕约翰·斯普莱克:《英国刑事诉讼程序(第九版)》,徐美君、杨立涛译,中国人民大学出版社2006年版,第95页。
[4] 参见何家弘主编:《刑事司法大趋势——以欧盟刑事司法一体化为视角》,中国检察出版社2005年版,第300页。

(二)"涉及国家重大利益"内涵的把握

如何把握"案件涉及国家重大利益"的具体内涵,在借鉴国外相关规范和理论的基础上,国内可以比较和参照的是《刑法》第 63 条第 2 款[1]中对"案件的特殊情况"的理论分析和官方解释。从已有的研究来看,"案件的特殊情况"可视为国家重大利益的同义表述,主要是指对一些案件的判决关系到国家的重大利益,如国防、外交、民族、宗教、统战以及重大经济利益。[2] 立法机关对此学理解释表示认同。全国人大法工委就冯洲受贿案答复最高人民法院的意见中曾指出:"1997 年《刑法》第 63 条第 2 款关于因'特殊情况'在法定刑以下判处刑罚的规定,主要是针对涉及国防、外交、民族、宗教等极个别特殊案件的需要,不是对一般刑事案件的规定。"[3]《监察法实施条例》第 217 条第 3 款也作出相应规定:"监察法第三十一条第四项规定的案件涉及国家重大利益,是指案件涉及国家主权和领土完整、国家安全、外交、社会稳定、经济发展等情形。"以此为基础,结合立法机关对于《刑事诉讼法》第 182 条第 1 款相关语词的解读,本书认为,"案件涉及国家重大利益"的内涵可以从如下几个方面把握:其一,影响起诉与否的利益考量程度必须限于国家层面,范围涉及政治、外交、国防、民族、宗教、科技、经济等领域。其二,影响起诉与否的案件本身具有特殊性,即案件本身的性质、犯罪嫌疑人的身份、起诉或有罪判决的后果等关联因素会对上述各领域的国家利益产生特殊影响。例如,对于涉嫌犯罪的某外国间谍是否要起诉追责,就需要考虑

---

[1] 《刑法》第 63 条第 2 款:犯罪分子虽然不具有本法规定的减轻处罚情节,但是根据案件的特殊情况,经最高人民法院核准,也可以在法定刑以下判处刑罚。
[2] 参见周道鸾、单长宗、张泗汉主编:《刑法的修改与适用》,人民法院出版社 1997 年版,第 166 页。
[3] 张永红、孙涛:《酌定减轻处罚刍议》,载《国家检察官学院学报》2007 年第 5 期。

国家安全和外交影响。"德国司法实践中,如果在交换间谍时一个曾经的间谍现在在其祖国担任高级别公职,若对其追诉会给联邦德国带来重大不利风险或危及其他重大公共利益,则不得对其启动刑事追诉程序。"[1]一些国家或地区甚至在司法办案中还出现过对间谍不予追究反过来加以利用的做法。有德国学者就指出:"如果该行为人是所谓的'多嘴间谍',因其言论反而防止了一事关国家安全的危险时,则该诉讼程序可中止进行。"[2]其三,该类特殊不起诉的适用须严格限制,坚持最后手段原则。只有在涉案犯罪嫌疑人没有任何出罪事由和法定免除处罚情节,也没有《刑事诉讼法》第182条规定的特别重大立功情形时,才可基于个案中的利益权衡,从国家利益层面启动特殊不起诉。

通过对"涉及国家重大利益"的文意进行梳理,可以发现,这一内涵具有较为明确的立法指向和司法原则,只有在充分符合其内涵要求的情况下,监察机关与检察机关才可在监察调查环节以及审查起诉阶段启动、适用,从而防止相应条款被误读、滥用,损及监察权与司法权运行的公正性与合法性。

三、特殊不起诉的核准程序和救济路径

在监察与司法衔接过程中,如果涉及特殊不起诉的适用,根据《监察法实施条例》第213条的规定,监察机关可以在移送人民检察院时依法提出从宽处罚建议。在符合重大立功或者案件涉及国家重

---

[1] Bertram Schmitt, Marcus Köhler, Strafprozessordnung: Gerichtsverfassungsgesetz, Nebengesetze und ergänzende Bestimmungen, 61. Aufl., C. H. Beck, 2018, S. 827.

[2] [德]克劳思·罗科信:《刑事诉讼法(第24版)》,吴丽琪译,法律出版社2003年版,第107页。

大利益的情形下,无论是公安机关撤销案件,还是检察院作出不起诉决定或者部分不起诉,都须经最高人民检察院核准。立法设定如此高的审批层级缘由何在,是否会对特殊不起诉的制约和救济产生影响,这些都需要在理论和实践层面加以探讨。

(一)特殊不起诉核准程序的内容和设立缘由

在特殊不起诉制度确立以前,我国检察机关的不起诉决定主要遵循内部审批、本级把关的模式。法定不起诉、酌定不起诉、证据不足不起诉以及附条件不起诉均由拟作出决定的检察机关的本级检察长或检委会审核。2018年通过的《监察法》第47条第4款对此种审批模式做出了一定调整,规定检察机关对于监察机关移送的刑事案件拟作不起诉决定时,须经上一级人民检察院批准。2018年新修改的《刑事诉讼法》第182条第1款则更进一步,将特殊不起诉的审批层级上升到最高人民检察院。之所以如此设计,有如下缘由:

一是为了确保特殊不起诉的办案质量和效果。通过对特殊不起诉启用条件的分析,可以发现能够适用该类不起诉的案件极为特殊,往往存在着案情复杂,影响重大,涉案人员多,利益交织面广,案内案外因素叠加等特点。此类案件的处理除了要严把证据关、事实关、法律关外,还常常要在多重利益、多重关系、多重因素间权衡取舍、综合判断。特别是监察机关办理的职务犯罪案件,如果被调查人有重大立功或者案件涉及国家重大利益的,监察机关提出了较为具体的从宽处理建议,如建议作不起诉处理的,由最高人民检察院进行最终的审批核准,可以从更高的站位、更宽的视野、更大的格局对此类案件严格把关、审慎处理,确保特殊不起诉的决定能够用对、用好,体现政治效果、社会效果和法律效果的有机统一。

二是为了统一特殊不起诉的适用标准。由于特殊不起诉的法定适用情形较为原则和抽象,加之可能适用的案件数量极少,地方检察机关往往缺乏办理此类案件的相关经验。如果将最终的把关审批权下放给地方检察机关,容易引发适用标准的地区差异,导致国家追诉的轻重失衡。故而,由最高人民检察院在全国范围内做最后把控,可以确保特殊不起诉在适用标准上的唯一口径。

三是为了严格控制特殊不起诉的数量,防止滥用。我国《刑法》第 87 条第 4 项规定了核准追诉制度,法定最高刑为无期徒刑、死刑的犯罪,经过二十年不再追诉,如果二十年以后认为必须追诉的,须报请最高人民检察院核准。从多年来的司法实践看,最高人民检察院在办理核准追诉案件上一直是"严格依法、从严控制"[1],所遵循的原则也是"以不核准追诉为原则,核准追诉为例外"[2]。可以说,这种由最高层级的司法机关核准的程序设置根本目的就是统一进口,严控"流量"。对照来看,在特殊不起诉的案件中,犯罪嫌疑人往往罪行较为严重,因为有重大立功或者案件涉及国家重大利益就对他们撤销案件或者不起诉,不作犯罪处理,这其实是对既有刑罚理论的突破。因此,特殊不起诉案件只能是原则中的例外、极少数的个案。由最高人民检察院作为最终的核准机关就是为了严控案件数量,避免个案中的特殊不起诉被泛化滥用。

除此以外,2018 年修改的《刑事诉讼法》第 182 条第 1 款还新创了特殊案件在侦查阶段的撤销制度。公安机关在侦查阶段对于有犯罪事实,需要追究刑事责任的案件本没有撤案权,但是基于案件的特殊性,为了鼓励被追诉人作特别重大立功,或维护国家重大利益,立

---

[1] 参见最高人民检察院于 2012 年 8 月 21 日发布的《关于办理核准追诉案件若干问题的规定》第 2 条。
[2] 史卫忠、曹红虹、李占州等:《核准追诉中的若干实务问题考察》,载《人民检察》2016 年第 10 期。

法也赋予了侦查机关相应的撤案权,但同时将拟撤销案件的最终核准权也交由最高人民检察院行使。如此处理的原因除了上述三项缘由外,还在于检察机关作为国家的法律监督机关,对侦查活动是否滥用撤案权负有监督义务,这本身也是检察对侦查进行司法控制的重要表现之一。

另外,对于特殊不起诉的核准程序,鉴于目前还没有明确细化的程序性规定,可以参考2012年最高人民检察院制定发布的《关于办理核准追诉案件若干问题的规定》以及2019年施行的《人民检察院刑事诉讼规则》第十章"审查逮捕"的第六节"核准追诉"中相关条文的规定,就特殊不起诉中如实供述涉嫌犯罪事实、重大立功、案件涉及国家重大利益等条件中所需要的相关证据、有关法律文书以及是否需要保密等作出规定;同时,就具体的报批程序、办案期间等作出说明。另外,还有必要考虑建立事前沟通机制,规定监察机关拟移送检察院作特殊不起诉的案件,由两机关协商层报上级机关沟通确定。

(二)对特殊不起诉的制约与救济

值得进一步研究的是,在特殊不起诉决定做出后,之前移送案件的侦查机关、监察机关如果对不起诉决定有异议是否还能申请复议、复核;被害人、被不起诉人是否还能向检察机关申诉,被害人是否还能向法院提起自诉。概言之,较之其他类型的不起诉,对于特殊不起诉的决定,侦查机关、监察机关能否进行制约,被害人和被不起诉人能否寻求救济。本书对此持否定态度,理由如下:

首先,在中国化的检察一体原则下,不仅某一检察机关内部的检察长可以指挥所有部门的工作,而且上下级检察机关之间也存在着上命下从的领导与被领导关系。对于最高人民检察院作出的决定,即使赋予侦查机关、监察机关或者被害人、被不起诉人向同级或上一级人民检察院复议、复核或申诉的机会或权利,基于检察机关上下级的领导关系和内部行动的一致性,断然不会出现下级检察机关否定上级检察机关决定的情形。因此,针对特殊不起诉,传统的制约和救济途径在我国检察一体原则下已被屏蔽。

其次,由于最高人民检察院的最后把控,特殊不起诉的案件极为个别,数量极少。一旦做出,往往是多方利益权衡下的慎重决断。如果特殊不起诉的决定经由公安、监察机关的复议、复核,又或者经当事人的申诉、自诉就被停滞,甚至否决,这是极不严肃的,也会使特殊不起诉制度被虚置。另外,特殊不起诉往往是从维护公共利益、国家利益出发对个人利益、部门利益作出的牺牲,一旦作出决定,作为个人或办案机关也有从大局出发服从的必要。

最后,从特殊不起诉条文所处的位置来看,其处于《刑事诉讼法》第二编第三章"提起公诉"这一部分的最后一条。位列《刑事诉讼法》第179条"公安机关对不起诉决定的复议、复核";第180条"被害人对不起诉决定的异议(申诉和自诉)";第181条"被不起诉人对不起诉决定的申诉"之后。"法律不作无意义的次序编排"[1],从体系解释的角度来看,立法者已经表明立场:无论是公安机关、监察机关的复议、复核,还是被害人、被不起诉人的申诉、自诉,其只是面向《刑事诉讼法》第179条、第180条、第181条之前出现的不起诉类型,即法定不起诉、酌定不起诉、证据不足不起诉以及附条件不起诉[2]。特殊不起诉并不属于上述三个法条中可制约或救济的不起诉类型。

---

[1] 王利明:《法律解释学》(第二版),中国人民大学出版社2016年版,第177页。
[2] 按照《刑事诉讼法》第282条第2款的规定,附条件不起诉适用《刑事诉讼法》第179条、第180条的规定。另外2014年全国人民代表大会常务委员会《关于〈中华人民共和国刑事诉讼法〉第二百七十一条第二款(现为二百八十二条第二款——引者注)的解释》规定,被害人对人民检察院对未成年犯罪嫌疑人作出的附条件不起诉的决定和不起诉的决定,不适用《刑事诉讼法》第180条关于被害人可以向人民法院起诉的规定。

四、选择性起诉背后的理论前瞻

根据《刑事诉讼法》第 182 条的规定,在犯罪嫌疑人认罪,同时有重大立功或者案件涉及国家重大利益的情形时,若经最高人民检察院核准,最终的处理结果除了撤销案件和不起诉外,检察机关还"可以对涉嫌数罪中的一项或者多项不起诉"。应当说,该规定中所论及的选择性起诉折射出我国刑事诉讼理论两个方面的新发展。申言之,选择性起诉意味着我国协商性司法理念下"罪数协商"初露端倪;而选择性起诉的反面——部分犯罪案件的不起诉则表明诉讼客体理论在我国立法和司法层面又有了新的发展。

(一)中国协商性司法的再发展

关于协商性司法,我国学界早有探讨。多数学者认为,刑事司法领域的协商性司法是指诉讼主体基于合意,通过对话与磋商,达成互惠的协议,以此来解决刑事争端的一种司法模式。[1] 和西方国家一样,中国的刑事司法活动也经历了一个从对抗到合作,从合作到协商的过程。

1. 从对抗到合作的转向

我国早期的刑事司法坚持斗争哲学和报应刑的正义观。在司法竞技主义的理念下,国家针对犯罪强调严厉打击,决不手软。在追诉犯罪的过程中,国家与个人处于对立的两端,被害人与犯罪嫌疑人、被告人之间也充满对抗。然而,随着案件量的加大,案件隐蔽性和有组织性的增强,以及取证的规范性要求越发严格,刑事案件的办理愈

---

[1] 参见任华哲、程媛媛:《试论合作式司法在中国刑事实践中的发展趋势》,载《武汉大学学报(哲学社会科学版)》2008 年第 6 期。

发困难。为了提高效率,破解案多人少的困境,中国的刑事司法萌生了低限度的司法合作模式。该模式表现在宏观层面上提出"坦白从宽、抗拒从严""宽严相济"的刑事政策,运用刑事实体法中的自首、立功等制度激励犯罪嫌疑人积极认罪、主动供述。同时,在刑事程序法中创设了简易程序,鼓励犯罪嫌疑人、被告人认罪并主动放弃一些诉讼上的权利以换取量刑上的优惠。然而,最初的合作模式缺乏实质的对等性,效果并不理想。首先,合作的双方缺乏真正的平等。在整个过程中公权力机关占据主导地位,犯罪嫌疑人往往处于被动接受、简单表态的境地。以1996年《刑事诉讼法》新增的简易程序为例,该程序的启动主体仅为法院和检察院,并不包括犯罪嫌疑人、被告人。而且,由于当时辩护权的保障并不及时充分,大部分犯罪嫌疑人、被告人没有辩护律师,在沟通交流中对案情了解不多,相关专业知识匮乏,导致磋商的结果呈一边倒的态势。其次,合作的双方在协商的范围和程度上极为有限。中国奉行罪刑法定和罪刑相适应原则,任何一项罪行都有明确的罪名。在起诉法定主义为主导的中国,检察机关没有撤销指控、改变罪名的权力,有关罪名和罪数的协商在我国是绝对禁止的。即使是量刑协商,由于当时坦白从宽还没有在刑法中确立为法定量刑情节,在仅有被告人认罪坦白的情况下,法院只能酌定从轻处罚。[1] 这导致在量刑上双方讨价还价的空间极为有限。总体而言,最低限度的合作模式本质上仅仅是降低了对抗的尖锐性,但协商的实质性不强,协商中当事人的获益也十分有限。

---

[1] 2003年最高人民法院、最高人民检察院、司法部联合印发的《关于适用普通程序审理"被告人认罪案件"的若干意见(试行)》第9条和《关于适用简易程序审理公诉案件的若干意见》第9条都规定:"人民法院对自愿认罪的被告人,酌情予以从轻处罚。"

2. 从低限度合作到实质性协商的迈进

然而,随着我国刑事实体法的不断修改完善,加之速裁程序、认罪认罚从宽制度的试点和最终入法,司法合作模式中的协商性司法有了新发展。首先,协商的控辩双方愈发平等。犯罪嫌疑人不再是被动接受的一方。通过对新修改的《刑事诉讼法》第173条第2款与第1款[1]的比较可以发现,对于犯罪嫌疑人认罪认罚的案件,人民检察院除了应告知犯罪嫌疑人享有的诉讼权利和认罪认罚的法律规定,还应当听取犯罪嫌疑人对有关事实、罪名、适用法律规定、从宽处罚以及适用何种审判程序等事项的意见。这表明,犯罪嫌疑人在认罪认罚案件中已不仅是"事实"信息的提供者,同时成为案件处理走向的"意见"表达者。这显然是强化了协商互动中犯罪嫌疑人、被告人的主体地位。另外,在控辩协商中,辩方的专业化协商能力也进一步增强。随着法律援助辩护全覆盖的推行,犯罪嫌疑人获得律师辩护的可能性大大增强。即使犯罪嫌疑人没有委托辩护人,也没有获得法律援助辩护,但刑事诉讼法对值班律师制度的引入也提供了最低限度的专业性法律服务。这使得犯罪嫌疑人不再是孤身一人与强大的控方对话。再者,协商的内容和幅度发生了新的变化,随着《刑法修正案(八)》对坦白从宽情节的法定化,坦白、自首、立功构筑了有梯次的实体从宽体系。最高人民法院在2013年发布的《关于常见犯罪的量刑指导意见》(已失效)中也对犯罪嫌疑人、被告人"如实

---

[1] 2018年修改后的《刑事诉讼法》第173条第1款规定:"人民检察院审查案件,应当讯问犯罪嫌疑人,听取辩护人或者值班律师、被害人及其诉讼代理人的意见,并记录在案。辩护人或者值班律师、被害人及其诉讼代理人提出书面意见的,应当附卷。"第2款规定:"犯罪嫌疑人认罪认罚的,人民检察院应当告知其享有的诉讼权利和认罪认罚的法律规定,听取犯罪嫌疑人、辩护人或者值班律师、被害人及其诉讼代理人对下列事项的意见,并记录在案:(一)涉嫌的犯罪事实、罪名及适用的法律规定;(二)从轻、减轻或者免除处罚等从宽处罚的建议;(三)认罪认罚后案件审理适用的程序;(四)其他需要听取意见的事项。"

供述"和"当庭认罪"的情形规定了具体的"从宽"标准。[1] 量刑协商的空间开始变大。同时,速裁程序、简易程序以及普通程序简化审等多层次的诉讼程序也为控辩双方就程序协商提供了更多选择。更引人注目的是,根据《刑事诉讼法》第182条的规定来看,犯罪嫌疑人自愿如实供述的,不仅可以在检察机关提出量刑建议时受到优待,还可以获得检察机关对其"涉嫌数罪中的一项或者多项不起诉",这其实已经突破了量刑协商的范围,增加了明显的"罪数"协商内容。[2]

3. 未来中国协商性司法理论的发展

从对抗型司法到合作型司法的转向,从最低限度的合作模式到实质性协商模式的迈进,再从"量刑协商"向"罪数协商"的有限突破,我国的协商性司法不断在理论和实践中发展。本书认为,以新修改的《刑事诉讼法》第182条中罪数协商为契机,结合本条涉及的污点证人制度以及起诉裁量主义理论,我国协商性司法未来可以在两大方面开拓出更为广阔的发展空间。

一是从宏观上推进协商性司法的多元化形态。协商性司法在西方国家已兴起多年,但由于每个国家在政治架构、人文生态、司法环境等方面的差异,协商性司法的内涵和实践形态并不相同。恢复性司法、辩诉交易(认罪协商)、警察警告制度、污点证人制度以及不起诉(缓起诉)制度都可以归结到协商性司法的名下。[3] 当下我国协商性司法的主要形态是偏向大陆法系的认罪协商制度,其他的如裁量不诉以及污点证人制度仍然在起步萌芽时期,诉讼更前端的警察警告制度还处在理论推介、沙盘推演的阶段。结合《刑事诉讼法》第

---

[1] 该标准在2021年"两高"《关于常见犯罪的量刑指导意见(试行)》中得以延续。
[2] 参见魏晓娜:《结构视角下的认罪认罚从宽制度》,载《法学家》2019年第2期。
[3] 参见韩德明:《协商性司法:理论内涵、实践形态及其语境》,载《南京社会科学》2010年第5期。

182条中所涉及的起诉裁量主义的新发展,未来协商性司法下的起诉裁量主义可进一步扩容。如将裁量不起诉的范围从微罪扩展到包括国家重大利益在内的,内涵更为宽泛的公共利益。同时,将附条件不起诉(暂缓起诉)从未成年人犯罪扩展到成年人犯罪[1],乃至扩展到更为广阔的刑事合规领域[2],相应的刑罚范围也可以从一年有期徒刑以下刑罚扩展到三年乃至七年有期徒刑以下刑罚。就污点证人制度而言,我国也可以考虑从现有的"追诉协助型"污点证人制度扩展到"自己负罪型"的污点证人制度。

二是从微观上丰富中国认罪协商的多重内容。认罪协商是我国协商性司法的基本形态,主要内容为量刑协商,兼采程序协商和特殊情形下的罪数协商。以此为基础,未来可从四个层面再行推进。首先,进一步拓宽量刑协商的幅度,丰富量刑协商的内容。为了与认罪认罚从宽制度的程序法做好衔接,应修改实体法,将"认罪+认罚"作为刑法总则中法定从宽处罚的情节[3],拓宽量刑协商的幅度。其次,充实量刑协商中认罪、认罚的内涵,如除自首、坦白外,经过教育后的被动认罪、当庭认罪以及对数罪中的部分认罪均可视为认罪;再如除了同意量刑建议、愿意接受刑事处罚外,对于积极的退赔退赃、预交罚金、履行义务、修复犯罪后果、同意适用简化程序等也可考虑

---

[1] 参见何挺:《附条件不起诉扩大适用于成年人案件的新思考》,载《中国刑事法杂志》2019年第4期。
[2] 2016年12月8日,法国国会通过了《关于提高透明度、反腐败以及促进经济生活现代化的2016—1691号法案》。该法案吸收了美国和英国的经验,确立了法国式的暂缓起诉制度,允许检察机关与涉嫌犯罪的企业签订和解协议,确立三年考验期,涉案企业在此期限内缴纳罚款、赔偿受害者并制定或完善合规计划,在考验期满经审查确认履行了协议内容的,检察机关将撤销起诉。参见陈瑞华:《法国〈萨宾第二法案〉与刑事合规问题》,载《中国律师》2019年第5期。
[3] 进一步的体系化、阶梯型的从宽规定,参见周光权:《论刑法与认罪认罚从宽制度的衔接》,载《清华法学》2019年第3期。

纳入认罚的范畴,不断丰富认罪认罚体系,实现从宽的层次化。最后,必要时可启用罪名协商。就我国认罪协商的类型来看,从量刑协商到罪数协商,其间还少了一个罪名协商的梯次,因为罪数协商是针对数罪直接撤销其中一项或者多项指控,但如果不直接撤销指控,而是将其中一罪或者多项犯罪变更为较轻的罪名起诉,这在从宽的幅度上其实更为缓和。从这个角度来看,既然可以协商罪数,就可以协商罪名。从司法实践的层面来看,针对以往在追诉某些犯罪时存在证明困难的难题,我国立法及司法解释曾通过设定推定、新增阶梯型罪名、设立抽象危险犯、创设共犯正犯化等方式加以破解,但仍有部分犯罪存在着惯常性的取证困难。例如,就主观要件事实的证明来看,人的内心活动是外人无法直接感知的,除了供述以外,其他能够发挥证明作用的直接证据非常少,如果行为人拒不供认或矢口否认,证明也就基本陷入僵局。实践中就曾出现法官对毒品犯罪中被告人是否明知其运输或持有的物品是毒品的判定犹豫不决,对诈骗类案件中被告人是否具有非法占有目的难以决断。借鉴《刑事诉讼法》第182条第1款特殊不起诉的立法思路,未来在一些涉及犯罪嫌疑人有重大立功或者案件涉及国家重大利益的时候,检察官除了考虑单一犯罪撤销指控、数种犯罪部分不起诉,还可以考虑启动"罪名协商""降格指控"的思路,破解证明中的一些取证困境,进一步丰富协商的类型。当然要做到这一点,必须对我国"客观真实""罪刑法定"的理论原则进行微调[1],并严格控制此类情形的适用。

(二)诉讼客体理论在立法和司法层面的深化

《刑事诉讼法》第182条规定:"……人民检察院可以作出不起诉

---

[1] 参见向燕:《我国认罪认罚从宽制度的两难困境及其破解》,载《法制与社会发展》2018年第4期。

决定,也可以对涉嫌数罪中的一项或者多项不起诉。"遵循同一解释规则,即,同一概念在同一法律内部应当保持同一含义的规则,上述条文中先后两次出现的"不起诉"应当具有同质性和法律上的等效性。据此,对一人涉嫌数罪并案处理的情形,若检察机关对其中部分犯罪案件不予起诉的,也应当明确作出不起诉决定,出具相关不起诉处分的法律文书。可以说,《刑事诉讼法》第182条的这一规定是"案件说"诉讼客体理论在立法上的深化,澄清了以往对不起诉相关条文的误解,对于司法实践中的一些错误做法具有重要的纠偏作用。

1. 不起诉中的诉讼客体理论

在刑事诉讼发展的历史进程中,很长一段时间,受旧有纠问式诉讼的影响,犯罪嫌疑人、被告人被视为追诉的客体,缺乏应有的主体地位,各项诉讼权利难以得到充分保障。随着人权保障思想、当事人主义、控辩式对抗理念的引入,犯罪嫌疑人、被告人的主体地位逐渐得到认可和确立,以辩护权为代表的各项诉讼权利也得到加强和完善。刑事诉讼的客体从"被追诉人"转向"案件",并成为当今理论界的共识,指引着不起诉等相关制度在立法和司法层面的发展。

大陆法系国家的刑事诉讼理论认为,国家刑罚权是针对每一犯罪人的每一犯罪事实而存在的,因此,作为诉讼客体的案件,其构成包括犯罪人和犯罪事实两个要素。[1] 案件作为诉讼客体,是从实体法角度以实现刑罚权为目的而确立的,因此也被称为诉讼之实体。与实体法上的"案件"相对应的是程序法上的"诉",是为确定具体的刑罚权而进行诉讼的关系。案件与诉有密切联系:"诉,亦以一被告之一犯罪事实为其内容。是诉之个数,一般与案件之个数相等。详言之,即对于每一被告之每一犯罪事实起诉者,为一案件,亦即一诉;

---

[1] 参见陈朴生:《刑事诉讼法实务》(增订版),1981年台湾自版,第84页。

对于数被告或数犯罪事实起诉者,为数案件,亦即数诉。"[1]由此可知,实体法上代表具体刑罚权的一个个案件在程序法中转化为一个个诉。诉的重要功能就在于依循案件的单一性原理,即人的单一和犯罪事实的单一,将客观层面上的人和事拆分具化为规范层面上的一个个案件,然后将这些案件提交法院请求裁判,以实现刑罚目的。以案件作为诉讼客体,诉能够对侦查移送的众多罪行产生"分案效果"。这种效果既包括将提起公诉的所有罪行拆分细化为一个个案件交付审判,并要求法院一一对应地作出裁判,不能漏判,也不能超裁,以此限定法院的审判对象和范围;还包括将那些没有达到起诉标准的罪行,以案件的形式从诉讼中一一分流出来分别作出诉的终止,即不起诉的处分。如果说提起公诉是积极的诉,那么不起诉便是消极的诉。两者都体现了诉的"分案效果",也都应当产生相应的法律效力。

我国台湾地区长期以来就将案件视为诉讼客体,不起诉的对象一直就是案件。台湾地区"刑事诉讼法"第252条开篇即为,"案件有左列情形之一者,应为不起诉处分";第253条也规定,"第376条第1项各款规定之案件,检察官参酌刑法第57条所列事项,认为以不起诉为适当者,得为不起诉之处分。"在我国台湾地区的司法实践中,如果一人犯有两罪,一罪起诉,一罪作出不起诉处分的情形十分常见。本书作者曾就该类问题请教台湾地区的检察官,他们认为只要两罪不是想象竞合等实质上的一罪,一个起诉一个不起诉,作出两份法律文书十分正常。而且,对于上述问题,早在民国时期就已有了较为统一的认识。民国学者朱采真曾言:"被告人犯了几个罪名,内中一罪已受或应受重刑的判决,他罪却是轻微的罪名,就是起诉,对于应执

---

[1] 张建伟:《刑事诉讼法通义》(第二版),北京大学出版社2016年版,第180页。

行的刑罚,没有什么重大关系。检察官基于这种认定,就得不起诉。"[1]除此以外,其他大陆法系国家也有类似规定。《德国刑事诉讼法》第153a条有关缓起诉的规定就指出:"(一)如果负担与指示适于消除刑事追诉的公共利益,且罪责的严重性与此不相抵触,经负责开启审判程序的法院和被指控人同意,检察院可以对轻罪暂时不提起公诉,同时科处被指控人履行一定的负担与指示。"据此,在德国,如果犯罪嫌疑人犯有数罪,对轻罪可以暂时停止程序,不提起公诉,作出缓起诉处分;但是如果该人还有其他重罪,则可以同时提起公诉。[2]

2. 我国司法实践对不起诉规定的误读和应用

诚如上文所言,"案件说"诉讼客体理论在大陆法系国家早已是通说,不少国家和地区将该理论应用于不起诉制度中,或在立法上加以明确,或在司法中加以贯彻。受大陆法系诉讼客体理论的影响,案件是诉讼客体的理念也早已在我国深入人心,成为理论界的共识。然而,理论上的共识并未在我国不起诉的相关立法中得到明确的体现,部分司法机关对相关条文的误读引发了实践办案中的偏差。

我国在2018年《刑事诉讼法》第三次修改以前,针对一人犯数罪并案处理的情形,如果检察机关在审查起诉中发现部分犯罪符合起诉条件,部分犯罪不符合起诉条件的,能否分别作出起诉和不起诉的决定,立法并没有直接规定。为了解决实践中的现实问题,一些司法实务部门的同志将参照的依据转向了法定不起诉的条文规定,也就是现行《刑事诉讼法》第177条第1款的规定:"犯罪嫌疑人没有犯罪事实,或者有本法第十六条规定的情形之一的,人民检察院应当作出

---

[1] 朱采真:《刑事诉讼法新论》,世界书局1929年版,第185页。
[2] 参见《德国刑事诉讼法典》,宗玉琨译注,知识产权出版社2013年版,第147、148页。

不起诉决定。"根据该规定,部分同志认为不起诉的对象应是"犯罪嫌疑人",而非某一罪行或案件。因此,检察机关不能针对一名犯罪嫌疑人涉嫌实施的多项罪行中的一项或几项直接作出不起诉决定,并出具法律文书,只有在所有罪行均不应或不宜起诉时才可做出不起诉决定。按照这一理解,司法实践中针对上述问题的惯常做法是:若犯罪嫌疑人张三因涉嫌盗窃罪和诈骗罪被公安机关并案侦查,一并移送审查起诉。检察机关经过审查后认为张三构成盗窃罪,但不构成诈骗罪,此时检察机关只须起诉张三盗窃罪,至于张三涉嫌的诈骗罪,办案人员只会在审结报告中说明不予认定的理由,不再另行作出不起诉的决定。然而,正是这种处理方式在实践中产生了诸多危害。

其一,剥夺了被害人的救济权。实践中,检察机关针对某一犯罪嫌疑人涉嫌数罪中的一项或者几项罪行不予认定的,不会再专门出具不起诉决定书,当然也不会有法律文书送达被害人。被害人即使对没有提起公诉的罪行不服,也无法依据《刑事诉讼法》第 180 条向上一级人民检察院申诉。如果被害人向人民法院提起自诉,法院也大多以不属于自诉案件受案范围为由要求被害人撤诉或裁定不予受理。[1] 其二,架空了公安机关的外部制约权。由于不起诉决定书的缺失,此前负责侦办案件的公安机关如果认为检察机关在审查起诉时存在"漏诉"的情形,也无法依据《刑事诉讼法》第 179 条的规定向

---

[1] 有一线办案人员提供案例:公安机关以 A 公司业务员邓某涉嫌职务侵占、假冒注册商标罪移送审查起诉。检察机关审查认为,邓某涉嫌职务侵占罪证据不足,不予认定,仅以假冒注册商标罪提起公诉,法院做出有罪判决。但 A 公司不服检察机关未起诉邓某职务侵占罪,遂向法院提起自诉。一审法院判决邓某犯职务侵占罪,并科以刑罚。邓某以检察机关未对职务侵占事实做出不诉决定不属于法院受案范围为由提起上诉,二审法院采纳了其意见,并将案件发回重审。原审法院要求检察机关对邓某涉嫌职务侵占罪做出不起诉决定,检察机关认为于法无据,拒绝做出不起诉决定。最终原审法院要求 A 公司撤诉。参见刘天响:《检察机关在审查起诉中不予认定的部分罪行应如何处理》,载《今日南国(理论创新版)》2008 年第 12 期。

"漏诉"的检察机关申请复议,向上一级检察机关申请复核。这实际上是变相规避了公安机关对检察机关"隐形不起诉"的制约。有同志曾提出:公安机关其实可以通过其他途径向检察机关反映自己的意见,如通过补充侦查提供新的证据,建议检察机关对这部分未起诉的案件事实提起公诉。如果意见不被采纳,公安机关可以在补充新的证据事实材料后,将案件重新移送检察机关审查起诉。若检察机关对此作出不起诉决定,公安机关认为有错误的,即可要求复议,乃至向上一级检察院提请复核。[1] 且不说该方案中公安机关能否再次启动补充侦查,单就该方案来看,其仅针对检察机关因为某一罪行证据不足不提起公诉的情形公安该如何处理,对于检察机关基于其他法定事由不予起诉的,让公安机关去补充侦查显然是药不对症。其三,虚化了检察机关上下级的监督和纠正路径。《人民检察院办理不起诉案件质量标准(试行)》规定,证据不足不起诉和酌定不起诉案件应报送上一级人民检察院备案。由于检察机关对数罪中某些罪行不予认定后不会单独作出不起诉决定,实践中备案程序基本被形式化,检察机关上下级的内部监督也由此被弱化。值得注意的是,即使上级检察机关发现下级检察机关对没有被提起公诉的罪行存在处理错误,纠正程序也面临困境。按照《人民检察院刑事诉讼规则》第389条规定,"最高人民检察院对地方各级人民检察院的起诉、不起诉决定,上级人民检察院对下级人民检察院的起诉、不起诉决定,发现确有错误的,应当予以撤销或者指令下级人民检察院纠正"。据此,上级检察机关只能对下级检察机关明确作出的不起诉决定予以纠正,至于对一人涉嫌数罪中没有提起公诉的某项罪行,如果存在错

---

[1] 参见本刊学习问答组:《公安机关认为检察院"漏诉",能否要求复议?》,载《人民检察》2002年第3期。

误能否纠正,该采用何种程序加以纠正则存在着依据上的不足。

3. 新条文的正本清源及其对诉讼客体理论的深化

通过前文的分析,本书认为,上述我国司法实务部门的错误做法以及由此产生的现实危害多源于对诉讼客体理论的认识缺位,以致对相关条文出现误读。其实,就现行《刑事诉讼法》第 177 条第 1 款的规定来看,虽然条文中不起诉的对象是犯罪嫌疑人,但这完全可以理解为,立法是从单一案件,即一人一事的情形出发作出的最为简单的条文表述,并未涉及一人多罪的复数情形。而且,现行《刑事诉讼法》第 175 条第 4 款规定:"对于二次补充侦查的案件,人民检察院仍然认为证据不足,不符合起诉条件的,应当作出不起诉的决定。"第 177 条第 3 款还规定:"人民检察院决定不起诉的案件,应当同时对侦查中查封、扣押、冻结的财物解除查封、扣押、冻结。"从这两个条文看,不起诉的对象显然针对的是案件,而非犯罪嫌疑人。故而,不起诉的对象到底是人还是案,立法其实并没有给出直接的、清晰的答案。前述司法实践的做法存在较为严重的问题,急需在立法上作出明确的规定,正本清源。也许正是认识到了这一问题,立法者在 2018 年修改《刑事诉讼法》时,在制定特殊不起诉的相关条款中,将不起诉的对象确立为"罪",即具体的诉讼案件,进而明确了对于同一犯罪嫌疑人涉嫌数罪的情形,可以对部分犯罪提起公诉,对部分犯罪作不起诉处分。这就澄清了司法实践对立法规定的误解,一方面为今后的一线办案人员给予了明确的操作指引;另一方面也能够在部分案件不起诉时给予被害人充分的救济机会,赋予有关机关相应的制约渠道,防止"隐形不起诉"的泛滥。更为重要的是,特殊不起诉中对部分案件选择性不起诉的规定对于诉讼客体理论在我国立法层面的深化、司法层面的贯彻起到了很好的示范效应,真正实现了理论、立法和司法三个层面的有机贯通。

总之,在司法体系的运行轨道之下,诉讼客体需要持续地进行理论反思和实践校验,而在本章所论及的不起诉制度中,将"罪"作为诉讼客体后,许多制度的对接也会因此顺畅,弥合因诉讼客体缺位而形成的司法困局,保障不起诉制度的良性运转。

五、本章结语

本章主要论及的是监察与司法衔接中特殊不起诉制度的适用问题。《监察法》第31条规定,涉嫌职务犯罪的被调查人主动认罪认罚,具有重大立功表现或者案件涉及国家重大利益等情形的,监察机关经领导人员集体研究,并报上一级监察机关批准,可以在移送人民检察院时提出从宽处罚的建议。与此呼应,《刑事诉讼法》第182条规定,职务犯罪案件移送审查起诉,检察机关针对犯罪嫌疑人自愿如实供述涉嫌犯罪的事实,有重大立功或者案件涉及国家重大利益的,经最高人民检察院核准,可以作出特殊不起诉的决定。就职务犯罪案件的特殊不起诉而言,其适用情形的查证需要在监察程序中调查记录,其处理决定需要在刑事诉讼中由检察院审查作出。职务犯罪案件中特殊不起诉制度的准确、及时和规范适用关键在于监察与司法的有效衔接。要实现这一目的,一方面,监察机关与检察机关对"重大立功""国家重大利益"等适用情形要形成共识,达成统一适用标准;另一方面,两机关应当进一步建立健全相关的衔接机制,畅通程序交接的路径。

特殊不起诉制度涉及众多法学基础理论,如利益权衡法则、协商性司法以及诉讼客体等,还关涉域外更宽泛的起诉裁量权、污点证人制度的引入借鉴。这些理论和制度支撑起中国特殊不起诉制度的确立和运用,也为监察与司法的有效衔接提供了学理指引。当然,适用特殊不起诉还要统筹考量职务犯罪案件疑难复杂、涉及面广、社会影响大等诸多特殊因素,更要兼顾案件处理的政治效果、社会效果和法律效果的有机统一。

第七章
职务犯罪案件缺席审判在监察与司法衔接中的适用

本章导读：

  职务犯罪案件缺席审判本质上是一项司法活动，但在案件办理的前端会经历监察调查环节。该制度的运行离不开监察与司法的有效衔接，衔接的理论基础在于案件的同一性、反腐败目标的一致性等共识性认识，以及不同程序间的差异化价值理念所形成的必要制衡。这些理论决定了在缺席审判程序的整体运行中，要做好监察与司法的有效衔接，首先，要就缺席审判的适用条件作出标准一致、口径同一的规范性解释；其次，要通过构建体系化的制度机制加强监察机关与司法机关在缺席审判的程序启动、调查取证中的配合协作和沟通协调；最后，要将正当程序、人权保障的理念不断注入程序衔接的各个环节，通过对当事人等诉讼参与人辩护权、知情权的特殊保障，修正和规制监察办案中可能彰显的强职权倾向，保障国家监察权的制度化、规范化和法治化。

一、引　言

2018年10月26日，第十三届全国人大常委会第六次会议通过的《关于修改〈中华人民共和国刑事诉讼法〉的决定》增设了刑事缺席审判制度。根据修改后的《刑事诉讼法》第291条至第297条的规定,我国的缺席审判可分为三种类型:境外人员的缺席审判、身患严重疾病被告人的缺席审判以及(原审)被告人死亡案件的缺席审判。其中,与职务犯罪密切相关的是境外人员的缺席审判。由于《监察法》出台在前,《刑事诉讼法》修订在后,《监察法》制定之初并未对缺席审判制度作出规定,但之后修改的《刑事诉讼法》第291条第1款明确规定了贪污贿赂犯罪案件可适用缺席审判。为了维护法秩序的统一性,运用体系解释的方法,可以得出监察机关对于涉嫌贪污贿赂犯罪的被调查人在境外的案件负有审查案件是否符合缺席审判适用条件的义务,以及在符合条件的情况下收集审查证据,查明案件事实,移送审查起诉的职责。

2021年3月,最高人民检察院检察长张军在向全国人大作工作报告时提及全国首例适用缺席审判的程三昌案。根据相关报道,程三昌曾任河南省政府驻香港豫港集团有限公司董事长,利用职务便利贪污公款308万余元,2001年2月逃往境外。2002年,国际刑警组织发布红色通缉令,但程三昌至今没有归案。2020年,最高人民检察院指导河南省检察机关对程三昌适用缺席审判程序提起公诉,目前该案一审已宣判。这起案件是在中央追逃办统一组织和协调下,检察机关适用缺席审判程序办理的第一起职务犯罪案件。[1]随着涉及贪腐犯罪案件的缺席审判在实践中的开启,监察机关今后无疑会担负起启动缺席审判程序,织密反腐败国际追逃追赃法网的重要职责。鉴此,2021年9月施行的《监察法实施条例》第233条即

---

[1] 参见王亦君:《最高检报告披露重磅信息 程三昌成外逃贪官适用刑事缺席审判程序第一人》,载《中国青年报》2021年3月9日,第5版;又见孙航:《我国"刑事缺席审判第一案"程三昌贪污案一审宣判》,载《人民法院报》2022年1月18日,第3版。

对监察机关如何启动缺席审判程序作出补充性规定,"监察机关立案调查拟适用缺席审判程序的贪污贿赂犯罪案件,应当逐级报送国家监察委员会同意。监察机关承办部门认为在境外的被调查人犯罪事实已经查清,证据确实、充分,依法应当追究刑事责任的,应当依法移送审理"。新的时期,为了更好地促进《刑事诉讼法》与《监察法》相关制度机制的前后贯通和有效衔接,本章将对"两法"衔接背景下的职务犯罪缺席审判展开研究,希冀为我国的反腐败斗争和国际追逃追赃工作提供理论助益。

二、缺席审判在监察与司法衔接中适用的理论基础

涉及贪污贿赂犯罪的境外人员的缺席审判本质上是一项司法活动,但在案件办理的前端会经历监察调查环节。在刑事侦查无法越位替代监察调查的情况下,监察与司法必然会在缺席审判制度的适用上存在着一场目的、价值和理念的对话。当我们讨论缺席审判制度如何在监察和司法两套程序间有效衔接、平稳过渡,就必须明晰监察与司法的关系,厘清二者在办理职务犯罪案件时的共识性认识和差异化理念,划定彼此的权力边界和协作规则,为缺席审判制度在"两法"衔接适用中的有效运行、协调统一提供思路。

(一)法秩序统一原理下的案件同一性

监察和司法在衔接上的共通之处首先就是所办理案件的同一性[1]。在监察与司法的不同程序中,案件是前后贯穿的主线,犹如流通的货币,具有一般等价物那种统一应用的效果。依据法秩序统

---

[1] 判断案件同一性的标准是:被告人同一和犯罪事实同一。参见张建伟:《刑事诉讼法通义》(第二版),北京大学出版社2016年版,第185页以下。

一原理,宪法、刑法、民法等多个法领域所构成的不同的法规范之间应避免矛盾,一致协调,而且这些个别的法领域之间也不应作出相互冲突、抵触的解释。[1] 监察与司法分属不同的法律规范,但由于所办理的案件都涉及职务犯罪,这决定了两者在案件管辖、证据审查等法规范适用上的融贯统一。对于适用缺席审判的贪污贿赂犯罪案件来说,监察与司法受案范围的一致性将避免管辖上的错位与冲突。此外,缺席审判的启动标准、适用条件、证明要求前后一致、相互兼容,也能够确保案件在不同程序间衔接顺畅,避免掣肘。总之,在法秩序统一原理的视野下,案件同一性是监察与司法衔接过程中相关规范统一适用的基础,正是因为《监察法》《监察法实施条例》作出了《刑事诉讼法》能够对接适用的案件范围的规定,才会延伸出监察调查与缺席审判能够前后呼应,对照适用的一系列法律规范,这为后文论及的"两法"衔接中一些解释学或教义学研究做好了理论铺垫。

(二)配合协作中的反腐败共识

无论是《监察法》还是《刑事诉讼法》,打击职务犯罪,提高反腐败治理效能都是不可忽视的、共同的价值目标。我国制定《刑事诉讼法》的目的之一就是保证《刑法》的正确实施,即通过设计一套完整的诉讼程序确保司法机关能够准确、及时地查明案件事实,获致一个正确的裁判,从实体上给予犯罪者相应的刑事处罚。打击腐败,惩治职务犯罪是刑事诉讼的一项重要价值目标。而国家监察体制改革之本就在于惩治职务违法和职务犯罪,提高反腐治理的精准性和有效性。有研究者总结出监察与司法在我国反腐败职权运行的基本格局中所呈现出的互动关系:"以党纪反腐为先导、监察反腐为主责、司法

---

[1] 参见王骏:《违法性判断必须一元吗?——以刑民实体关系为视角》,载《法学家》2013年第5期。

反腐为保障。"[1]可见,进行反腐治理早已是监察与司法共同的价值目标,为了确保职务犯罪案件办理的质量与效率,实现共同的价值目标,监察机关与司法机关就不能各行其是、互不通气、推诿扯皮,而应积极沟通、协调配合、通力合作。《监察法》第4条第2款就规定,"监察机关办理职务违法和职务犯罪案件,应当与审判机关、检察机关、执法部门互相配合,互相制约"。《监察法实施条例》第8条又将其进一步细化为"在案件管辖、证据审查、案件移送、涉案财物处置等方面加强沟通协调。"

综上,反腐败的共识性基础支撑着监察机关与司法机关在办理职务犯罪案件过程中践行相互协作、相互配合的重要原则,确保案件在监察与司法不同程序间的顺利过渡。这一理念性共识为后文谈及的监察与司法在协调配合中具体机制的程序性构建提供了理论支撑。

(三)监督制衡背后的差异化理念

如前所述,刑事诉讼遵循正当程序,强调通过程序规训来形塑权力、保障人权。这些理念融入诉讼程序会产生法治化张力去对冲、缓和监察办案中可能出现的反腐"极端化"倾向,避免监察办案中可能出现的强职权逻辑被惯性地导入诉讼化流程。近年来,司法领域进行的以审判为中心的诉讼制度改革,目的就是去除过往诉讼中以侦查为中心的单向度的行政治罪模式,通过被告人、辩护人等诉讼参与人有效参与庭审,确保被告人及其辩护人通过诉讼对抗活动,形成一种有效的诉讼制衡力量,促使办案机关在立案、侦查、审查逮捕、审查起诉、审判等方面严格遵守法律,避免违法和越权,切实地遵守法

---

[1] 吴建雄、王友武:《监察与司法衔接的价值基础、核心要素与规则构建》,载《国家行政学院学报》2018年第4期。

定程序。"唯有重视并保障被告人的人权,使其成为一种足以抗衡国家权力的力量,才能将国家专门机关的权力'关入牢笼之中',有效地保障刑事诉讼法的实施,并维护基本的法治秩序。"〔1〕在监察与司法的衔接过程中,缺席审判制度的运行除了发挥惩治腐败的效果外,也应当坚持以审判为中心的改革思路,切实保障缺席被告人以及其他诉讼参与人的各项权利。

尤为值得注意的是,刑事缺席审判程序作为刑事诉讼的特别程序之一,其本身就存在权利克减的天然属性。在缺席审判程序的内部,相较于被告人患有严重疾病和被告人死亡的缺席审判而言,境外人员的缺席审判是真正意义上的缺席审判程序。针对境外人员缺席审判所设置的特殊权利保障条款也应从缺席审判的庭审阶段向前延伸,从而在监察调查程序、监察与司法衔接环节以及缺席审判程序之中形成权利保障强弱的层级梯度,确保监察权的规范行使,保障国家监察权运行的法治化和制度化。

三、职务犯罪案件适用缺席审判的共识性条件

《刑事诉讼法》规定缺席审判制度,尤其是设立境外人员的缺席审判制度是进一步完善国际追逃追赃工作,加大反腐力度的一项重要举措。如前所述,监察调查与缺席审判在反腐败的价值目标上具有一致性,案件适用上具有同一性。无论是监察机关收集证据,启动缺席审判案件的调查程序,还是司法机关对该类案件的审查起诉和缺席审理,在条件适用上都具有共识性认识和一贯性标准,应统一把握,确保衔接的有序和顺畅。从《刑事诉讼法》相关规定来看,监察机

---

〔1〕 陈瑞华:《刑事诉讼法》,北京大学出版社2021年版,第33页。

关办理职务犯罪案件适用缺席审判制度必须满足三个方面的条件：一是属于贪污贿赂犯罪案件；二是被调查人在境外；三是符合缺席审判的证据要求，即犯罪事实已经查清，证据确实、充分。

(一) 贪污贿赂犯罪案件的范围

虽然《刑事诉讼法》并未针对贪污贿赂犯罪作出明确的罪名列举和程度要求，但从制度设定的初衷和目的来看，可做进一步的解释性研究。

1. 罪名限定

相关的司法解释或规范性文件并未对《刑事诉讼法》第291条第1款中的"贪污贿赂犯罪案件"作出明确规定。传统理论认为，贪污贿赂犯罪不是具体罪名，因为刑法分则中并没有单独的一个"贿赂"犯罪，所以贪污贿赂犯罪常常被认为是刑法分则第八章的类罪名。例如，最高人民检察院2013年修订施行的《人民检察院刑事诉讼规则(试行)》第8条第2款规定："贪污贿赂犯罪是指刑法分则第八章规定的贪污贿赂犯罪及其他章中明确规定依照第八章相关条文定罪处罚的犯罪案件。"这里的"其他章中明确规定依照第八章相关条文定罪处罚的犯罪案件"散见于刑法分则其他章节中，如《刑法》第163条第3款的规定、第271条第2款的规定等。另外，2018年《刑事诉讼法》第298条在对"犯罪嫌疑人、被告人逃匿、死亡案件违法所得的没收程序"(以下简称"特别没收程序")规定适用范围时也涉及贪污贿赂犯罪案件。根据最高人民法院、最高人民检察院联合制定的《关于适用犯罪嫌疑人、被告人逃匿、死亡案件违法所得没收程序若干问题的规定》(以下简称《特别没收程序规定》)第1条的规定，"贪污贿赂犯罪案件"包括：(1)贪污、挪用公款、巨额财产来源不明、隐瞒境外存款、私分国有资产、私分罚没财物犯罪案件；(2)受贿、单位受贿、利用影响力受贿、行贿、对有影响力的人行贿、对单位行贿、介绍贿赂、单位行贿犯罪案件。上述两个司法解释对"贪污贿赂犯罪案件"的范围认定基本一致,那么缺席审判中"贪污贿赂犯罪案件"的范围是否可参照适用呢?对此,审判部门的一些同志持肯定态度,认为"缺席审判程序中规定的贪污贿赂罪应该指刑法分则第八章规定的所有贪污贿赂案件,包括贪污、受贿、挪用公款、巨额财产来源不明及行贿等犯罪案件"[1]。但部分监察部门的同志则提出不同意见,认为"可以适用刑事缺席审判程序的贪污贿赂案件,局限于贪污犯罪和贿赂犯罪较好。其他如挪用资金罪、私分国有资产罪等失职渎职犯罪暂时不建议适用缺席审判制度"[2]。随着 2021 年 9 月《监察法实施条例》的出台实施,上述认识出现了一定的变化和松动。《监察法实施条例》第 26 条规定:"监察机关依法调查涉嫌贪污贿赂犯罪,包括贪污罪,挪用公款罪,受贿罪,单位受贿罪,利用影响力受贿罪,行贿罪,对有影响力的人行贿罪,对单位行贿罪,介绍贿赂罪,单位行贿罪,巨额财产来源不明罪,隐瞒境外存款罪,私分国有资产罪,私分罚没财物罪,以及公职人员在行使公权力过程中实施的职务侵占罪,挪用资金罪,对外国公职人员、国际公共组织官员行贿罪,非国家工作人员受贿罪和相关联的对非国家工作人员行贿罪。"其中,"公职人员在行使公权力过程中实施的职务侵占罪,挪用资金罪,对外国公职人员、国际公共组织官员行贿罪,非国家工作人员受贿罪和相关联的对非国家工作人员行贿罪"并不属于刑法分则第八章"贪污贿赂罪"中

---

[1] 上海检察:《75 号咖啡 |〈刑诉规则〉的理解与适用(二):贪官外逃,审判难逃——职务犯罪案件缺席审判程序漫谈》,载澎湃网(https://www.thepaper.cn/newsDetail_forward_8726271),访问日期:2022 年 1 月 24 日。

[2] 上海检察:《75 号咖啡 |〈刑诉规则〉的理解与适用(二):贪官外逃,审判难逃——职务犯罪案件缺席审判程序漫谈》,载澎湃网(https://www.thepaper.cn/newsDetail_forward_8726271),访问日期:2022 年 1 月 24 日。

的具体罪名及其他章中明确规定依照第八章相关条文定罪处罚的犯罪案件，能否适用缺席审判程序存在争议。本书认为，考虑到中国反腐败的现实需求以及监察办案管辖的体系性要求，可以将上述犯罪也纳入适用缺席审判程序的案件范围，在规范层面加以明确。至于是否启动相关缺席审判程序可因时、因势、因案权衡考量。

2. 程度要求

值得注意的是，"特别没收程序"中就贪污贿赂犯罪案件前加了"重大"一词作限定，并在《特别没收程序规定》第2条规定："在省、自治区、直辖市或者全国范围内具有较大影响，或者犯罪嫌疑人、被告人逃匿境外的，应当认定为刑事诉讼法第二百八十条（2018年《刑事诉讼法》第298条——引者注）第一款规定的'重大'。"反观缺席审判制度适用的案件范围，《刑事诉讼法》并未对贪污贿赂案件作出程度限制，这是否意味着此类案件适用缺席审判没有犯罪数额、情节严重程度、涉及人员范围、社会不良影响等程度的要求。本书对此持否定态度。

首先，从条文结构看，立法将适用缺席审判的案件类型限定在"贪污贿赂犯罪案件"与"严重危害国家安全犯罪、恐怖活动犯罪案件"两大类，并将两者并列排序，这说明两者在某种程度上具有相当性或同质性，可做同类解释。单就后者而言，立法在"危害国家安全犯罪、恐怖活动犯罪"前增加"严重危害"的程度副词，同时还增设"经最高人民检察院核准"的审批手续，说明此类案件适用缺席审判制度受到严格限制。从国家反腐的需求看，虽然立法对贪污贿赂犯罪案件适用缺席审判制度没有作出程度限制和审批要求，但创设境外人员缺席审判制度的目的初衷，不仅有适用之意，更有威慑之效，即"以审促返"加大劝返力度。因此，并不是在所有的贪污贿赂犯罪案件中,只要被调查人、犯罪嫌疑人、被告人在境外或潜逃境外且案件证据条件符合缺席审判要求的,就可以开启缺席审判程序,其中还有一个"选择过程"和"过滤标准",诸如案件危害程度、不良影响、犯罪金额以及涉案官员级别高低等都可成为考量因素。

其次,从司法实践看,《刑事诉讼法》修订已三年有余,目前,经缺席审判生效的贪污贿赂犯罪案件还未出现一例,除了不符合适用条件外,案件的选择和"成案"的要求在实践中都是在反复权衡、细致斟酌。最高人民法院在"关于认真学习贯彻《全国人民代表大会常务委员会关于修改〈中华人民共和国刑事诉讼法〉的决定》的通知"中就要求,"对辖区内第一起刑事缺席审判案件,要及时逐级向最高人民法院报告",这意味着在立案前需要层报最高人民法院,在未获得批复前暂不予立案,最后答复的结果也很可能是不予立案。"在广东检察机关办理的李某某涉嫌贪污一案中,涉案金额只有十余万元,在检察机关向法院提出适用缺席审判程序后,经层报最高人民法院,得到的批复是不宜启动。"[1]可见,如果在监察调查活动中决定启动缺席审判程序,仍然需要从案件的性质和情况出发,综合权衡。

(二)被调查人"在境外"的理解与证明

与普通刑事案件的对席审判相比,缺席审判案件的被告人无法出席庭审现场。原因之一在于贪污贿赂犯罪案件中的被告人"在境外"。如果监察机关拟对贪污贿赂犯罪案件适用缺席审判程序开展立案调查,必须证明被调查人在境外的现实状况。

---

[1] 王辉华:《职务犯罪案件缺席审判:现实问题与改进路径》,载《法治社会》2020年第4期。

1."在境外"的认定

监察机关拟办理缺席审判职务犯罪案件的,应收集证明被调查人"在境外"的现实情况。这是通过《刑事诉讼法》第291条第1款规定的"犯罪嫌疑人、被告人在境外"反推出的结论。对"在境外"的理解需要从三个层面加以把握。

首先,"在境外"中的"境外"是指包括港、澳、台地区在内的、中国内地(大陆)以外的国家和地区。境外与国外不同,如果被调查人在我国香港、澳门和台湾地区滞留不归或一直生活居住,符合法定条件的,也可以适用缺席审判制度。

其次,"在境外"实际指的是一种在境外居住的状态。在最初刑事诉讼法修正草案的征求意见稿中相对应的条文是犯罪嫌疑人、被告人"潜逃境外",而非"在境外"。之所以最后修订的《刑事诉讼法》选择了"在境外"的表述,一是这种表述可以降低控方的证明难度,毕竟针对"在境外"的待证事实仅需证明犯罪嫌疑人、被告人在境外某个明确、具体的地点居住生活即可,不需要再证明其在何时、何地以何种方式逃到境外的事实,这无疑缩小了证明对象的范围,减轻了控方的部分证明责任。二是"在境外"作为一种现实状态本身较为中性,如果是"潜逃境外"往往会认为是偷偷地逃到境外,但实践中不乏以合法、正当的方式到达境外后逾期不归的情形,这种情形可否解释为"潜逃"境外往往存在争议。三是"在境外"还包含被调查人一直在境外居住的情形。由于贪污贿赂犯罪的复杂性、多样性,实践中不乏有些一直居住在中国境外的人员与境内人员共同实施或教唆、帮助境内人员实施贪污贿赂类犯罪,对于这些人员也有必要通过适用缺席审判程序加大震慑力度,提升反腐败的整体治理效能。如果将缺席审判理解为仅适用"潜逃境外"的人员,那么显然无法包含上述情形。综上,缺席审判程序的适用条件用"在境外"的表述可以较好地"容纳"上述几种特殊情形。而且,今后对此类缺席审判的简称和学理分析也不宜再用"外逃人员的缺席审判",称为"境外人员的缺席审判"更为妥当。

最后,"在境外"必须是境外某个明确、固定的地点。如果是下落不明,不知是在我国大陆还是境外,又或者已经确证被调查人潜逃境外或身处境外,但随后就去向不明、不知所踪、生死未卜,都不能视为"在境外"。因为上述情形间接说明了当此类人员下落不明、情况不明,办案机关根本无法送达有关的法律文书确保其知情权,也不清楚被告人因何原因不能出席参加审判,此时启动缺席审判程序缺乏合理的依据和条件。

2."在境外"的证明

按照前文分析,对于被调查人"在境外"事实的证明,仅仅提交被调查人已出境或未入境(一直在境外居住、生活、工作)的证据,如被告人出入国境记录是不够的。监察机关在移送审查起诉前还必须提供被调查人未死亡、在境外有明确、具体的地点居住或生活的证据,如境外相关国家或地区主管机关的通报或反映被告人地理行为痕迹的物证、电子数据、视听资料,以及反映被告人在当地身份信息的证据材料等。[1]

实践中,还有的被调查人是偷逃境外,没有明确的出入境记录。对此,首先,就需要运用科技手段查明被调查人的境外行踪,关注被调查人和其他共犯、家属之间的微信、越洋电话以及 qq 等即时联系方式中的通话通信、微信聊天等记录,锁定他们在国外的 IP 地址。

---

[1] 参见陈国庆主编:《职务犯罪监察调查与审查起诉衔接工作指引》,中国检察出版社2019年版,第244页。

其次,可以通过家属或利害关系人发现被调查人藏匿的具体地址,以此作为证人证言。最后,相关国家使领馆若愿意出具证明的,也是一种有效的证明方式。

(三)符合缺席审判的证据要求

我国《刑事诉讼法》并未针对缺席审判单独设立证明标准。监察机关办理职务犯罪案件如果要启动缺席审判程序开展立案调查,相关的证据标准和要求也应当向审判看齐,坚持以审判为中心,以庭审为重心,确保证据的收集客观全面、合法规范、真实可信。《监察法实施条例》第233条第2款规定:"监察机关承办部门认为在境外的被调查人犯罪事实已经查清,证据确实、充分,依法应当追究刑事责任的,应当依法移送审理。"这其实就表明,监察机关启动缺席审判程序的证明标准与审判阶段的证明标准完全一致。

拟启动缺席审判程序的案件的立案调查过程与普通职务犯罪案件调查过程的不同之处在于,被调查人可能自始至终都处于"不在案"的客观状态。这一特点可能导致的结果是,在针对该类案件的监察调查取证过程中监察调查人员并不能有效收集被调查人的言词证据,即口供天然缺失,这就导致在案证据多以间接证据为主。因此,对于境外人员缺席审判的职务犯罪案件,监察人员在调查取证中应当摆脱口供依赖的办案惯性,将其视为"零口供"案件,注重间接证据的及时发现和全面收集。以受贿案件为例,对于受贿要件中"为他人谋取利益"的取证,首先可以考虑获取行贿人的言词证据,其次可以调取监控视频、微信记录、电话录音等作为证据,最后当间接证据之间能够相互印证,形成证据链,便可以达到《刑事诉讼法》规定的证明标准。另外,由于境外人员缺席审判的启动条件包含"犯罪嫌疑人、被告人在境外"的要求,"在境外"是需要证明的对象,人民检察院在提起公诉时应当有证据确认犯罪嫌疑人、被告人"在境外"。[1]

四、缺席审判程序适用中的协调配合

职务犯罪案件缺席审判是监察与司法衔接中的一项重要内容。监察机关启动缺席审判的立案调查程序需要从多个方面与司法机关、执法部门相互协调,积极配合,尽可能地在是否适用、如何适用缺席审判程序的问题上达成一致,提高缺席审判的适用效率和质量。

(一)启动程序中的协调配合

就职务犯罪案件缺席审判程序的立案调查而言,监察机关需要其他机关协调配合的首要工作就是启动程序。

截至 2021 年底,对涉嫌贪污贿赂犯罪案件的境外人员进行缺席审判的生效案件还未出现一例。除了众多的考量因素外,一个值得深入考虑的问题是,上至中央的国家监察委员会下至地方的基层监察机关在调查贪污贿赂犯罪案件时是否都可直接启动缺席审判程序?最高人民法院在"关于认真学习贯彻《全国人民代表大会常务委员会关于修改〈中华人民共和国刑事诉讼法〉的决定》的通知"中要求:"对辖区内第一起刑事缺席审判案件,要及时逐级向最高人民法院报告"。本书认为,既然案件起诉到法院,都需要经过最高人民法院的"把关",那么,监察机关拟适用缺席审判程序的贪污贿赂犯罪案件立案调查,也应当层报国家监察委员会同意。毕竟,缺席审判是一项特殊制度安排,程序要求和证据标准都很高,并不适宜在追逃追

---

[1] 参见李寿伟:《中华人民共和国刑事诉讼法解读》,中国法制出版社 2018 年版,第 718 页。

赃案件中大范围适用,总体上应依法依规、审慎把握、确保质量,重在形成对外逃人员的震慑。适用缺席审判的案件,必须是已经充分开展了追逃工作,甚至穷尽追逃追赃手段,但被告人因主客观原因确实不能到案、已掌握的证据可以排除合理怀疑的追逃追赃案件。鉴此,为了确保此类案件的办理在监察与司法程序衔接上的顺畅,监察机关能及时获得相关机关的配合与协助,国家监察委员会研究决定是否同意立案调查时,可以听取最高人民法院、最高人民检察院、外交部、公安部、司法部等有关单位的意见,确保最终作出的同意决定能在后续诉讼中得到认可和支持。而且,由最高层级的监察机关与司法机关沟通协调,还可以尽早确定该类案件的级别管辖和地域管辖,避免案件办理中的管辖错位和掣肘。值得注意的是,《监察法实施条例》第233条第1款对此问题恰好作出回应:"监察机关立案调查拟适用缺席审判程序的贪污贿赂犯罪案件,应当逐级报送国家监察委员会同意"。

(二) 监察取证中的协调配合

无论是缺席审判还是对席审判,监察机关在办理职务犯罪案件过程中都会涉及取证问题。如前所述,根据相关司法解释等规范性文件的规定,人民法院对缺席审判案件作出有罪判决的,应当达到证据确实、充分的证明标准。缺席审判案件与一般刑事案件的证明标准是一致的。考虑到在缺席审判案件中被调查人不在案,监察机关一旦立案调查,取证所面临的情况较普通贪污贿赂犯罪案件更为复杂。以受贿犯罪为例,对于拟适用缺席审判的案件,监察机关在调查中无法直接收集被调查人的口供,而行贿人的证言易变性大,多有反复,这导致整个言词证据的收集、固定十分困难。加之拟适用缺席审判的案件往往情况特殊,在国际上会引起一定关注,这无形中也会对监察机关的调查取证提出更为严格乃至苛刻的要求。因此,在监察办案过程中,经监察机关商请,检察机关有必要提前介入监察活动就调查取证、法律适用等问题提出意见和建议。另外,涉及职务犯罪的缺席审判案件,被调查人都在境外,常常需要到境外取证,这就涉及公安机关、外交部门的协助与配合。例如,在广东检察机关办理的李某某案中,由于李某某在国内的近亲属较为配合办案机关工作,检察机关得以通过专员与李某某进行微信联系,尚可得知李某某在国外的联系方式及其本人当时的身体情况,但法院却认为无法证明李某某联系信息的真伪,不能确定联系的就是李某某本人。此时就要通过司法协助的方式在美国找到李某某本人,并提供其身体情况证明(未死亡),这需要请求最高人民检察院协调外交部、司法部等国家机关,在国家层面解决此问题。[1] 总之,由于缺席审判案件的特殊性和复杂性,无论是境内还是境外的取证都需要多机关的共同协作、紧密配合,同时还应创建完善检察提前介入监察等配套机制,确保协作配合的质量与效果。

五、缺席审判程序适用中的权利保障

我国设立境外人员缺席审判程序的目的是推进国际追逃追赃工作,加强海外反腐力度。但鉴于被告人无法参加庭审,缺席审判的公正性受到一定程度的影响。"刑事被告人的程序参与权,被认为是程序公正的第一项要素,又被称作'获得法庭审判的机会'。"[2] 缺席

---

[1] 参见王辉华:《职务犯罪案件缺席审判:现实问题与改进路径》,载《法治社会》2020年第4期。
[2] 杨帆:《刑事缺席审判制度的比较法考察——以适用范围与权利保障为切入点》,载《政治与法律》2019年第7期。

审判并非一种行政治罪程序或单纯的刑罚手段,作为刑事诉讼中的一项特别程序,在被告人程序参与权受到克减的情况下,缺席审判仍应坚守正当程序的底线要求。特别是在监察与司法的衔接过程中,如何弥合制度的先天不足,保障被告人等相关人员的知情权和辩护权,既是案件由监察调查顺利过渡到诉讼程序所要解决的问题,也是确保缺席审判高效化、正当化运行的关键。

(一)送达程序中被告人知情权的保障

当事人知情是刑事缺席审判程序启动的条件和正当性基础。一方面无论是推定知情还是实际知悉均是证明被告人主动回避庭审,开启缺席审判程序的必要性前提。如有学者认为,如果被告人主观上想参与庭审,但由于司法机关的原因,如工作不细致、送达不到位,客观上缺席了庭审活动,这种情况属于没有有效地保障被告人的主观参与可能性之情形。[1] 另一方面,知情权既是异议权、上诉权以及辩护权的基础,也是弥补被告人未能亲历审判的关键。知情权的有效实现高度依赖公安司法机关的送达制度,为了确保被调查人、犯罪嫌疑人、被告人的知情权,《刑事诉讼法》第292条规定了法律文书的送达,并明确了具体的送达方式。故监察机关在调查过程中涉及文书送达的,应当查明被调查人在境外实际居住地(境外地址)、联系方式等情况,并就法律文书送达与同级法院、检察院研究后形成可行的一致意见。

对于职务犯罪案件的缺席审判要由监察机关来查明被调查人在境外的实际居住地、联系方式等情况主要是源于目前监察机关的权力配置。国家监察体制改革后,检察机关除保留部分自行侦查权外,其职务犯罪侦查职能整体转隶至监察机关,原来检察机关反贪反

---

[1] 参见周长军:《外逃人员缺席审判适用条件的法教义学分析》,载《法学杂志》2019年第8期。

渎的侦查人员也转隶至监察机关,监察机关的办案实力和调查能力显著提升。目前,国家监察机关负责组织协调反腐败国际追逃追赃和防逃工作,能够通过外交、移民、警务等渠道查询外逃人员在途经地和藏匿地的出入境记录、所持证件等情况,通过国际刑警组织红色通报、大数据分析、人像比对、查询、监控跨境资金流动等途径锁定境外人员的住址,故对境外人员住址的查询确定由监察机关承担更为妥当。[1] 而且,在监察调查阶段,将确定境外人员住址作为监察调查的一项重要任务,明确监察机关不仅要找到人还要告知境外人员正在对其进行监察调查和缺席移送起诉,不仅可以最大程度保障外逃人员的知情权,还可前移发挥缺席审判程序的震慑功能,促使外逃人员早日自动归案,尽早实现"以审促返",减少不必要的司法成本的损耗。

值得进一步讨论的是,如果在缺席审判程序的推进过程中,被调查人拒收送达的法律文书,搞"躲避战术""玩失踪",应如何处理？一般而言,为了充分保障被告人的知情权,公告送达的方式其实在缺席审判程序中基本不会被采用。但是对于逃避、拒收传票和起诉书副本的,实践中如何处理？实务部门的同志曾提出特殊情况下,也可考虑适用公告送达。值得注意的是,《刑事诉讼法》第 299 条第 2 款在特别没收程序中规定了公告送达的方式,即"人民法院受理没收违法所得的申请后,应当发出公告。公告期间为六个月。犯罪嫌疑人、被告人的近亲属和其他利害关系人有权申请参加诉讼,也可以委托诉讼代理人参加诉讼"。这也正是考虑到采用直接送达、留置送达等其他几种方式向犯罪嫌疑人、被告人送达诉讼文书可能难以实现,才规定了公告送达的方式,这意味着人民法院在开庭前的法定期限

---

[1] 参见黄风、齐建萍:《监察机关参与刑事缺席审判法律问题探析》,载《湖南科技大学学报(社会科学版)》2019 年第 4 期。

内,利用国家主要媒体发出公告,敦促其投案自首或出庭参加诉讼,即视为尽到了保障知情权的义务。其实,对于境外人员的缺席审判而言,也要防止因被调查人、犯罪嫌疑人、被告人恶意拒收等故意躲避送达行为,造成缺席审判障碍的情形。对此,可以考虑两种应对方案:其一,采用推定送达的方式。此前刑事诉讼法修正草案一审稿规定的是"被告人收到传票和起诉书副本后未按要求归案的",之后根据常委会审议和有关方面意见,将"被告人收到传票和起诉书副本"修改为"传票和起诉书副本送达后"。这样修改,已经考虑到了送达传票和起诉书副本过程中,可能会出现被告人拒不见面、拒收等情况。因此,对于逃避、拒收传票和起诉书副本的,按照我国或者被请求国法律规定属于视为送达的情形的,被告人未归案的,人民法院可以缺席审判。这种通过对拒不见面、拒收情形的证明推定被告人收到送达文书的方式,可以在一定程度上防止缺席审判制度被虚置。其二,采用知情权实质保障的方式降低送达难度。缺席审判在告知的方式上留下"被告人所在地法律允许的其他方式"的余地,但并未如特别没收程序一样对公告送达予以明确。对于该问题,在告知不能的情况下,调查机关、司法机关可以按照两步走的方式推进知情权保障工作。首先,对于被调查人境外地址不清,告知困难的情况,应在调查阶段即启动司法协助以及程序告知工作,确保有足够的时间完成或者视为完成被告人送达程序;其次,对于不能送达被告人的,可以从其近亲属或者其他人员处取得突破,确认被调查人、犯罪嫌疑人、被告人对于审判事项的知情与否,由此作为被告人是否实质知情的证明依据。[1]

---

[1] 参见陈国庆主编:《职务犯罪监察调查与审查起诉衔接工作指引》,中国检察出版社2019年版,第259页。

(二)程序衔接中辩护权保障的前置化

"在刑事缺席审判制度架构中,权利保障体系的构建和完善具有非常重要的意义。"[1]目前我国《刑事诉讼法》针对境外人员的缺席审判程序初步建立起一套以知情权、辩护权、异议权以及上诉权为基础的权利保障体系。在上述权利群之中,上诉权和异议权属于被告人的救济权,保障的是被告人在缺席审判的上诉环节和重新审理环节中应享有的权益。《刑事诉讼法》之所以保障这些权利是因为"在刑事缺席审判程序中,被告人未能出席庭审,程序参与权受到克减,进一步加剧了控辩力量的不平衡,可能引起诉讼构造坍塌,需要设置一定的救济机制弥补制度的先天不足"[2]。因此,上述权利并不能由缺席审判延伸至监察与司法的衔接程序之中。与之相比,辩护权既可以针对缺席审判程序,也是监察与司法衔接过程中的重要保障对象。因此,在监察与司法的衔接视角下,以律师帮助为核心的辩护权具有前置化的可能性和合理性。

《刑事诉讼法》第293条规定:"人民法院缺席审判案件,被告人有权委托辩护人,被告人的近亲属可以代为委托辩护人。被告人及其近亲属没有委托辩护人的,人民法院应当通知法律援助机构指派律师为其提供辩护。"对于如何理解该条款的司法实践适用,本书作者曾撰文提出如下观点:审判阶段的委托辩护和法律援助辩护不应延伸至监察调查阶段,但当案件进入审查起诉阶段,应当给予身处境外的犯罪嫌疑人特殊的诉讼关照。[3] 在此观点的基础上,本书拟针对辩护权的问题提出更为具体的改革建议。

---

[1] 宋佳宁、陆旭:《"外逃型"刑事缺席审判中权利保障体系的构建与完善》,载《人权》2021年第2期。
[2] 邵劭:《我国刑事缺席审判程序中的异议权》,载《中国法学》2021年第5期。
[3] 参见董坤:《论外逃人员缺席审判的三重关系》,载《法学杂志》2019年第8期。

第一,应扩大知情权的对象范围,将被告人的近亲属纳入送达对象。我国《刑事诉讼法》第 34 条第 2 款规定:"人民检察院自收到移送审查起诉的案件材料之日起三日以内,应当告知犯罪嫌疑人有权委托辩护人。"对于可能适用缺席审判的案件而言,在程序衔接过程中,检察院应增加犯罪嫌疑人的近亲属作为案件告知送达的对象。这是因为犯罪嫌疑人的近亲属在该阶段也宜享有委托辩护人的权利,而知悉案件情况是其有效委托辩护人的前提和基础。有学者进一步提出,"扩大与审判信息相关的知情权的范围,明确办案机关告知被追诉人的辩护人、被追诉人近亲属及其委托律师的案件信息范围、告知方式、告知期限等等"[1]。不同的是,本书认为审查起诉阶段仅是缺席审判前的"准特别程序",并不是完整意义的审判程序。因此,知情权的对象,即文书的送达不应扩大至被告人或其近亲属委托的辩护人以避免过度增加检察院的负担。

第二,应当充分保障审查起诉阶段辩护人的诉讼权利。虽然从程序法治原则来看,监察调查程序也应当允许辩护人介入,但目前监察阶段仍未提供辩护人介入的制度空间,监察与司法衔接的审查起诉阶段则成为辩护人介入案件的起点。此时辩护人面临着大量的阅卷和调查取证工作,存在时间上的紧迫性。并且在司法实践中,当职务犯罪案件回流至监察调查阶段后,监察机关往往以"现在处于监察程序"为由拒绝辩护人介入,该问题同样可能存在于适用缺席审判的案件中。对此,本书认为,"即使案件被退回补充调查期间,辩护人的相应诉讼行为仍然可以继续,不应被中断和干扰,仍可行使有关的会见通信权、阅卷权、调查取证权"[2]。

---

[1] 赵恒:《刑事缺席审判程序的理论检视》,载《北方法学》2020 年第 2 期。
[2] 董坤:《论监察与司法衔接中的退回补充调查》,载《经贸法律评论》2021 年第 5 期。

六、本章结语

随着中国的法治建设迈进新征程,国家公权力的分工运行更为精细化和专业化。当职务犯罪面临缺席审判,监察与司法两套程序体系间的衔接融合显得尤为重要。监察作为一项集监督、调查、处置三大职能于一体的特殊活动,与司法既具共性又有差异。二者在办理案件同一性、反腐目标一致性上的共识性基础,决定了需要对贪污贿赂犯罪案件的范围、被调查人"在境外"的认定以及缺席审判的证据要求作出融贯统一的解释,设定口径同一的标准。二者在价值理念、行权逻辑、改革目标上的同与不同,要求不同机关在缺席审判的进程中注重协作配合与动态制衡,以提升程序启动和调查取证的质效,防止知情权、辩护权被侵害。这些理论基础支撑起的法律规范、制度机制、衔接规则和配套保障都将确保职务犯罪案件缺席审判在法治轨道上的平稳、高效运行。

于我国的整体法治进程而言,监察制度的确立堪称壮举,但保持一项制度长久的生命力并非一时之功。监察制度的存续发展有赖于整个法治生态的接纳与交融。我们有理由相信,在监察与司法不断衔接调试的过程中,相关的制度机制定会不断地被激发出更多的潜能,持续推进中国的反腐败工作走向法治化和科学化,真正把制度优势转化为强大的治理效能。

第八章
退回补充调查在监察与司法衔接中的适用

本章导读：

  检察机关在审查起诉阶段办理职务犯罪案件，需要补充核实的，原则上应当退回监察机关补充调查，必要时自行补充侦查，其法理基础为"监察独立说"。监察程序的运行要践行法律逻辑和政治逻辑。监察程序闭合、独立、自洽，其程序终端的处置方式也更具复合性和多元化。这些决定了监察程序与刑事诉讼程序是两套不同的程序，两者运作机理不同，故将职务犯罪案件退回补充调查，回流到原程序处理更为周延和妥当。在这一理论统领下，退回补充调查的基本原则、适用情形以及相关流程得以构建。检察机关自行补充侦查、书面要求监察机关补充提供证据、检察提前介入监察以及当事人权利保障等配套衔接机制也需作出相应的完善优化。

  随着国家监察体制改革的深入推进和国家监察法的出台，检察机关原有的职务犯罪侦查职能转隶至监察委，仅保留了对部分司法职权类犯罪的侦查权。由于侦查权的配置发生变化，其下属的子权力——补充侦查也受到相应影响。最为明显的就是，当职务犯罪案件在审查起诉阶段需要补查取证时,监察机关的补充调查取代了既往的退回补充侦查,成为退查的主要方式。检察机关的自行补充侦查权虽予以保留,但仅是"必要时"才例外适用。不容否认,审查起诉阶段退回监察机关补充调查是国家监察体制改革背景下的新生事物,也是监察与司法在程序衔接中的一项重要内容。《刑事诉讼法》与《监察法》对此仅搭建了基本的程序性框架。但是,监察程序语境下的退回补充调查与司法程序语境下的自行补充侦查并非一致,二者的法理基础以及适用情形也不尽相同。监察与检察两机关在退回补充调查中如何作好程序性衔接也未在立法规范中作出细致规定,需从理论和实践两个向度展开进一步研究。

一、比较视野下"应当"退回补充调查的法理分析

《监察法》第 47 条第 3 款和《刑事诉讼法》第 170 条第 1 款都规定,对于监察机关移送起诉的案件,检察机关经审查,认为需要补充核实的,应当退回监察机关补充调查,必要时可以自行补充侦查。"两法"都规定了检察机关对于监察机关移送起诉的案件,认为需要补充核实的,可以采用退回监察机关补充调查和自行补充侦查两套方案,只是对于退回监察机关补充调查是"应当",检察机关自行补充侦查是"必要时"。同样是审查起诉阶段需要退查补证,对于公安机关移送起诉的案件,《刑事诉讼法》第 175 条规定,检察院"可以退回公安机关补充侦查,也可以自行侦查。"两相比较,职务犯罪案件在审查起诉阶段的退回补充调查和自行补充侦查之间有适用上的主次之分、先后排序,即原则上先考虑退回补充调查,例外时再自行补充侦查。对此,有必要探究立法背后的目的意蕴,为进一步构建退回补充

调查机制的具体适用情形和衔接程序提供理论支撑。

(一)传统理论视野下的退回补充侦查与自行侦查的主次之分

长久以来,检察机关在审查起诉阶段对案件须退查补证的,其诉讼前端基本是由公安机关立案侦查。虽然立法规定处理此类案件是"退回公安机关补充侦查"与"检察机关自行侦查",二者平行适用。然而,检察机关在司法实务中基本上还是习惯于"退回补充侦查为主,自行(补充)侦查为辅"的做法。从已有的研究看,具体原因可归纳如下:

一是符合补充侦查的专业性要求。自行(补充)侦查一直以来都是由检察机关公诉部门的检察人员实施,但囿于专业背景、思维习惯、业务素养等方面的差异,从取证查案的能力、经验和专业性看,其较之侦查人员多有逊色。"传统观念上认为检察官是实施审查、监督和指挥作用的'书桌官署',而司法警察则系实际从事犯罪侦查工作的'行动官署'。因此检察官即使实际参与侦查也主要限于法律控制,而侦查方案的制定与实施则由作为'行动官署'的司法警察进行,检察官难以实际承担多数案件的侦查责任。"[1]所谓术业有专攻,"品酒师不一定完全懂得酿酒",将专业的侦查工作——补充侦查退回公安机关交由侦查人员去开展,办案效果更为理想。

二是法律规定不明确。长期以来,我国法律和司法解释没有明确何种情形下应退回公安机关补充侦查,何种情况应由检察机关自行补充侦查。[2]在法律规范长期对适用范围和适用情形规定近乎"真空"的情况下,检察机关的选择就较为"随意",更愿意通过"相对

---

[1] 龙宗智:《评"检警一体化"兼论我国的检警关系》,载《法学研究》2000年第2期。
[2] 参见黄烨:《论补充侦查制度》,载《中国刑事法杂志》2005年第4期。

简便"的退回补充侦查的形式"一退了之"。[1] 这样不仅可以减轻工作负担,还可以规避潜在的责任风险。

三是延长办案时限,缓解"案多人少"的办案困局。无论是2012年修订的《人民检察院刑事诉讼规则(试行)》第383条,还是现行2019年修订的《人民检察院刑事诉讼规则》第348条的规定,检察机关开展自行(补充)侦查的期限都是计算在案件的审查起诉期限内。另外,《刑事诉讼法》第175条第3款规定,退回公安机关补充侦查的有一个月的补充侦查期限,并且可以退回补充侦查两次,待公安机关重新移送审查起诉后,审查起诉期限可以重新计算。可见,退回公安机关补充侦查,不仅可以使公安机关办案的时间相对宽裕,而且也能间接增加检察机关的审查起诉期限。因此司法实践中就出现了公安与检察将补充侦查作为互相"拆借时间"的手段。[2] 一种是公安机关向检察院"借时间"。实践中,当案件中犯罪嫌疑人的侦查羁押期限即将届满,仍无法查清犯罪事实的,公安机关常常会将案件移送审查起诉,再由检察机关通过退回补充侦查的方式"合法"延长羁押期限。实践中曾出现过公安机关连案卷材料都不移送,直接要求检察机关填写《退回补充侦查决定书》的情形,检察机关碍于和公安机关的"情面",往往会做顺水人情,办理退补手续。[3] 毕竟,检察机关在实践中也会存在类似问题,需要"礼尚往来",这就是所谓的第二种情形——检察机关向公安机关"借时间"。由于诸多原因检察机关在法

---

[1] 参见徐梦飞、蔡红伟:《补充侦查权规范行使路径探索》,载《人民检察》2018年第14期。

[2] 参见齐冠军、杨蕊、刁飞腾等:《起诉阶段退回补充侦查程序运行情况调查》,载《人民检察》2014年第22期。

[3] 参见兰志伟、陈亮:《补充侦查制度检视与完善——以河北省石家庄市桥西区人民检察院为考察样本》,载《河北法学》2012年第8期。

定的审查起诉期限内无法作出起诉的决定,也会以各种理由将案件退回公安机关补充侦查,待案件重新报送时,便可以重新计算审查起诉期限,无形中缓解了其办案时限紧张的压力。[1] 由此,实践中才会出现,虽然退回补充侦查的案件移送回检察机关时,公安机关并未补充任何新证据,但案件最终仍被提起公诉的情形。

除了上述几种原因以外,实践中还有部分检察机关的办案人员在季末年终将案件退回补充侦查,以此作为规避特殊时段内案件考核的办法。类似情形,不一而足。

(二)比较分析中对退回补充调查的法理探寻

上文对检察机关退回补充侦查的适用比例明显高于自行(补充)侦查的原因作出了剖析,一些原因背后的问题随着法律规范的完善和体制机制的健全已得到不同程度的解决。例如,针对退回补充侦查与自行(补充)侦查各自适用情形不明的问题,2020年4月,最高人民检察院、公安部联合发布了《关于加强和规范补充侦查工作的指导意见》(简称《补充侦查指导意见》)。其中,对退回公安机关补充侦查(第6条)、一般不退回补充侦查(第9条)、通知公安机关直接补充相关证据(第10条)、检察机关自行开展侦查(第11条)等情形都作了明确的范围限定。再比如,公安机关与检察机关之间为缓解办案压力随意"拆借时间"的问题,随着公安机关考核标准的完善[2],以及检察机

---

[1] 参见王小光、米卿:《完善检察机关自行补充侦查制度的思考》,载《河南财经政法大学学报》2018年第6期。
[2] 不少地方的公安机关将检察院退回补充侦查的情形设置为考核指标之一。如某市公安机关内部规定刑事案件只有达到确实充分的定罪标准才能移送检察机关审查起诉,如果审核不严出现退卷补查的情况即扣除案件审理人员一定数额的奖金。参见韩丹、刘大伟:《检侦关系改进论——以公安机关考核机制对退回补充侦查的影响为视角》,载《辽宁大学学报(哲学社会科学版)》2011年第5期。

关以"案件比"[1]为中心的考核体系的出台,也得到了较好的处理。这些应对之策和处理方案为检察机关在办理职务犯罪案件过程中如何处理退回补充调查和自行补充侦查的关系提供了借鉴和参考。但另外一些原因所反映的现实情况,如公安机关与检察机关在办案专业上的侧重、"案多人少"的现状以及审查起诉期限较短等则仍继续影响退回补充侦查和自行开展侦查的适用比例,进而作为一种司法现象直接或间接影响立法。

然而,要准确诠释职务犯罪案件在审查起诉中退回补充调查与自行补充侦查主次有别的法理依据和立法初衷,上述原因的归纳仍较为表面,还需从监察机关、监察程序的性质特点,以及其与检察机关、诉讼程序的内在关系展开分析。

1. 监察程序的性质和特点

监察办案不同于侦查办案,其并非服务于检察机关指控犯罪,为公诉作准备。从监察权的行使以及监察机关的性质特点看,监察程序闭环、自洽,具有相当的独立性。

---

[1] "案件比"是最高人民检察院提出的全新办案质量评价指标体系。"案"是指当事人涉及的某个司法事件。就检察机关的办案阶段而言,是指受理的审查逮捕案件数和扣除采取逮捕强制措施的审查起诉案件数之和。例如"张三抢劫案",既有审查批准逮捕、也有审查起诉,但对检察机关来说,就是一个案子。"件"是指检察机关围绕一个"案"开展的多种节点性业务活动,比如"张三盗窃案"在审查起诉阶段就包括退回补充侦查、不诉复议、不诉复核、不服不起诉申诉等节点,每一个节点为一"件",在诉讼过程中会形成数个甚至十几个"件"数,这个"件"数的增多会给有些当事人带来负面感受甚至引发当事人对司法效率和公信力的质疑。"比"就是"件"与检察院受理案件数的比例,"案件比"越高,说明办案周期越长。降低"案件比"的终点意义就在于缩短诉讼时长,让群众关注的法律结果尽快实现。对此,检察机关内部就需要通过改革考评机制,采取措施降低"案件比",比如降低退查的次数,提高检察机关办案的效率与质量,让人民群众在每一个司法案件中尽快感受到公平正义。参见孙风娟:《"案—件比"怎么算》,载《检察日报》2020年5月8日,第4版。又见周晓武、陈晨:《"捕诉一体"后如何降低案件比》,载《检察日报》2019年12月3日,第3版。

首先，从监察权的行使和监察程序的运行看。改革后的国家监察机关整合了反腐败的资源力量，能够在纪法罪三个层面对公职人员展开纪律审查、行政监察和犯罪调查。权力的集中加强了党对反腐败工作的统一领导，也建立起集中统一、权威高效的中国特色国家监察体制，实现了对所有行使公权力的公职人员监察全覆盖。"从党内监督执纪的处理方式来看，已经形成了处理违纪违法犯罪人员的'四种形态'。"[1]在监察权的强大支持下，监察机关拥有监督、调查、处置职能，监察程序也呈现出对违纪、违法、犯罪的发现、调查和处置的完整流程。特别是在监察程序的终端，监察机关有权对涉职务类案件作出终局性处置，只有出现第四种形态才会移送司法机关，追究被调查人的刑事责任。但从实践调研的数据看，对于第四种形态的处理和把控，监察机关也享有一定的裁量权。[2] 从监察办案的运行机理看，监察办案独立性高、自主性强，监察程序具有闭合、自治的特点，其与刑事诉讼的运行机理截然不同。

其次，从监察机关的属性看，其是独立于行政机关、法律监督机关、审判机关之外的第四类机关。监察机关与党的机关——纪律检查委员会合署办公，监委和纪委的办案人员是"一套人马、两块牌子"，在案件办理的过程中高度融合密不可分。有学者就指出："监察

---

[1] 陈瑞华：《刑事诉讼法》，北京大学出版社2021年版，第594页。
[2] 有研究者通过横向和纵向比较，发现监察机关办理的职务犯罪案件移送检察机关审查起诉的案件数量较之以往或未试点地区的检察机关侦查职务犯罪案件移送审查起诉数量有较大幅度地下降。通过分析指出，监察机关在办案过程中对职务犯罪案件进行了分流，导致职务犯罪案件移送数量锐减。一些本应进入司法程序的职务犯罪案件通过会议决策和领导审批被消释在监察机关的调查程序中，转为"四种形态"中的其他非罪化处置方式，如通过用较轻的政务处分代替刑事处罚，以控制职务犯罪案件的移送数量。这在一定程度上体现了监察机关办案的自主性，以及运行程序的独立性。参见詹建红、崔玮：《职务犯罪案件监察分流机制探究——现状、问题及前瞻》，载《中国法律评论》2019年第6期。

委员会成立后与同级纪检机关合署办公,共同行使监察权,这决定了支撑监察委员会监察活动合法性的监察权不完全属于受宪法和法律制约的国家权力,其与党所行使的政治领导权、指挥权、监督权及对干部的问责权存在交叉和重叠关系。因此,如果要从制度上明确监察权的性质,那么,它属于一种执政党的执政权与国家机构的国家治理权相混合的产物。"[1]从某种程度上说,监察办案本身就是在践行党的领导。另外,深化国家监察体制改革是党中央作出的事关全局的重大政治体制改革。《监察法》的出台使得反腐败这项重要的政治工作规范化、制度化和法治化。但不容否认,监察办案在法律逻辑的运行实践中仍然要遵循政治逻辑,即从党中央的反腐败大局出发,在依法办案中要兼及对多重政治性因素的考量,践行其政治机关的基本属性。总之,党的领导和依法办案高度融合,政治逻辑和法律逻辑相互交织,这些特点决定了监察机关办理职务犯罪案件的程序较之传统的侦查程序或诉讼程序运行状况迥异,是一种更为复杂、特殊、独立的程序。

2."监察独立说"的提出

基于监察程序的特点以及监察机关的特有属性,本书曾提出"监察独立说"的理论。该理论用于解释立法上的规定,即《刑事诉讼法》第170条规定的"人民检察院经审查,认为需要补充核实的,应当退回监察机关补充调查,必要时可以自行补充侦查"具有指导意义。其论证思路如下:

首先,在"监察独立说"的理论统领下,监察程序被认为是完整、独立和自洽的,其与诉讼程序是独立、相异的两套程序。既然职务犯

---

[1] 莫纪宏:《国家监察体制改革要注重对监察权性质的研究》,载《中州学刊》2017年第10期。

罪案件的调查源自监察程序,发现案件调查存在瑕疵问题,将案件从诉讼程序退回原程序再行调查,在逻辑上更为自洽,办案效果也更为理想。这就相当于检察机关对于经过监察程序加工的产品——职务犯罪案件,在检验中发现质量问题,无法达到提起公诉的标准,原则上是退回监察程序"回炉"再加工,而不是直接"报废",也不是直接套用诉讼程序自我加工完善。因为,制造产品的监察工序与检验产品的检察工序各有专攻、各自独立,互不相同,产品从哪里来到哪里去的处理方式无疑更为妥当。

其次,监察程序独立自洽,其处置方式较为多元。如果退回监察程序的案件经过补充调查,发现关键证据缺失,案件定性错误,达不到提起公诉的要求,监察机关除了决定不再移送司法机关追究刑事责任,还可直接就被调查人的违纪、违法情形一并作出处理,这种一体化的处置模式显然是诉讼程序无法运作的。具言之,2016 年 10 月 27 日通过的《中国共产党党内监督条例》第 7 条对"四种形态"作出明确规定:经常开展批评和自我批评、约谈函询,让"红红脸、出出汗"成为常态;党纪轻处分、组织调整成为违纪处理的大多数;党纪重处分、重大职务调整的成为少数;严重违纪涉嫌违法立案审查的成为极少数。可见,只有第四种形态涉嫌严重违纪违法立案审查的才会构成犯罪移送检察机关审查起诉,但如果这些案件经审查需要退回补充调查,在补充调查期间原认定的犯罪事实有重大变化,不应追究刑事责任的则不需再将案件重新移送审查起诉,由于有"四种形态"的统一处置权,监察机关此时可较为便利地以书面形式函告检察机关并说明理由,直接将退回的案件作出处理。[1] 但如果是检察机关

---

[1] 《监察法实施条例》第 227 条规定:"对人民检察院退回补充调查的案件,经审批分别作出下列处理:……(三)犯罪事实的认定出现重大变化,认为不应当追究被调查人刑事责任的,应当重新提出处理意见,将处理结果书面通知人民检察院并说明理由;……"

自行补充侦查期间发现上述情形,不仅作出不起诉决定需经上一级检察机关批准,而且即使最终作出不起诉决定,也还要向监察机关提出给予处分的检察意见,颇费周折。有研究者敏锐地发现了监察办案的复合性特点,指出:"监察调查是违反党纪政纪和职务犯罪调查的综合,只有以退回补充调查为原则,才能保证和满足监察委全面完整调查违法违纪和职务犯罪的需要。"[1]

再次,监察办案除了要遵循法律逻辑,还有诸多政治性因素的考量,要践行政治逻辑。职务犯罪案件往往涉及官员的腐败犯罪,案情较为复杂,关注度高,影响力大,伴有一定的政治敏感性。在审查起诉过程中,检察机关经审查认为职务犯罪案件需要补充核实的,自行补充侦查可能对于案件办理的政治性因素考虑不周,缺乏周延的断案能力,故原则上退回监察机关补充调查更为妥当。诚如参与立法的同志所言,监察机关移送的案件政治性强、比较敏感,加之对办案专业力量的调整变化的考虑,立法才对退回补充调查与自行补充侦查作出先后排序,规定检察机关审查后认为需要补充证据的,一般应当先退回监察机关进行补充调查。[2]

最后,监察程序的独立性决定了职务犯罪案件在审查起诉过程中需要退查的,原则上退回监察机关,但一些例外情形也可以由检察机关自行补充侦查。《人民检察院刑事诉讼规则》第344条就规定:"对于监察机关移送起诉的案件,具有下列情形之一的,人民检察院可以自行补充侦查:(一)证人证言、犯罪嫌疑人供述和辩解、被害人陈述的内容主要情节一致,个别情节不一致的;(二)物证、书证等证

---

[1] 陈小炜:《监检关系视野下退回补充调查与自行补充侦查》,载《北方法学》2020年第6期。
[2] 参见李寿伟主编:《中华人民共和国刑事诉讼法解读》,中国法制出版社2018年版,第401页。

据材料需要补充鉴定的;(三)其他由人民检察院查证更为便利、更有效率、更有利于查清案件事实的情形。"从这一规定看,检察机关自行补充侦查的情形主要还是案件在技术层面、程序上有瑕疵,并不包含过多的政治性因素。既然是法律层面上的要求,不需要像监察机关那样有更为综合性的断案要求,故由检察机关自行补充侦查对监察程序独立性的冲击就不大。而且,此时由检察机关自行补充侦查,不仅可以查清案件事实,还能够加快办案进程,提升办案效率。这恰恰是《宪法》第127条第2款,即"监察机关办理职务犯罪案件,应当与检察机关互相配合、互相制约"的具体体现。

二、退回补充调查的适用原则和适用情形

退回补充调查既是监察与司法衔接中的一项重要机制,又是职务犯罪案件在审查起诉阶段被退查补证时的常用方法。在明晰其背后的基本法理和立法初衷后,应当对退回补充调查的基本原则和司法情境进行讨论,在讨论的基础上审慎地进行机制构建与完善。

(一)退回补充调查应遵循的基本原则

退回补充调查机制的适用原则包括必要性、可行性、配合性、说理性四个方面。

一是必要性原则。退回补充调查应当具备必要性,不得因与案件事实、证据无关的情形,如"拆借时间""规避考核"等退回补充调查。另外,对于一些简单的证据核实、事实认定,由于其专业性不强,且不需考虑太多政治性因素,可在短时间内由检察机关自行补充侦查的,也无必要再退回补充调查。

二是可行性原则。退回补充调查的事项,如证据材料的收集、固

定等应当具备可操作性,对于无法通过补充调查收集证据材料的情形,如检察机关审查起诉阶段排除了案件中的某一非法实物证据,即使退回监察机关补证也无再行收集到相同证据或替代证据的可能,此时即不适用退回补充调查。

三是配合性原则。退回补充调查是监察与司法衔接中的一项重要机制,涉及检察机关与监察机关之间的协作配合。两机关在退回补充调查的事前和事中,应当就案件事实、证据、定性等方面存在的问题和补充调查的相关情况,加强多节点的沟通联系,相互支持,通力合作,共同确保案件质量。

四是说理性原则。退回补充调查工作的完成涉及监察机关与检察机关彼此的协作配合,必须有良好的沟通协商,彼此理解支持。为此,作为连接两机关联系的重要纽带——退回补充调查提纲应加强说理,写明补充调查的理由、案件定性的考虑、补充调查的方向、每一项补证的目的和意义,对复杂问题、争议问题作适当阐明,具备条件的,可以写明补充调查的渠道、线索和方法,以落实好说理性原则。

(二)退回补充调查的适用情形

明确退回补充调查的情形,能够避免退回补充调查被滥用,避免其与自行补充侦查的混用,有利于职务犯罪案件及时准确地退查补证,确保案件质量。按照前文谈及的"监察独立说"理论,退回补充调查为实践中的办案常态,至于具体的适用情形,有研究者曾作过较为详尽的分析,认为退回补充调查应当仅限于一些主要犯罪事实和证据的补充核实,有五种情形:"(1)主要犯罪事实不清或者证据不充分的;(2)重要量刑情节有待查明的;(3)罪行或者同案犯被遗漏的;(4)共同犯罪情况下,没有查明嫌疑人的地位和作用的;(5)其他需要退回补充调查的情形。"[1]实务部门则基本持相同观点,退回补充调查一般适用于主要犯罪事实不清楚、证据体系缺陷比较严重、遗漏了犯罪事实或者遗漏了应该一并追究刑事责任的同案犯的案件。他们对具体退回补充调查的情形更为详尽地罗列了10种,即"(1)全部或者某起犯罪事实是否存在,犯罪行为是否为犯罪嫌疑人实施有待查明的;(2)犯罪嫌疑人有无刑事责任能力,有无罪过,实施犯罪的动机、目的有待查明的;(3)实施犯罪的时间、地点、手段、危害后果、因果关系及案件起因等有待查明的;(4)犯罪嫌疑人在共同犯罪中的地位、作用有待查明的;(5)犯罪嫌疑人有无从重、从轻、减轻、免除处罚情节有待查明的;(6)证据与证据之间、证据与案件事实之间存在矛盾或者矛盾有待合理排除的;(7)遗漏罪行、遗漏同案犯罪嫌疑人的;(8)自行侦查后,因发现新的犯罪事实需要调查取证,或出现新的证据矛盾需要排除,审查起诉期间已经届满需要继续补充侦查的;(9)调查人员存在非法取证等行为,或者存在违反回避制度等程序法的行为,或者在调查过程中有贪污受贿、徇私舞弊行为,影响调查公正性,需要重新调查或变更调查人员重新收集证据的;(10)其他依法需要退回补充侦查的情形"[2]。

  本书基本赞同上述观点和认识。但由于职务犯罪本身罪名多样,犯罪构成以及共同犯罪中不同犯罪嫌疑人的地位作用复杂多变,加之证据事实的重大分歧、实践中的特殊情况层出不穷,穷尽所有退回补充调查的情形实在困难,不如换一种思路,对退回补充调查的情形仅设定"对案件有重大影响"的判断标准,可表述为"可能影

---

[1] 陈小炜:《监检关系视野下退回补充调查与自行补充侦查》,载《北方法学》2020年第6期。
[2] 陈国庆主编:《职务犯罪监察调查与审查起诉衔接工作指引》,中国检察出版社2019年版,第124页。

响职务犯罪基本事实和性质认定,或者可能对量刑产生重大影响的问题,需要补充完善证据的",并辅之以相关的几种常见情形作为参照。但同时,对检察机关自行补充侦查的情形详加罗列,建立"反向清单"。诚如前文所言,在审查起诉阶段案件需要退查的,退回补充调查与自行补充侦查是原则和例外的关系,既然退回补充调查是一般性的退查方式,作为例外的自行补充侦查的适用情形似乎更容易总结概括。对此,参与立法的全国人大常委会法工委的同志在对新修订的《刑事诉讼法》进行解释时就指出:"一般而言,检察机关认为监察机关移送的案件定罪量刑的基本犯罪事实已经查清,但具有下列情形之一的,可以自行补充侦查:一是证人证言、犯罪嫌疑人供述和辩解、被害人陈述的内容中主要情节一致,个别情节不一致且不影响定罪量刑的。二是书证、物证等证据材料需要补充鉴定的。三是其他由检察机关查证更为便利、更有效率、更有利于查清案件事实的情形。"[1]这一认识后被司法解释确立,2019年修订的《人民检察院刑事诉讼规则》第344条第1款几乎照搬了上述内容。

综上,对于退回补充调查的情形可以运用反向识别方式,在确定职务犯罪案件确实需要退查补证的情况下,明确规定自行补充侦查的情形,其他的对案件有重大影响的证据事实问题,应当退回监察机关补充调查。

三、退回补充调查中的程序衔接

现行法律规范对退回补充调查的程序规定得较为零散,一些具

---

[1] 李寿伟主编:《中华人民共和国刑事诉讼法解读》,中国法制出版社2018年版,第401页。

体程序有缺位或表述不明,有必要详细研究作出统一规范。

(一)决定主体

由于我国刑事诉讼是"阶段论"的诉讼模式,侦查、起诉、审判、执行分别由不同的办案机关"各管一段""分而治之",审查起诉阶段由检察机关主导,当发现了需要补查的情况,自然由检察机关来决定是否要将案件退回补充调查或自行补充侦查。但需要注意两个问题。

一是检察机关决定退回监察机关补充调查的,是否事先要与监察机关沟通协商。有研究者指出,虽然沟通协商不是法定程序,但是不沟通贸然退回,可能会陷入被动或产生风险,比如拟退回补充调查的案件,监察机关不认可退回的理由或事项,或者认为补查工作由检察机关自行补充侦查即可,检察机关应如何处理?[1] 考虑到目前检察机关的审查起诉与监察机关的补充调查分属不同的程序,两机关之间也不存在监督与被监督的关系,更重要的是"监察独立说"强调监察程序闭合、自治、独立,将案件倒流回监察机关其实就意味着诉讼程序中的检察机关重新激活开启监察程序,故检察机关在拟作出退回补充调查决定前与监察机关沟通协商更为妥当。"从办案实践的角度看,有加强协调配合,防止处置不当的实际意义。而从法理上分析,也符合公检法监办理案件分工负责、互相配合、互相制约的精神。"[2]

二是检察机关决定自行补充侦查的,是否应当与监察机关沟通一致。考虑到大部分职务犯罪案件需要退查补证的一般原则上都是退回监察机关补充调查,检察机关自行补充侦查的例外情形是否需

---

[1] 参见陈小炜:《监检关系视野下退回补充调查与自行补充侦查》,载《北方法学》2020年第6期。

[2] 龙宗智:《新〈人民检察院刑事诉讼规则〉若干问题评析》,载《法学杂志》2020年第5期。

要与监察机关沟通？本书原则上同意事前沟通的做法，认为这样做的目的是确保自行补充侦查的案件能够获得监察机关的协助配合，对此，《人民检察院刑事诉讼规则》第344条第2款已有规定："人民检察院自行补充侦查的，可以商请监察机关提供协助。"显然，如果事前有沟通，相应的协助自然更顺畅。另外，一旦检察机关自行补充侦查出现困难，及时转为退回补充调查也能获得监察机关的理解与支持。但是，如果所有的自行补充侦查都要向监察机关知会沟通，势必有些烦琐。比较简单的方式是，由监察机关、检察机关以及其他机关在共同会签监察与司法衔接办法时，明确多方认可的"可以自行补充侦查的情形"，仅对其中的兜底情形，如前文所述的"其他由检察机关查证更为便利、更有效率、更有利于查清案件事实的情形"规定"应当与监察机关沟通一致"。

（二）具体流程

现有的法律规范规定，检察机关退回补充调查的，监察机关应当在一个月之内补充调查完毕重新移送检察机关，检察机关重新计算审查起诉期限。退回补充调查不得超过两次，经过两次补充调查仍然认为证据不足，不符合起诉条件的，检察机关应当作出不起诉决定。对这些规定中的一些操作流程可进一步细化研究。

1. 退回补充调查的启动

对于监察机关移送起诉的案件，检察机关在审查起诉阶段经审查认为犯罪事实不清、证据不足的，在与移送起诉的监察机关沟通协商后，可以作出退回补充调查决定，具体由检察机关的职务犯罪检察部门和监察机关案件审理部门对接。对于退回补充调查的案件，监察机关应认真对待，积极执行，不得拒绝敷衍、拖延办案。对此，2021年9月20日，国家监察委员会公布实施的《监察法实施条例》第226

条就规定,监察机关对于人民检察院依法退回补充调查的案件,应当向主要负责人报告,并积极开展补充调查工作。

2. 退回补充调查的管辖衔接

对于监察机关移送起诉的案件,存在指定管辖的,如上级检察机关受理后指定或者交由下级检察机关办理的,下级检察机关认为需要退回补充调查的,应当报请上级检察机关审核,并由上级检察机关与同级监察机关沟通后,将案件退回移送起诉的监察机关补充调查。这样可以做到此前监察调查的监察机关与退回补充调查的监察机关同一,相关调查权等权力的行使也会变得通畅与统一。

3. 退回补充调查的案件移送

对于退回补充调查的案件,由负责起诉的检察机关出具补充调查决定书,并附补充调查提纲。补充调查提纲应具备以下内容:一是要明确下一步补查退查的主要方向,明确工作的着力点;二是要较为具体地罗列补查的事实以及证明事实等相关证据材料,同时对证据与事实之间内在的证明关系加以概要说明;三是要结合案件性质以及根据犯罪本身的构成要件构建出补查的逻辑架构,特别是一些需要补查的细节性问题要详加提示;四是退查中一些需要格外关注的个别事项和关键性问题也要补充说明。[1] 在首次进行退回补充调查之时,应当将所有补充调查的事项都列出,对于那些案件事实和证据有所变动、监察部门并未补查到位,以及补查提交的材料中出现瑕疵的,可以再次要求原负责的部门进行补充调查。补充调查决定书和补充调查提纲应连同案卷材料,经由移送起诉的监察机关的同级检察机关一并送交该监察机关。

---

[1] 参见徐航:《退回补充侦查制度的实证分析——以审查起诉环节为视角的观察》,载《中国刑事法杂志》2007年第3期。

4. 退回补充调查期间的羁押

退回补充调查期间,如果需要限制或剥夺犯罪嫌疑人人身自由的,沿用检察机关作出的刑事强制措施。如果犯罪嫌疑人被逮捕,作出逮捕决定的检察机关应当将退回补充调查情形书面通知监管场所并将提讯、提解证送交监察机关。监察机关补充调查结束后重新移送起诉的,检察机关应当及时通知监管场所。

补充调查期间,需要提讯、提解被调查人的,监察机关调查人员应当持工作证件和检察机关的提讯、提解证进行提讯、提解,相关部门应当支持配合。

5. 监察机关补充调查后的处理

对退回补充调查的案件,监察机关应当根据案件情况作如下处理:(1)根据补充调查提纲和要求及时地进行补充调查,并且对证据材料作出补充和完善,在此基础之上,需要尽快地完成补充调查报告书;(2)面对那些无法补充完善的证据,需要对它们作出书面的情况说明,并加盖监察机关或者承办的调查部门公章。

另外,补充调查完毕后重新移送起诉的,监察机关应当将补充调查报告书连同案卷材料以及在补充调查中发现、固定的一些其他证据材料一并移送相应的检察部门。

6. 补充调查后的重新移送

案件重新移送审查起诉后,检察机关应当及时审查监察机关制作的书面补充调查报告和移送的补充证据,查明待补充调查事项是否全部补证到位,补充调查活动是否合法,补充调查后全案证据是否已确实、充分。检察机关办案人应当在公诉案件审查报告中摘录补充调查的关键性证据,分析、论证补充调查后全案证据情况。对经退回补充调查无法查清的事项,应当在审查报告中予以分析和说明。[1]

四、相关配套机制的构建与完善

落实好退回补充调查工作,提高职务犯罪案件的办理质效,提升反腐败效能,还必须构建和完善相关的各项配套机制。

(一)构建退回补充调查与检察机关自行补充侦查协调衔接机制

退回补充调查与自行补充侦查都是检察机关办理职务犯罪案件过程中进一步收集核实证据,查明案件事实的重要途径和制度设计。检察机关自行补充侦查属于职务犯罪案件中退查的"次级方案",适用情形、采用的措施手段以及相关程序与普通刑事案件中检察机关在审查起诉阶段的"自行侦查"并无太大区别。在《监察法》出台以前,检察机关曾存在着不能有效发挥自行补充侦查权的问题,原因主要表现在自行补充侦查的范围不明确、负责捕诉业务的部门案多人少矛盾突出、办案期限短、办案人员侦查能力有限等多方面的问题。为有效发挥好自行补充侦查的功能作用,需要明确改进完善以下几个方面的内容。

一是适用情形。《人民检察院刑事诉讼规则》第344条第1款明确规定了检察机关自行补充侦查的情形:(一)证人证言、犯罪嫌疑人供述和辩解、被害人陈述的内容主要情节一致,个别情节不一致的;(二)物证、书证等证据材料需要补充鉴定的;(三)其他由人民检察院查证更为便利、更有效率、更有利于查清案件事实的情形。对于第

---

[1] 参见陈国庆主编:《职务犯罪监察调查与审查起诉衔接工作指引》,中国检察出版社2019年版,第127页。

(三)种情形,为了确保自行补充侦查与退回补充调查的协调运用,应当在决定自行补充侦查前与监察机关协调一致。

二是明确自行补充侦查的手段和措施。自行补充侦查仍然是由检察机关实施,处于审查起诉阶段,所以检察机关在自行补充侦查过程中采用的措施、手段和方法都适用《刑事诉讼法》的规定。检察机关自行补充侦查,可以讯问犯罪嫌疑人,询问证人、被害人,可以勘验、检查、搜查、查封、扣押、查询、冻结,还可以鉴定。自行补充侦查要按照《刑事诉讼法》"侦查"章节中的各种具体侦查行为的程序性规定展开。例如,检察机关向有关单位和个人调取证据的,应当出具调取证据通知书、询问通知书,并出示检察机关工作证件或证明文件。自行补充侦查中扣押的涉案赃款、赃物,应根据相关规定交本院案件监督管理部门统一登记、管理。对案件中涉及的专门性问题需要补充鉴定或者重新鉴定的,可以委托有资质的鉴定机构进行。对需要文证审查的,可以商请本院或上级检察院的技术部门进行文证审查,并将所需材料递交本院或上级检察院的技术部门。对调查机关的勘验、检查需要进行复验、复查的,可邀请本院检察技术人员或聘请其他具有专门知识的人参加。

三是明晰自行补充侦查的诉讼流程。检察机关自行补充侦查的,应当在审查起诉期限内完成。检察机关自行补充侦查完毕后,应当制作补充侦查终结报告并附相关证据材料入卷,同时抄送监察机关。对于指定管辖的案件,被指定的检察机关自行补充侦查完毕后,应当将补充侦查终结报告并附相关证据材料,报指定其办案的上级检察机关批准后入卷,同时抄送监察机关。自行补充侦查结束后,应在公诉案件审查报告中载明自行补充侦查情况,并摘录补充侦查的关键性证据,分析、论证补充侦查后全案证据情况。对经自行补充侦查确实无法查清的事项,应当在审查报告中予以分析和说明。[1] 自行补充侦查所调取的材料作为证据使用的,应当在起诉时同案卷一并移送法院,并在庭审中予以示证、举证、质证。另外,为了弥补检察机关捕诉部门办案人员侦查能力可能存在不足的问题,检察机关在自行补充侦查时,需要监察机关提供协助的,监察机关应当予以协助。

(二)构建书面要求监察机关补充提供证据的机制

《监察法》和《刑事诉讼法》都规定了检察机关在审查起诉阶段可以退回补充调查和自行补充侦查。但实践中还大量存在着案件已基本查清、证据较为完善,只有个别证据材料需要补充的情况,如补充关于被调查人投案自首情况的证明材料、被调查人立功情况的证明材料、办案经过的证明材料等。检察机关在审查监察机关移送的案件或庭审过程中,发现上述情况后,适用退回补充调查不符合诉讼经济原则,自行补充侦查又不可能,此时就需要构建一个新的机制来解决上述问题,即"书面要求监察机关补充提供证据的机制"(以下简称"补充提供证据")。这一机制可以定义为:检察机关对监察机关移送的案件进行审查起诉时,认为仍需要补充相关证据材料,但不必退回补充调查或自行补充侦查的,可书面要求监察机关在 3 到 5 日内提供。

如何认定补充提供证据的行为性质,首先须明确补充提供证据与退回补充调查和自行补充侦查的异同。补充提供证据与退回补充调查的共同点在于两者都是由检察机关决定的,目的都是为了补充完善证据。区别在于,前者不需要将案件退回监察机关,后者需要退

---

[1] 参见陈国庆:《刑事诉讼法修改与刑事检察工作的新发展》,载《国家检察官学院学报》2019 年第 1 期。

回;前者对补充的证据不如退回补充证据要求高、范围广。补充提供证据与自行补充侦查的相同点在于两者都是检察机关作出的,都不用退回监察机关,区别在于两者对补充证据的范围不一样,自行补充侦查只有在必要时才能进行。从上述分析来看,补充提供证据与退回补充调查和自行补充侦查有共同点,也都有区别。一般认为补充提供证据的性质兼具调查属性和检察属性,调查属性体现在证据材料是由监察机关提供的,检察属性体现在它是因检察机关的要求进行的。

(三)构建对职务犯罪案件提前介入机制

《监察法》出台之前,检察机关对公安机关办理的刑事案件,尤其是重大、复杂、疑难的案件,已经建立了较为成熟的介入侦查、引导办案的工作机制。其不仅能够提升案件质量,节约司法成本,而且还极大地提高了办案效率。《监察法》出台之后,对于职务犯罪案件,检察提前介入监察的机制在各地相继试验和推广,检察机关在案件的证据收集、事实认定、法律适用和办案程序等方面的经验和优势得以继续发挥。一方面,检察提前介入监察机制的充分发挥能够最大限度地降低退回补充调查的次数,减少案件"倒流"现象的发生;另一方面,检察提前介入监察还能及时将案件中涉及事实、证据以及法律适用方面的"瑕疵"作出补正,避免一些证据补正的动议到审查起诉阶段再行提及为时已晚,就算退回补充调查也于事无补。所以,从某种程度上说,检察提前介入监察与退回补充调查是相辅相成的,两者能协同促进职务犯罪案件的办理质效。

在职务犯罪案件监察调查过程中,构建检察对监察的提前介入机制,一是要坚持互相配合、互相制约的原则,在检察人员提前介入的情况下,检察机关的办案人员需要明确其职责范围,不可完全替代监察机关的调查活动。一般而言,提前介入的检察人员的职责范围限于他们可以对案件事实、证据、法律适用等提出法律意见,同时也要注意保守工作秘密、严守办案纪律。二是提前介入须由监察机关提出后进行,而不能由检察机关主动参与,这受到了监察机关的性质和职能的影响,也受制于监察程序更加独立、闭合的特点。当然,检察办案人员可以不断加强与监察机关的协作与对话,以及时了解案件的进展情况。三是不是所有的案件都需要提前介入,仅在面对那些重大、疑难和复杂案件时,检察机关才有权派员提前介入。四是要界清检察机关在提前介入监察办案程序后的工作边界,包括能否审核案卷材料、查阅在案证据,以及对案件定性、事实认定和证据材料的审查可否以及何时提出意见或建议,可否在案件移送前及时就强制措施的衔接做好建议性的方案等。五是检察机关在提交的书面意见的结论之中,如果提出了案件必须补充调查的,应当要求监察部门以此为据,在意见的框架和方向内进行补充调查。[1]

(四)构建退回补充调查期间的权利保障机制

退回补充调查期间,职务犯罪案件虽被退回监察机关,但被追诉人仍然停留在审查起诉阶段,称为犯罪嫌疑人,被采取的措施也是刑事强制措施。因此说,退回补充调查期间实行的是"人案分离"模式,由此也产生了一个现实问题:由于监察调查程序与刑事诉讼程序中的被调查人和犯罪嫌疑人、被告人等相关人员的权利范围并不相同,作为横跨"两大程序"的补充调查,这期间如何充分保障犯罪嫌疑人和其他人员的权利,也有必要构建相应的权利保障机制,具体的保障内容包括两个方面:

---

[1] 参见董坤:《检察提前介入监察:历史流变中的法理探寻与机制构建》,载《政治与法律》2021年第9期。

一是辩护权的保障。本书作者曾经对退回补充调查的性质作出分析，认为职务犯罪案件一旦移送到审查起诉阶段，后续的退查仍然是围绕审查起诉工作的辅助行为，案件其实已经实质进入审查起诉阶段，故被追诉者在补充调查期间仍然称为犯罪嫌疑人，需要采取措施的也应当继续使用刑事强制措施。[1] 既然案件进入审查起诉阶段后，犯罪嫌疑人即可委托辩护人并行使相应的辩护权，那么即使案件处于被退回补充调查期间，辩护人的相应诉讼行为仍然可以继续，有关的会见通信权、阅卷权、调查取证权仍然可以继续行使，不应被中断和干扰。但这一认识显然与前文谈及的"监察独立说"理论相冲突。因为，一旦案件"回流"到监察调查环节，就重新进入独立的监察程序，需要践行监察程序自身的运作逻辑。在监察程序中，辩护人显然是不能介入其中的，而且"监察独立说"对于实践显然更具解释力，因为从一线办案的情况看，监察机关在补充调查期间也确实都拒绝了辩护律师的介入。本书认为，解决上述冲突的关键，还是应赋予涉罪被调查人委托辩护律师的权利，渐进性地允许辩护律师介入监察调查环节，从而化解上述问题。

二是知情权的保障。退回补充调查意味着案件将暂时"回流"到监察机关调查阶段，也意味着办案时限的延长。如果犯罪嫌疑人此前被逮捕羁押的，也意味着其羁押期限的延长，对其人身自由有较大的影响。因此，应当保障犯罪嫌疑人对程序转换的知情权。详言之，检察机关在作出将案件退回监察机关补充调查的决定后，应及时告知犯罪嫌疑人及其辩护人，并告知退回补充调查的原因。同时，还要告知犯罪嫌疑人及其辩护人在退回补充调查期间其相应的诉讼权

---

[1] 参见董坤：《法规范视野下监察与司法程序衔接机制———以〈刑事诉讼法〉第170条切入》，载《国家检察官学院学报》2019年第6期。

利。待案件移送回检察机关也应当及时告知犯罪嫌疑人及其辩护人。检察机关通过积极履行上述告知义务,可以有效保障犯罪嫌疑人及其辩护人的知情权,能使犯罪嫌疑人对诉讼中的各个程序节点以及相应的诉讼权利做到"心中有数",以有效应对。

五、本章结语

本章主要论及的是监察与司法程序衔接中的退回补充调查机制。相较于职务犯罪案件移送审查起诉的正向衔接,案件退回补充调查无疑具有监察与司法反向衔接的特质。在"监察独立说"的理论指引下,大部分职务犯罪案件在符合法定条件时,原则上都应被退回监察机关补充调查,只有少部分案件由检察机关自行补充侦查。这符合监察案件的特殊性以及监察办案的运行特点。

构建退回补充调查机制,细化退回补充调查程序应坚持必要性原则、可行性原则、配合性原则以及说理性原则;要建立"反向清单",明确检察机关自行补充侦查的情形,间接推动退回补充调查的合理规范使用。此外,要建立必要的沟通协商机制,加强检察机关与监察机关就退回补充调查、自行补充侦查的事前沟通,同时明确退回补充调查的管辖衔接,案件移送和羁押措施的变更等。最后,应建立健全相关的配套机制,如增设书面要求监察机关补充提供证据机制,用好检察提前介入监察机制,不断提升退回补充调查期间相关诉讼参与人的权利保障水平。

第九章
监察与司法衔接中的权利保障研究

本章导读：

国家尊重和保障人权是我国宪法的一项重要原则，应贯穿于监察办案与司法诉讼活动，同时适用于两者的衔接过程。《监察法》作为国家监察体制改革的重要立法成果，将以往纪委办案的"双规""双指"措施转换为法律层面上的留置措施，并规定了严格的审批手续和最长6个月的办案期限；将同步录音录像引入讯问、询问、搜查、勘验、检查、技术调查等调查程序；将非法证据排除规则引入监察取证办案，这些都体现了职务犯罪案件办理的法治思维和人权保障理念。但与此同时，应警惕监察办案中过度的权力集中和片面的效率导向可能弱化办案人员的权利意识，引发监察体制改革探索中权利保障的施行偏差。为此，有必要进一步强化监察人员与司法人员在职务犯罪案件办理以及程序衔接过程中的权利保障意识，注重人身自由权、辩护权以及非法证据排除救济权等基本性、重要性权利的保障和配套性措施的构建。

惩罚犯罪与保障人权的实现与协调是刑事法治的永恒目标。在监察调查与刑事司法衔接过程中,权利保障的必要性是确保"两法"协调统一的基础条件。权利保障实质化则是防止衔接程序中权利保障缺位的重要举措。《监察法》的出台为职务犯罪被调查人的权利保障提供了规范基础,但由于相关规定的原则、宏观、抽象,在法律具体实施过程中仍可能存在被调查对象、被追诉人权利被侵犯的情形。因此,在监察与司法的衔接过程中,研究被调查人、犯罪嫌疑人、被告人以及其他诉讼参与人的权利保障就具有现实意义和理论价值。

一、监察法提供了权利保障的法律依据

国家监察体制改革不仅是为了统一整合反腐败力量,集中治理腐败行为,也是将反腐败活动进一步法治化的重要举措。制定《监察法》的重要目标之一就是为中国的反腐败事业提供坚实的法治保障,同时也为职务犯罪案件中的当事人提供权利保障的法律依据。

(一)将"双规""双指"转换为留置措施

在国家监察体制改革之前,纪委办案中常常使用"双规""双指"的调查措施,取得了一定的办案效果,但由于"双规""双指"仅出现在党纪政纪规定中,在审批流程和适用期限等相关问题上没有明确的法律依据,常常被视为"游离"于法律之外,受到学界的质疑和批评。有研究者就指出:"双规、双指,有政策根据但于法无据,有合理性、正当性的一面,但适法性不足。"[1]从程序法定主义的要求来看,凡是对公民权利具有强制性的国家公权力行为均应以法律规范的形式授权并明确具体的审批条件、操作过程以使其具有可预期性。

---

[1] 张步文:《"双规双指":相对合理性与适法有限性》,载《河北法学》2005年第1期。

《监察法》的出台将以往的"双规""双指"转化为留置措施,纳入法治化轨道,规定了严格的审批手续和最长 6 个月的办案期限。不仅如此,《监察法》第 65 条还规定,监察机关及其工作人员违反规定采取留置措施的,对负有责任的领导人员和直接责任人员依法给予处理。这些规定无疑使留置这样剥夺人身自由的措施得到了法律的规范,同时也对违法使用留置措施的办案人员设置了责任后果。在刑事程序中,权利与权力具有此消彼长的关系。当权力没有恣意的空间即意味着权力的另一端——被调查人的个人权利得到了最大程度的保护,受到侵犯的可能性大为减小。

(二)引入录音录像规范取证行为

在监察调查程序中,讯问、询问、搜查、勘验、检查、技术调查等调查取证行为如果用之得当可以快速准确地收集证据,查明事实真相,但用之不当则可能侵犯被调查人的合法权益,甚至可能引发冤假错案。特别是搜查、扣押、讯问等强制性取证行为,如果没有相应的制约监督极易引发权力恣意下的权利侵害。在刑事诉讼中,西方国家对于强制性取证更多的是动态地采用司法审查制度来加以控制,如法官签发令状等。而我国《刑事诉讼法》通常是对强制性取证措施的实施设置较为严格的程序性规定,进而通过行政审批程序来加以制约。对此,2018 年制定的《监察法》除了采用程序性手段进行制约限制,还引入技术性手段对权力进一步规训。如《监察法》第 41 条第 2 款将同步录音录像扩大到"重要取证工作"。[1] 在信息技术高速发展的当下,同步录音录像对于调查取证活动的监督具有客观性、全面性和及时性。可以看出,随着科学技术的不断进步,在取证

---

[1]《监察法》第 41 条第 2 款规定:"调查人员进行讯问以及搜查、查封、扣押等重要取证工作,应当对全过程进行录音录像,留存备查。"

方与被取证方之间引入"第三只眼睛"监督具有强制性的取证行为,这种做法不仅能够有效规范调查行为,也是切实保障被调查人权利的重要举措。并且,《监察法》中同步录音录像的适用范围也大于目前《刑事诉讼法》的规定,这是监察程序法治化的重要体现之一。

(三)建立非法证据排除规则

我国在1979年《刑事诉讼法》制定伊始,第32条就规定:"严禁刑讯逼供和以威胁、引诱、欺骗以及其他非法的方法收集证据。"然而,套用德国证据禁止理论,当时的《刑事诉讼法》仅规定了"证据取得禁止规则",并没有规定实施禁止性取证行为的法律后果——证据能否继续在法庭上使用,因而未能有效抑制实践中非法取证行为侵害犯罪嫌疑人、被告人等其他人员合法权益的情形。毕竟,当某种法律禁止的行为被实施后,如果没有规定任何法律后果,那么这种禁止性规定就会成为"没有牙齿的具文"。我国《刑事诉讼法》对非法取证行为的规定曾经长期处在"有禁止规定,无后果责任"的状态,直到2012年的第二次大修才增加了非法证据排除规则,规定对于刑讯逼供、暴力、威胁等非法方法收集的犯罪嫌疑人、被告人供述以及证人证言、被害人陈述应予以排除。至此,我国《刑事诉讼法》才真正为当事人建立了权利救济渠道,即当事人可以通过申请排除非法证据对非法取证行为作出否定性评价,维护自身的合法权益。所以,非法证据排除规则本质上是一项权利救济规则。[1] 随着国家监察体制改革的全面推进和《监察法》的出台,检察机关以往对职务犯罪案件的侦查权转由监察机关以调查权的方式行使。监察办案仍然要收集证据,查明案件事实,办案中仍然会出现非法取证行为。如何遏制该类行为,保障当事人的合法权益,《监察法》第40条第2款规定了,严禁

---

[1] 参见万毅:《检察环节非法证据排除要点探析》,载《人民检察》2017年第6期。

以威胁、引诱、欺骗及其他非法方式收集证据,严禁侮辱、打骂、虐待、体罚或者变相体罚被调查人和涉案人员。第33条第3款也规定,以非法方法收集的证据应当依法予以排除,不得作为案件处置的依据。可见,《监察法》甫一出台,就构建了完整的非法证据排除规则,最大限度地保障了监察取证中可能遭受侵犯的当事人的合法权益。而且,从规则建立的完整性和时效性看,《监察法》较《刑事诉讼法》对权利的保障更为全面和及时。

二、权利侵犯的可能隐忧

虽然《监察法》的部分条文透露出权利保障的气息,也能够切实保障被调查人的权利,但由于国家监察体制改革是一项重大的历史抉择、决策部署,域外并无先例可循。因此,改革推进中涉及具体的监察办案,相关涉案人员的合法权利有可能存在保障不足以及被忽略、缺位的情况。

(一)权力集中和效率导向下权利意识的弱化

众所周知,国家监察体制改革的目标是"整合反腐败资源力量,加强党对反腐败工作的集中统一领导,构建集中统一、权威高效的中国特色国家监察体制,实现对所有行使公权力的公职人员监察全覆盖"。[1] 为了达到这一目标,一方面国家整合以往较为分散的反腐败力量,确保权力的集中统一,以形成最大化的反腐合力,实现对违纪、违法、犯罪的一体化处理;另一方面,法律在制定过程中也会

---

[1] 李建国:《关于〈中华人民共和国监察法(草案)〉的说明——2018年3月13日在第十三届全国人民代表大会第一次会议上》,载中国人大网(http://www.npc.gov.cn/zgrdw/npc/xinwen/2018-03/14/content_2048551.htm),访问日期:2021年1月22日。

为监察权的行使提供更多的便利和配套保障,如为确保权力的高效运行会适度削减对权力行使的程序性控制力度。对于后者而言,关注对腐败的控制,强调反腐的高效,势必会凸显办案中的效率导向,而重视效率价值势必会在做强做大权力的同时,对监察权运行中的一些程序性控制"放管服",这很可能会对监察对象的合法性权利产生一定的压制。有学者就指出:"为实现高效反腐的目的,被调查人的权利必然会在一定程度上作出'退让',如《监察法》没有规定被调查人有获得律师帮助或者辩护的权利,留置措施中通知家属设置'有碍调查除外'的规定等。"[1]类似权利保障的缺位虽然能够更有效地推进监察调查程序,但从更长远的利益考量看,在监察调查程序中引入更多元的参与主体实际上更能准确地查明犯罪事实,提升反腐质量。目前权力集中和效率导向的整体改革趋势虽然有助于快速建立起一套行之有效的监察调查程序,但可能会影响到监察体制局部的法治化进程。

(二)改革探索中权利保障的可能性偏差

监察委员会的建立是国家监察体制改革的重大成果,而《监察法》的出台则是为监察委员会的建立和监察权的运行提供了法律依据和法制保障。但国家监察体制改革仍是进行时,随着改革走向深入,更多的新情况、新矛盾都在更为具化地通过个案呈现出来,在"摸着石头过河的过程中",更多的目光会聚焦于监察委员会的权力范围、行使方式以及法律效力等在个案中的体现和保障,对监察权的另一端——监察对象的权利可能会考虑不周,甚至有所忽视。这种现象会随着改革的进一步推进逐渐被认识。但不容否认的是,作为

---

[1] 汪海燕:《职务犯罪案件认罪认罚从宽制度研究》,载《环球法律评论》2020年第2期。

一个新生事物,在国家监察体制改革进程中对于监察对象权利保障出现偏差的可能性还是会不同程度地出现。同时,监察与司法的衔接作为一种新的程序性衔接机制,如何做好两种程序衔接过程中被调查人、犯罪嫌疑人的权利保障,如辩护权的有效跟进,留置与强制措施的有效衔接等都是"两法"衔接中权利保障的新课题。

三、监察与司法衔接中具体的权利保障

监察程序中权利保障是推进监察程序法治化的重要举措。与此同时,也应注意不同程序衔接中可能存在的权利保障的"真空地带",即监察与司法衔接中具体的权利保障问题。在监察与司法的衔接中所涉及的具体权利保障主要分为被调查人、犯罪嫌疑人的人身自由权的保障和辩护权的保障两种。

(一)人身自由权的保障

在监察与司法的衔接过程中,如果此前被调查人在监察程序中被采取了留置措施,就自然会涉及监察程序中的留置措施与刑事诉讼程序中强制措施的衔接问题,两者如何衔接往往关涉到被调查人、犯罪嫌疑人人身自由权的保障。从《刑事诉讼法》第170条第2款来看,立法设置了"留置→拘留→逮捕、取保候审、监视居住"的衔接方案。具体来说:犯罪嫌疑人如果此前在监察程序中被留置,一旦进入刑事诉讼程序要被先行拘留,而后再被采取其他强制措施。换言之,先行拘留仅是过渡性强制措施,对于被调查人而言,其最终的强制措施主要表现为逮捕、取保候审以及监视居住。在上述衔接过程中涉及犯罪嫌疑人权利保障的有以下两个问题:

一是先行拘留的时间。既然先行拘留直接剥夺人身自由,且是

临时性、过渡性措施,在时限上要尽量缩短。《刑事诉讼法》第170条第2款规定先行拘留一般不得超过10日,在特殊情况下,不得超过14日。何谓"在特殊情况下",2019年12月出台的《人民检察院刑事诉讼规则》并未作出解释。由于没有明确规定,实践中的做法常常是将"特殊情况"视为"一般情况",即一般情况下都会用足14日。这其实对于犯罪嫌疑人的人身自由权而言是一种隐形侵害。如果这种隐形的"羁押"属于非法的、不当的,是否可以申请国家赔偿?针对相关的救济渠道,立法或相关的司法解释都未作出规定。为此,上述情形应予明确。例如,对于特殊情况可解释为涉案人员众多;社会影响较大;案情重大、复杂,争议较大等。但必须要有所规定,以限制各级检察机关随意延长先行拘留期限。条件成熟的情况下,还可以考虑由最高人民检察院出台典型案例,通过案例指引做好对下指导。

二是强制措施衔接的种类选择。从立法条文看,从先行拘留转为强制措施,可适用的强制措施类型包括逮捕、取保候审、监视居住。在立法条文中,逮捕被列在第一位,似乎昭示着立法者希望办案人员将其作为首选,之所以有这样的考虑,可能是立法者考虑到留置本身的适用条件与逮捕极为相似,如果延续类似的措施,逮捕似为最佳选择。而且,2018年《刑事诉讼法》无论是第71条第4款还是第77条第2款都规定了从先行拘留转为逮捕的强制措施间的衔接规定,办案机关操作起来也早已驾轻就熟,可从容应对。但值得注意的是,根据《刑事诉讼法》的规定,在先行拘留转为逮捕或其他强制措施的规定中,立法并没有明确检察机关可否不采取任何强制措施,直接将犯罪嫌疑人释放候审。如果严格从文义解释出发,法条在"逮捕、取保候审或者监视居住"后并未作出"或者释放"或"等"的表述,这似乎意味着立法者认为办案机关必须要在已罗列的强制措施中"三选一"。但从强制措施适用的法理依据看,随着案件办理的深入推进,如果检察机关在先行拘留期间经审查认为犯罪嫌疑人没有人身危险性或任何妨碍诉讼的情形,直接作出释放决定也并无不可,这恰恰是人权保障的重要体现。

(二)辩护权的保障

监察与司法衔接中对犯罪嫌疑人辩护权保障的问题是争议较大的热点问题,其中涉及几个重要的衔接时点。

一是在监察阶段的辩护权保障。目前的监察阶段并不允许辩护律师的介入。就本书作者了解的情况看,主要涉及如下几个理由:一是监察办案是针对纪法罪的一体化办理,案件办理伊始,监察人员并不清楚监察对象是涉嫌违纪、违法还是犯罪。而辩护制度仅出现在涉嫌犯罪的诉讼程序中。既然监察对象并未确定涉嫌犯罪,辩护律师直接介入监察程序自然存在争议。二是职务犯罪案件较为复杂、隐蔽,被监察对象多为有职级的官员,有一定的社会影响,办案中常会遇到外界的不当干扰和影响,证据收集较为困难,在办案初期直接允许辩护律师的介入并不利于反腐败工作的顺利推进。三是从历史的演进轨迹看,辩护律师在刑事诉讼中的不同阶段介入也是一个逐渐发展的过程。1979年《刑事诉讼法》制定伊始,法律只允许辩护人在审判阶段介入,1996年《刑事诉讼法》第一次修订后辩护人的介入阶段从审判向前延伸至审查起诉,2012年《刑事诉讼法》的第二次大修后辩护律师才真正介入侦查阶段。上述三个时段、两次飞跃共经历了30多年。考虑到监察体制改革时间不长,监察办案还在不断摸索中前进,目前直接允许辩护律师介入监察办案,历史条件是否成熟不无疑虑。本书认为上述理由确有一定的道理,但考虑到监察阶段目前较为封闭和秘密,完全剥夺被调查人的辩护权,只允许待案件移送审查起诉阶段后辩护人才能介入似乎有些过于迟延或滞后。为此,建议在监察程序即将终了,即在案件进入审理阶段,由集体决定是否将案件移送司法机关追究刑事责任时,可以考虑赋予被调查人委托辩护律师或咨询值班律师的权利,并至少保证有一次的会见机会。当然,考虑到律师本身的政治素质和业务能力,是否对律师做出某些方面的限定,如执业年限、职业经历、党员身份等,都可以斟酌考虑。这样可以最大限度地保障被监察对象的合法权利,既能够提前辩护律师或值班律师的介入时间,也不妨碍监察办案和反腐败工作的顺利推进。

二是案件被监察机关移送到检察机关审查起诉时,如果之前犯罪嫌疑人被留置的,检察机关要先行拘留,在此时限内犯罪嫌疑人是否可以委托辩护人?对此问题曾有较大争议。有观点认为,检察机关先行拘留后的最长14天是决定采取何种强制措施的时间,检察机关在此期间并未对案件进行审查起诉,这段期间不应算在审查起诉阶段,也不应允许辩护人会见及行使其他辩护权,待案件正式进入审查起诉阶段后才应告知犯罪嫌疑人有权委托辩护人,协助其及时履行委托事项。本书认为该观点有失偏颇,一般而言,案件移送给检察机关,即进入刑事诉讼程序,犯罪嫌疑人相关的辩护权的保障就应及时跟进。而且,从《刑事诉讼法》第170条所处的章来看,该章为"提起公诉"章,该章下的条文其实都应被审查起诉以及是否提起公诉的程序所统摄,这就意味着案件已经实质进入了审查起诉阶段,应与侦查机关移送的案件相同对待,适用《刑事诉讼法》第34条的规定及时告知犯罪嫌疑人有权委托辩护人并允许辩护人会见。故此时检察机关应当及时履行告知义务。《人民检察院刑事诉讼规则》第145条规定:"人民检察院应当自收到移送起诉的案卷材料之日起三日以内告知犯罪嫌疑人有权委托辩护人。对已经采取留置措施的,应当在执行拘留时告知。"按照该规定,一般情况下,检察机关均应在收到移送起诉的案卷材料后三日内告知其有权委托辩护人,并允许律师会见。但是,对于已采取留置措施的犯罪嫌疑人,考虑到在犯罪嫌疑人未押解到看守所前,检察机关无法告知,因此,《人民检察院刑事诉讼规则》规定应当在"执行拘留时"告知。这样规定可以最大限度地保障犯罪嫌疑人的辩护权,具有较强的操作性。

三是在职务犯罪案件退回补充调查期间仍要保障犯罪嫌疑人及其辩护人的各项辩护权益。如果检察机关在审查起诉环节因为所办理的职务犯罪案件涉及证据事实等原因,需要将其退回监察机关进行补充调查,这似乎意味着案件完全"回流"到监察程序中,此前犯罪嫌疑人的辩护权也应中止。但诚如前文的分析,虽然案件看似被退回监察机关,但由于案件此前已经实质进入刑事诉讼程序,进入审查起诉阶段,因此,根据《刑事诉讼法》的规定,犯罪嫌疑人及其委托辩护人已经享有的辩护权应继续行使,检察机关也应当积极同监察机关协调配合,沟通协商,最大限度地保障退回补充调查期间辩护权的充分行使。

(三)非法证据排除的救济权保障

犯罪嫌疑人、被告人申请排除非法证据其实是行使救济权的表现,其中就包括对监察调查期间非法取证行为侵犯自身合法权益的救济。为了保障被调查人这种救济权的行使,职务犯罪案件被移送到刑事诉讼程序后,如果犯罪嫌疑人、被告人申请启动"排非程序"并提供线索、材料的,检察机关或审判机关就应当对"排非动议"进行审查、调查,必要时,可以通知监察人员出庭说明情况,以及查阅录音录像材料。监察机关应予以配合协助。通过多机关之间的互相配合和互相制约,共同保障职务犯罪案件中的被调查人以及犯罪嫌疑人、被告人的各项合法权益不被滥权侵犯。

四、本章结语

《监察法》的出台将党的主张通过法定程序转化为国家意志,用留置取代"双规""双指"措施,引入同步录音录像制度和非法证据排除规则,这些立法举措将人权保障理念切实融入监察程序,体现了《监察法》的先进性和民主性。但不容忽视的是,由于监察程序具有闭合性、自洽性的特点,辩护律师无法介入其中;监察机关办理违纪、违法和犯罪案件又无需遵循《刑事诉讼法》;加之在反腐败犯罪控制的理念主导下,监察权高度集中统一,职务犯罪被调查人在监察程序以及监察与司法的衔接环节很可能面临权利保障缺位、不足或偏移的风险。本章认为,职务犯罪调查权的行使应始终坚守法治原则,主动接受监督和制约。同时,从具体措施制度入手,进一步强化落实同步录音录像制度、非法证据排除规则的适用。另外,还应从实践中的具体情况、现实问题切入,就办案中容易遭受侵犯的人身自由权、辩护权、异议救济权等入手提升保障力度,对侵犯基本权利的行为提高发现查处的能力,加大惩治效果,不断拓宽监察与司法程序衔接中人权保障的路径。

参考文献

一、中文文献

（一）著作

1. 陈光中主编：《刑事诉讼法》（第六版），北京大学出版社、高等教育出版社2016年版。

2. 陈国庆主编：《职务犯罪监察调查与审查起诉衔接工作指引》，中国检察出版社2019年版。

3. 陈朴生：《刑事诉讼法实务》（增订版），1981年台湾自版。

4. 陈瑞华：《刑事诉讼法》，北京大学出版社2021年版。

5. 樊崇义主编：《刑事诉讼法学研究综述与评价》，中国政法大学出版社1991年版。

6. 樊崇义主编：《中国诉讼法判解》（第一卷），中国检察出版社2003年版。

7. 高铭暄、马克昌主编：《刑法学》（第八版），北京大学出版社、高等教育出版社2017年版。

8. 何家弘主编：《刑事司法大趋势——以欧盟刑事司法一体化为视角》，中国检察出版社2005年版。

9. 胡云腾主编：《认罪认罚从宽制度的理解与适用》，人民法院出版社2018年版。

10. 黄朝义:《犯罪侦查论》,汉兴书局有限公司 2004 年版。

11. 郎胜主编:《中华人民共和国刑事诉讼法修改与适用》,新华出版社 2012 年版。

12. 黎宏:《刑法学》,法律出版社 2012 年版。

13. 李少平主编:《最高人民法院关于适用〈中华人民共和国刑事诉讼法〉的解释理解与适用》,人民法院出版社 2021 年版。

14. 李寿伟主编:《中华人民共和国刑事诉讼法解读》,中国法制出版社 2018 年版。

15. 李学灯:《证据法比较研究》,五南图书出版公司 1992 年版。

16. 林钰雄:《检察官论》,法律出版社 2008 年版。

17. 林钰雄:《刑事诉讼法(上册)》,新学林出版股份有限公司 2019 年版。

18. 龙宗智:《检察官客观义务论》,法律出版社 2014 年版。

19. 马怀德主编:《监察法学》,人民出版社 2019 年版。

20. 宋英辉:《刑事诉讼原理导读》,法律出版社 2003 年版。

21. 孙茂利主编:《公安机关办理刑事案件程序规定释义与实务指南》,中国人民公安大学出版社 2020 年版。

22. 孙谦主编:《认罪认罚从宽制度实务指南》,中国检察出版社 2019 年版。

23. 童建明、万春主编:《〈人民检察院刑事诉讼规则〉条文释义》,中国检察出版社 2020 年版。

24. 王利明:《法律解释学》(第二版),中国人民大学出版社 2016 年版。

25. 全国人民代表大会常务委员会法制工作委员会刑法室编著:《〈关于实施刑事诉讼法若干问题的规定〉解读》,中国法制出版社

2013年版。

26. 王以真主编:《外国刑事诉讼法学参考资料》,北京大学出版社1995年版。

27. 威海市地方史志编纂委员会编:《威海市志》,山东人民出版社1986年版。

28. 肖军:《侦查主体研究》,群众出版社2014年版。

29. 邢贲思主编:《〈邓小平文选〉大辞典》,中共中央党校出版社1994年版。

30. 杨宇冠:《监察法与刑事诉讼法衔接问题研究》,中国政法大学出版社2018年版。

31. 杨卓生:《检察留墨》,花城出版社2003年版。

32. 张建伟:《刑事诉讼法通义》(第二版),北京大学出版社2016年版。

33. 中共中央纪律检查委员会法规室、中华人民共和国国家监察委员会法规室编:《〈中华人民共和国监察法〉释义》,中国方正出版社2018年版。

34. 钟祥市地方志编纂委员会编:《钟祥市志(1979—2005)》,长江出版社2013年版。

35. 周宝峰:《刑事被告人权利宪法化研究》,内蒙古大学出版社2007年版。

36. 周道鸾、单长宗、张泗汉主编:《刑法的修改与适用》,人民法院出版社1997年版。

37. 周光权:《刑法总论》(第二版),中国人民大学出版社2011年版。

38. 朱采真:《刑事诉讼法新论》,世界书局1929年版。

39. 邹伟:《行成于思——邹伟法律文集》,中国法制出版社 2016 年版。

40. 张军主编:《刑事证据规则理解与适用》,法律出版社 2010 年版。

(二)论文

1.《刑事诉讼法解释》起草小组:《〈关于适用刑事诉讼法的解释〉的理解与适用》,载《人民司法》2021 年第 7 期。

2. 本刊学习问答组:《公安机关认为检察院"漏诉",能否要求复议?》,载《人民检察》2002 年第 3 期。

3. 卞建林:《监察机关办案程序初探》,载《法律科学(西北政法大学学报)》2017 年第 6 期。

4. 卞建林:《配合与制约:监察调查与刑事诉讼的衔接》,载《法商研究》2019 年第 1 期。

5. 陈光中、邵俊:《我国监察体制改革若干问题思考》,载《中国法学》2017 年第 4 期。

6. 陈光中:《认罪认罚从宽制度实施问题研究》,载《法律适用》2016 年第 11 期。

7. 陈国庆:《量刑建议的若干问题》,载《中国刑事法杂志》2019 年第 5 期。

8. 陈国庆:《刑事诉讼法修改与刑事检察工作的新发展》,载《国家检察官学院学报》2019 年第 1 期。

9. 陈瑞华:《法国〈萨宾第二法案〉与刑事合规问题》,载《中国律师》2019 年第 5 期。

10. 陈瑞华:《论刑事诉讼中的过程证据》,载《法商研究》2015 年第 1 期。

11. 陈伟:《监察法与刑法的衔接协调与规范运行》,载《中外法学》2019 年第 2 期。

12. 陈卫东:《职务犯罪监察调查程序若干问题研究》,载《政治与法律》2018 年第 1 期。

13. 陈小炜:《监检关系视野下退回补充调查与自行补充侦查》,载《北方法学》2020 年第 6 期。

14. 陈越峰:《监察措施的合法性研究》,载《环球法律评论》2017 年第 2 期。

15. 程雷:《"侦查"定义的修改与监察调查权》,载《国家检察官学院学报》2018 年第 5 期。

16. 初炳东:《罪、功、刑相适应——对犯罪后重大立功的认定与处罚问题的思考》,载《烟台大学学报(哲学社会科学版)》2007 年第 2 期。

17. 崔凯、彭魏倬加、魏建文:《检察机关"介入侦查引导取证"的理论重塑——兼论制度的可行性》,载《湘潭大学学报(哲学社会科学版)》2017 年第 2 期。

18. 董坤:《法规范视野下监察与司法程序衔接机制——以〈刑事诉讼法〉第 170 条切入》,载《国家检察官学院学报》2019 年第 6 期。

19. 董坤:《监察与司法衔接中的证据问题研究》,载《西南民族大学学报(人文社会科学版)》2021 年第 7 期。

20. 董坤:《检察提前介入监察:历史流变中的法理探寻与机制构建》,载《政治与法律》2021 年第 9 期。

21. 董坤:《论监察与司法衔接中的退回补充调查》,载《经贸法律评论》2021 年第 5 期。

22. 董坤:《论外逃人员缺席审判的三重关系》,载《法学杂志》

2019年第8期。

23. 董坤:《新时代法律监督视野下检察机关调查核实权研究》,载《内蒙古社会科学》2020年第6期。

24. 董坤:《侦查讯问录音录像制度的功能定位及发展路径》,载《法学研究》2015年第6期。

25. 董坤:《证据、定案的根据:论刑事证据的概念——对〈刑事诉讼法〉第48条的解释》,载《西南民族大学学报(人文社会科学版)》2015年第12期。

26. 董坤:《中国化证据排除规则的范性梳理与反思》,载《政法论坛》2018年第2期。

27. 樊崇义:《认罪认罚从宽与自首坦白》,载《人民法治》2019年第1期。

28. 樊华中:《重大责任事故罪的处置难点及突围》,载《法学》2014年第4期。

29. 韩丹、刘大伟:《检侦关系改进论——以公安机关考核机制对退回补充侦查的影响为视角》,载《辽宁大学学报(哲学社会科学版)》2011年第5期。

30. 韩德明:《协商性司法:理论内涵、实践形态及其语境》,载《南京社会科学》2010年第5期。

31. 何静:《检察介入监察调查:依据探寻与壁垒消解》,载《安徽师范大学学报(人文社会科学版)》2020年第6期。

32. 何挺:《附条件不起诉扩大适用于成年人案件的新思考》,载《中国刑事法杂志》2019年第4期。

33. 胡宗银:《"提前介入"之我见》,载《政法论坛》1992年第3期。

34. 黄风、齐建萍:《监察机关参与刑事缺席审判法律问题探析》,载《湖南科技大学学报(社会科学版)》2019 年第 4 期。

35. 黄士轩:《日本最近刑事程序立法动向概观——以刑事协商制度及刑事免责制度的引进为中心》,载《月旦刑事法评论》2018 年总第 11 期。

36. 黄烨:《论补充侦查制度》,载《中国刑事法杂志》2005 年第 4 期。

37. 江国华、彭超:《国家监察立法的六个基本问题》,载《江汉论坛》2017 年第 2 期。

38. 孔令勇:《新监察制度与认罪认罚从宽制度的错位及衔接》,载《安徽大学学报(哲学社会科学版)》2020 年第 4 期。

39. 兰志伟、陈亮:《补充侦查制度检视与完善——以河北省石家庄市桥西区人民检察院为考察样本》,载《河北法学》2012 年第 8 期。

40. 李复达、文亚运:《〈国家监察法〉留置措施探讨——以检察机关提前介入为切入点》,载《西南石油大学学报(社会科学版)》2018 年第 2 期。

41. 李秋贞:《法院提前介入不合法》,载《法学杂志》1987 年第 4 期。

42. 龙宗智:《"提前介入"必须具体分析》,载《法学》1989 年第 12 期。

43. 龙宗智:《监察与司法协调衔接的法规范分析》,载《政治与法律》2018 年第 1 期,第 3 页。

44. 龙宗智:《两个证据规定的规范与执行若干问题研究》,载《中国法学》2010 年第 6 期。

45. 龙宗智:《论我国的公诉制度》,载《人民检察》2010 年第

19 期。

46. 龙宗智:《评"检警一体化"兼论我国的检警关系》,载《法学研究》2000 年第 2 期。

47. 龙宗智:《取证主体合法性若干问题》,载《法学研究》2007 年第 3 期。

48. 龙宗智:《新〈人民检察院刑事诉讼规则〉若干问题评析》,载《法学杂志》2020 年第 5 期。

49. 吕晓刚:《监察调查提前介入实践完善研究》,载《法学杂志》2020 年第 1 期。

50. 马怀德:《〈国家监察法〉的立法思路与立法重点》,载《环球法律评论》2017 年第 2 期。

51. 莫纪宏:《国家监察体制改革要注重对监察权性质的研究》,载《中州学刊》2017 年第 10 期。

52. 齐冠军、杨蕊、刁飞腾等:《起诉阶段退回补充侦查程序运行情况调查》,载《人民检察》2014 年第 22 期。

53. 秦前红、刘怡达:《国家监察体制改革的法学关照:回顾与展望》,载《比较法研究》2019 年第 3 期。

54. 秦前红:《监察体制改革的逻辑与方法》,载《环球法律评论》2017 年第 2 期。

55. 任华哲、程媛媛:《试论合作式司法在中国刑事实践中的发展趋势》,载《武汉大学学报(哲学社会科学版)》2008 年第 6 期。

56. 邵劭:《我国刑事缺席审判程序中的异议权》,载《中国法学》2021 年第 5 期。

57. 史卫忠:《监察机关与检察机关办案衔接难点问题解析》,载《人民检察》2021 年第 21—22 期。

58. 史卫忠、曹红虹、李占州等:《核准追诉中的若干实务问题考察》,载《人民检察》2016 年第 10 期。

59. 宋佳宁、陆旭:《"外逃型"刑事缺席审判中权利保障体系的构建与完善》,载《人权》2021 年第 2 期。

60. 孙国祥:《监察对象的刑法主体身份辨析》,载《法学》2019 年第 9 期。

61. 万毅:《检察环节非法证据排除要点探析》,载《人民检察》2017 年第 6 期。

62. 万毅:《论检察监督模式之转型》,载《法学论坛》2010 年第 1 期。

63. 汪海燕:《职务犯罪案件认罪认罚从宽制度研究》,载《环球法律评论》2020 年第 2 期。

64. 王辉华:《职务犯罪案件缺席审判:现实问题与改进路径》,载《法治社会》2020 年第 4 期。

65. 王骏:《违法性判断必须一元吗?——以刑民实体关系为视角》,载《法学家》2013 年第 5 期。

66. 王小光、米卿:《完善检察机关自行补充侦查制度的思考》,载《河南财经政法大学学报》2018 年第 6 期。

67. 王晓东、康瑛:《〈关于辩护律师能否复制侦查机关讯问录像问题的批复〉的理解与适用》,载《人民司法》2014 年第 3 期。

68. 魏晓娜:《结构视角下的认罪认罚从宽制度》,载《法学家》2019 年第 2 期。

69. 吴建雄、王友武:《监察与司法衔接的价值基础、核心要素与规则构建》,载《国家行政学院学报》2018 年第 4 期。

70. 向燕:《我国认罪认罚从宽制度的两难困境及其破解》,载

《法制与社会发展》2018 年第 4 期。

71. 谢小剑：《监察委员会刑事调查管辖制度初探》，载《湖湘论坛》2019 年第 5 期。

72. 谢小剑：《刑事职能管辖错位的程序规制》，载《中国法学》2021 年第 1 期。

73. 谢佑平、万毅：《刑事诉讼一事不再理原则重述》，载《国家检察官学院学报》2001 年第 2 期。

74. 熊秋红：《监察体制改革中职务犯罪侦查权比较研究》，载《环球法律评论》2017 年第 2 期。

75. 熊小刚：《〈监察法〉中认罪认罚从宽制度的适用》，载《人民法治》2019 年第 10 期。

76. 徐航：《退回补充侦查制度的实证分析——以审查起诉环节为视角的观察》，载《中国刑事法杂志》2007 年第 3 期。

77. 徐梦飞、蔡红伟：《补充侦查权规范行使路径探索》，载《人民检察》2018 年第 14 期。

78. 阳平：《论我国香港地区廉政公署调查权的法律控制——兼评〈中华人民共和国监察法（草案）〉》，载《政治与法律》2018 年第 1 期。

79. 杨帆：《刑事缺席审判制度的比较法考察——以适用范围与权利保障为切入点》，载《政治与法律》2019 年第 7 期。

80. 姚莉：《〈监察法〉第 33 条之法教义学解释——以法法衔接为中心》，载《法学》2021 年第 1 期。

81. 姚莉：《监察案件的立案转化与"法法衔接"》，载《法商研究》2019 年第 1 期。

82. 叶青、王小光：《监察委员会案件管辖模式研究》，载《北方法学》2019 年第 4 期。

83. 虞浔:《职务犯罪案件中监检衔接的主要障碍及其疏解》,载《政治与法律》2021 年第 2 期。

84. 袁曙光、李戈:《监察调查与刑事诉讼的衔接与协调》,载《济南大学学报(社会科学版)》2019 年第 6 期。

85. 詹建红、崔玮:《职务犯罪案件监察分流机制探究——现状、问题及前瞻》,载《中国法律评论》2019 年第 6 期。

86. 詹建红:《认罪认罚从宽制度在职务犯罪案件中的适用困境及其化解》,载《四川大学学报(哲学社会科学版)》2019 年第 2 期。

87. 张步文:《"双规双指":相对合理性与适法有限性》,载《河北法学》2005 年第 1 期。

88. 张辉:《职务犯罪调查与刑事诉讼衔接机制探析》,载《辽宁警察学院学报》2019 年第 1 期。

89. 张建伟:《论公诉之撤回及其效力》,载《国家检察官学院学报》2012 年第 4 期。

90. 张建伟:《审判中心主义的实质内涵与实现途径》,载《中外法学》2015 年第 4 期。

91. 张丽卿:《起诉便宜原则的比较研究》,载《台大法学论丛》1996 年第 3 期。

92. 张丽霞:《侦查目的之辩》,载《湖北警官学院学报》2018 年第 5 期。

93. 张维炜:《刑诉法迎来再度修改:关注反腐制度创新》,载《中国人大》2018 年第 9 期。

94. 张永红、孙涛:《酌定减轻处罚刍议》,载《国家检察官学院学报》2007 年第 5 期。

95. 张智辉:《法律监督三辨析》,载《中国法学》2003 年第 5 期。

96. 赵秉志、阴建峰:《和谐社会呼唤现代赦免制度》,载《法学》2006 年第 2 期。

97. 赵恒:《刑事缺席审判程序的理论检视》,载《北方法学》2020 年第 2 期。

98. 郑刚:《论公职人员人权克减之理据》,载《云南行政学院学报》2012 年第 3 期。

99. 周光权:《论刑法与认罪认罚从宽制度的衔接》,载《清华法学》2019 年第 3 期。

100. 周口市人民检察院:《"检察指导侦查"研讨会观点摘编》,载《国家检察官学院学报》2002 年第 5 期。

101. 周新:《论检察机关提前介入职务犯罪案件调查活动》,载《法学》2021 年第 9 期。

102. 周长军:《外逃人员缺席审判适用条件的法教义学分析》,载《法学杂志》2019 年第 8 期。

103. 朱全宝:《论检察机关的提前介入:法理、限度与程序》,载《法学杂志》2019 年第 9 期。

104. 纵博、马静华:《论证据客观性保障规则》,载《山东大学学报(哲学社会科学版)》2013 年第 4 期

(三)报道

1. 邓铁军、郑燕:《检察+监察+法院:1+1+1>3——广西:三方合力推动职务犯罪领域适用认罪认罚从宽制度》,载《检察日报》2020 年 10 月 17 日,第 3 版。

2. 郭竹梅:《完善程序机制 做好提前介入工作——检察机关提前介入监察委员会办理职务犯罪案件需重点把握的七个方面》,载

《检察日报》2020年2月16日,第3版。

3. 刘子珍:《出台细则规范职务犯罪案件衔接工作》,载《检察日报》2018年4月20日,第2版。

4. 沈静芳、张云峰、乌云塔娜:《建立与监委工作衔接机制》,载《检察日报》2018年5月9日,第2版。

5.《准确把握监察法和刑事诉讼法规定的认罪认罚从宽制度》,载《中国纪检监察报》2018年11月23日,第2版。

6. 罗沙:《云南省高级法院依法对孙小果案启动再审》,载《检察日报》2019年7月27日,第1版。

7. 何韬:《执纪执法贯通 有效衔接司法》,载《中国纪检监察报》2019年7月30日,第1版。

8. 匡雪:《重拳惩治职务腐败犯罪》,载《检察日报》2019年12月1日,第1版。

9. 蒋莉:《依法规范精准提出从宽处罚建议》,载《中国纪检监察报》2020年5月6日,第6版。

10. 孙风娟:《"案—件比"怎么算》,载《检察日报》2020年5月8日,第4版。

11. 王亦君:《最高检报告披露重磅信息 程三昌成外逃贪官适用刑事缺席审判程序第一人》,载《中国青年报》2021年3月9日,第5版。

12. 孙航:《我国"刑事缺席审判第一案"程三昌贪污案一审宣判》,载《人民法院报》2022年1月18日,第3版。

二、中译文文献

1. 〔德〕克劳思·罗科信:《刑事诉讼法(第24版)》,吴丽琪译,法律出版社 2003 年版。

2.〔德〕托马斯·魏根特:《德国刑事诉讼程序》,岳礼玲、温小洁译,中国政法大学出版社 2004 年版。

3.〔日〕田口守一:《刑事诉讼法(第七版)》,张凌、于秀峰译,法律出版社 2019 年版。

4.〔苏联〕M. A. 切里佐夫:《苏维埃刑事诉讼》,中国人民大学刑法教研室译,法律出版社 1955 年版。

5.〔意〕杜里奥·帕多瓦尼:《意大利刑法学原理(注评版)》,陈忠林译评,中国人民大学出版社 2004 年版。

6.〔英〕罗布·艾伦:《起诉的替代措施》,载〔英〕麦高伟、〔英〕杰弗里·威尔逊主编:《英国刑事司法程序》,姚永吉等译,法律出版社 2003 年版。

7.〔英〕约翰·斯普莱克:《英国刑事诉讼程序(第九版)》,徐美君、杨立涛译,中国人民大学出版社 2006 年版。

8.〔英〕奈杰尔·S. 罗德雷:《非自由人的人身权利——国际法中的囚犯待遇》,毕小青、赵宝庆等译,生活·读书·新知三联书店 2006 年版。

三、外文文献

1. Bertram Schmitt, Marcus Köhler, Strafprozessordnung. Gerichtsverfassungsgesetz, Nebengesetze und ergänzende Bestimmungen, 61. Aufl., C. H. Beck, 2018.

四、网络资料

1. 白洁:《临汾市检察院与市监委、市中院联合出台意见》,载临汾新闻网(http://www.lfxww.com/linfen/fzsh/2611882.html),2020 年 12 月 15 日访问。

2. 李建国:《关于〈中华人民共和国监察法(草案)〉的说明——2018 年 3 月 13 日在第十三届全国人民代表大会第一次会议上》,载中国人大网(http://www.npc.gov.cn/zgrdw/npc/xinwen/2018-03/14/content_2048551.htm),2021 年 1 月 22 日访问。

3. 上海检察:《75 号咖啡|〈刑诉规则〉的理解与适用(二):贪官外逃,审判难逃——职务犯罪案件缺席审判程序漫谈》,载澎湃网(https://www.thepaper.cn/newsDetail_forward_8726271),2022 年 1 月 24 日访问。

4.《最高人民检察院工作报告》,载中华人民共和国最高人民检察院官网(https://www.spp.gov.cn/spp/gzbg/index.shtml),2021 年 9 月 20 日访问。

后　记

　　2018年10月,全国人大常委会对《刑事诉讼法》作出了第三次修改。出于对法解释学的研究兴趣,我对新修订的第170条规定的有关监察案件移送审查起诉的程序衔接和强制措施适用做了一些研究,成果发表在《国家检察官学院学报》2019年第6期。正是这次初步的尝试激发了我对"监察与司法衔接"这一更为宏大主题的研究兴趣。众所周知,国家监察体制改革是以习近平同志为核心的党中央作出的一项重大决策部署,对政法领域的影响重大且深远。为了保障国家监察体制改革的顺利进行,《宪法》《刑法》《刑事诉讼法》《公务员法》在内的诸多法律规范都进行了一定的修改和调整。作为一名刑事诉讼法学研究者,从自身的学科视野出发对监察改革和监察制度展开研究,不仅对"两法"有效衔接,指引司法实践有现实意义,而且也是法律人对中国特色社会主义法治体系完善和发展应尽的职责。

　　长期以来,我国刑事诉讼法学研究惯常以借鉴域外诉讼制度,通过比较研究的方法充实和完善本国刑事诉讼理论,回应司法实践。2016年启动的国家监察体制改革引发的中国式问题无疑对这种研究范式和理论发展模式提出了诸多挑战。在书稿的完成过程中,我运用了更多法解释学的研究方法,在中国本土语境下就监察与司法衔接中的管辖、证据、认罪认罚从宽、特殊不起诉、缺席审判制度的适用,以及检察提前介入监察、退回补充调查等机制的完善提出了一些观点和创见。目的之一便是以此次监察改革为契机展开对既往刑事诉讼理论研究的反思，从既往的域外借鉴走向对本土经验智识的深度挖掘和提炼，以中国监察实践和司法实践促推中国刑事诉讼理论的新发展，在实践与理论的互动中不断丰富中国特色社会主义监察制度和刑事诉讼制度，实现理论的本土自洽。虽然，这一想法有些过于宏大和天真，但本书的完成至少实现了一个最初的梦想。

本书得以完成得到了众多领导、同事和朋友的支持。最高人民检察院检察理论研究所原所长谢鹏程对我的学术成长之路给予了莫大的关怀和帮助。感谢武汉大学秦前红教授能为本书作序，这对我下一步继续从刑事诉讼法学视角研究监察制度给予了莫大的鼓励。感谢常州大学史良法学院的曹义孙院长、张建副院长在本书创作过程中的各项支持。此外，浙江工业大学法学院的秦汉老师、湖南理工学院的张咏涛老师、北京大学法学院的吴桐博士对本书的修订做出了不小的贡献，还有众多师友以不同方式给予帮助，在此一并表示诚挚的感谢。另外，还要感谢北京大学出版社的杨玉洁老师，北京大学法学院的江溯老师在图书出版编辑上的帮助。本书完成之时，我已从最高人民检察院检察理论研究所调入中国社会科学院法学研究所有一年多的光景，这里浓厚的学术氛围，相对轻松的学术环境，使我有更多的时间和机会去钻研自己感兴趣的各种学术问题，我很享受也很珍惜现在的时光，也将为此继续努力。

需要特别说明的是，本书是在我 2019 年申请的国家社科基金项目结项成果的基础上修订而成，部分内容在期刊上已公开发表，感谢这些期刊慨允结集修订出版。

董 坤

于社科院法学研究所

2022 年 9 月 20 日